Cahier d'exercices

Entre nous

A COMMUNICATIVE APPROACH TO BEGINNING FRENCH

Cahier d'exercices

Entre nous

A COMMUNICATIVE APPROACH TO BEGINNING FRENCH

M. Peter Hagiwara
University of Michigan

JOHN WILEY & SONS, INC.
New York Chichester Brisbane Toronto Singapore

ACQUISITIONS EDITOR Mary Jane Peluso
MARKETING MANAGER Deborah Riegert
PRODUCTION MANAGER Linda Muriello
SENIOR PRODUCTION EDITOR Micheline Frederick
DESIGNER Kevin Murphy
MANUFACTURING MANAGER Inez Pettis
PHOTO RESEARCHER Hilary Newman
ILLUSTRATION Anna Melhorn / Rosa Bryant

Recognizing the importance of preserving what has been written, it is a policy of John Wiley & Sons, Inc. to have books of enduring value published in the United States printed on acid-free paper, and we exert our best efforts to that end.

The paper in this book was manufactured by a mill whose forest management programs include sustained yield harvesting of its timberlands. Sustained yield harvesting principles ensure that the number of trees cut each year does not exceed the amount of new growth.

Library of Congress Cataloging in Publication Data

ISBN 0471-54997-5

10 9 8 7 6 5 4 3 2 1

Contents

Introduction

HOW TO LEARN A FOREIGN LANGUAGE

The basic goal in learning a foreign language is to be able to communicate with people whose native language is not English and to become acquainted with and appreciate a culture other than your own. By understanding, speaking, and reading the language of another country you will have a much better chance to see why other peoples do not always think, behave, or view life the same as Americans do. As you progress in your studies you will sometimes be amused, perhaps even startled, by the manner in which non-English speakers think and act and how they express themselves both verbally and nonverbally. Acquiring knowledge of a foreign language and culture is an enlightening experience and can be very rewarding, especially if you take a positive approach.

If you have studied a foreign language recently, you probably know what to expect in a language class and what is required in terms of preparation for successful achievement. If you are new to this field or if it has been a while since you took a language course, you may be able to benefit from some of the following strategies to ensure optimum results.

1. *Do your work regularly and attend class.* Learning a foreign language entails frequent exposure to the language and daily application. It is not a matter of reading through the explanations and exercises so that some kind of osmosis takes place. It is more like learning how to play a musical instrument and perform a piece of music by heart: you learn little by little, through daily practice and memorization (and inspiration), and what you learn is combined to form new patterns.

It is better to come to class even if you feel unprepared or have not done the homework assignment, for you will still gain by being involved with the language and from the interaction with your peers. To catch up with work missed will take much more effort when you don't know how it was done in class.

2. *Participate actively in class.* The more you participate in class by volunteering answers and asking questions, the faster and better you will learn the new language. It is quite normal to feel somewhat tense or insecure at the beginning, but as the instructor promotes good interaction within the class, those feelings will disappear. Working with a partner or a small group in class is one of the best ways to use the language actively and reinforce what you are learning while sharing personal facts and opinions. Most exercises and activities in foreign-language classes today provide an opportunity for group and partner work.

3. *Listen to the audio cassettes.* The audio cassettes that accompany your textbook are an important resource to help you become proficient in the language. They provide a variety of voices of authentic native speakers who speak clearly and at a natural rate of speed. Keep track of the progress in your listening skills by using your workbook. Mark the difficult items or ones you missed so that you can go back and review them.

It is usually not a good idea, however, to listen to and practice with the cassettes for too long a period. Several sessions of 15–20 minutes are much more productive and much less tiring than a single stint of one hour.

4. *Work with a partner.* Just as it is helpful to work with a partner in class, it is a good idea to study with someone outside of class, too. In this way, both of you will be saying the words and sentences *out loud* as well as focusing on the explanations and vocabulary of the lesson. Moreover, since the goal of language learning is communciation, it will seem more real and hence communicative if you have someone to interact with in the new language and to plan strategies with.

5. *Keep up with the assignments.* Since language learning is a cumulative process, the best results come from practicing and reviewing consistently. We already made an analogy with music lessons: like learning to play a musical instrument, it is also much easier to learn a language in small steps on a regular basis rather than letting things go and trying to cram in all the material at once. If you study with a partner, as suggested, it will help you keep up with the work.

6. *Apply what you learn.* Try to apply the speech patterns, vocabulary, and expressions that you learn to new linguistic situations. Do not hesitate to act on your instincts or to make guesses in using the language. You may make some false starts as you come upon exceptions to the rule or other ways of expressing ideas in a different context or situation. But don't let that discourage you. Consider learning a new language to be a challenge and an opportunity, and anticipate the day when you can use it as a real vehicle of communication with native speakers of the language.

LEARNING FRENCH WITH *ENTRE NOUS*

The basic components of ***Entre nous*** for you are (1) the textbook, (2) the ***Cahier d'exercices*** (workbook), and (3) the laboratory tapes. In each unit, all these components form a coherent single unit, each complementing the other, in order to help you acquire proficiency in listening, speaking, reading, and writing. In the ***Cahier***, you will see that there is a provision to enable you to keep a tally of which recorded activities you have done.

If your laboratory has tape-duplication facilities and if you own a recorder, you may inquire if the laboratory can copy the master tapes for you, for practice at home. Please make sure that you read, sign, and submit the request form on p. 320 of this ***Cahier*** to the laboratory so as not to violate the copyright law.

For each structure or set of expressions explained in the text, there also are writing activities in the corresponding unit of the ***Cahier***. In order to minimize mistakes, these exercises should be done after the corresponding oral exercises have been done in class. Do keep up with your written homework. You will find the keys in the ***Cahier***, so that you can compare them with your own answers. Every second unit (Units 1, 3, 7, 9, 11) contains review exercises, divided into three groups.

UNIT 1: Tu as cours à midi ?

We will use portions of Unit 1 of your textbook and ***Cahier*** to acquaint you with the basic structure of a unit. As you read the following description, check the pages indicated to see how everything fits together.

PRÉLUDE

Two components, called PRÉLUDE and INTERLUDE, are designed to introduce a theme with its associated vocabulary and expressions, followed by a practice session in selected communication activities and a cultural commentary on the theme.

Expressions (Text p. 21, ***Cahier*** p. 12)
In the text, this section presents a list of words and phrases grouped under one or two topics. In this unit, you see names of typical academic disciplines and courses as well as names of some languages, both with sample sentences to show how they can be used. Sometimes the list is recorded, as is the case here (see the small cassette symbols).

The corresponding section in the ***Cahier*** gives English equivalents of all the expressions, arranged in the same order as those in the text. You can use the list in the text to check their meaning in the ***Cahier***, and/or use the ***Cahier*** to reproduce the French expressions and check the text for accuracy.

To work with the cassette, look at the English equivalents and repeat during the pause provided to learn the French words and their pronunciation. The tally box in parentheses (   ) after the heading is a device for you to keep track of which of the activities that call for repetition you have done. For example, if you have done **Les matières et les cours**, place a check mark in the parentheses, like this: (√).

In the text there is a small section called *Locutions utiles*. This is a list of expressions useful for conversations, and they will be used in the oral activities in PRÉLUDE and/or DÉVELOPPEMENT.

Locutions utiles (Text p. 21)
This is a list of useful conversational phrases that will occur in the unit, in mini-dialogues and exercises that stress communication. There is no corresponding section in the ***Cahier*** since English equivalents are given in the text.

Conversations (Text pp. 21–22; ***Cahier*** p.12)
This section consists of questions about a drawing or a topic (as in **A** here), "mini-topics" for you to make up your own statements and develop an exchange of ideas (**B**), or a short practice on a mini-dialogue (**C**). Later on, there will be a section called *Situations*, usually following a mini-dialogue and/or a series of questions about a topic, where you will be asked to develop dialogues with a partner or in groups. Except for initial "lead" questions as in **A**, most of the work in *Conversations* will be done in pairs or small groups. Your instructor will probably indicate which activities under *Conversations* will be covered in class, and for which you need to make preparations.

Mini-dialogues: Each mini-dialogue in the text is recorded twice in succession on cassette for listening and speaking practice and translated into English in the ***Cahier***. You will first hear it without pauses, after the direction *Écoutez d'abord*, for listening practice. Then you will hear *Répétez* and the entire mini-dialogue again, this time with pauses; you repeat it during the pauses. The ***Cahier*** can be kept open as you do this activity, either to make sure you know what you are saying or later as a prompter to reproduce the dialogue. Again, when you have finished working with a mini-dialogue, place a check mark in the parentheses.

In the ***Cahier***, there is usually a series of short writing exercises based on the *Expressions* and/or *Conversations* (see **X**), and often a gamelike activity (**Y**). All writing activities in the ***Cahier*** are headed by **X**, **Y**, and **Z** as a way of distinguishing them from oral activities, which are preceded by **A**, **B**, **C**, etc. Some of those in PRÉLUDE and INTERLUDE may be assigned by your instructor. The "games" are often optional—some students enjoy working on them, while others do not.

Commentaires culturels (Text p. 23)
This section offers cultural information about the particular theme presented in PRÉLUDE—in this instance concerning the system of higher education in France—and gives additional or background information that will be useful in subsequent activities with the language. It is presented in English so that you can go over it on your own. You can ask questions about the points that interest you or that you do not understand and obtain more information from your instructor. Your unit test may or may not include questions about this section, depending on your language program.

DÉVELOPPEMENT

There are four **Développements** after both the PRÉLUDE and the INTERLUDE. Under each heading there are explanations of structures or expressions followed by a series of oral and writing activities.

7 Identifying People and Objects (Text pp. 24–26, *Cahier* pp. 14–15)

The text, in **En bref** (*Briefly*), gives you explanations and examples of how **un**, **une**, **des**, and **Qu'est-ce que c'est ?** are used in French. These are followed by oral activities called **Mise en train** (*Setting in motion*) and **Entre vous** (*Among you*). **Mise en train** often contains activities for the entire class, usually led by the instructor. On the other hand, **Entre vous** consists of activities that are more or less geared for paired or small-group work. As you can see in the text, ther are many more activiites than can be covered in any class period; your instructor will choose those that will be covered in class, perhaps varying them from one semester to another.

The explanations in **En bref** are intended for you, and you are expected to read them at home *before coming to class.* Go over them carefully, reading each example aloud. There is no sense spending too much time trying to figure out points that you do not understand; just mark them and ask your instructor about them in class (your instructor will also give a summary in class, but *not* re-explain the structures).

You are also expected to go over the assigned oral exercises before class and look up the meaning of new words before the exercises are done in class (check the glosses in the margin or the **Vocabulaire** at the end of the unit (pp. 52–53). Unless your instructor tells you otherwise, you should do all the recorded exercises. Your instructor will also tell you whether you should do the recorded exercises before or after they are done in class.

The recorded activities are shown by a cassette symbol—here **A**, **B**, and **C**. They are to be done without the textbook. Each recorded item is given in this manner: *Item Number→ Question and/or Cue→ (Pause for your response)→ Correct Answer.* You give your answer during the pause, then listen to the correct answer for confirmation. There will not be enough time for you to repeat the correct answer, unless you can stop the cassette momentarily. The English translation of the directions, or remarks in English about an exercise (as you see in **A**, **B**, and **C**, in your ***Cahier***) are not recorded, and you will need to glance over them before you do an exercise.

In the ***Cahier***, you will see that exercise directions as well as the models are printed, followed by numbers and/or letters of the alphabet. Each number or letter corresponds to the item number of the particular exercise. As you do an item and compare your response to the correct answer on the cassette, circle, cross out, or mark in some other way the item number whenever you detect a mistake, like this:

A. (a) b c d e (f) g

B. 2 a (b) 3 a b 4 a b 10 (a) b 11 a (b) 12 (a) b

After the laboratory session, look up in the textbook the sentences you missed. You will find this "record keeping" useful when you review for a test, if you pay special attention to these marked items. If you made a large number of errors in one exercise, go over the entire exercise again.

There are also mini-dialogues (**C** here); this is recorded in the same way as the mini-dialogues in *Conversations* of PRÉLUDE: once without pauses for listening comprehension (after *Écoutez d'abord*), and again, with pauses, for your repetition (after *Répétez*). Again, as a way of keeping track of your work with the cassette, place a check mark in (   ) if you did this activity.

Note that the ***Cahier*** has two writing exercises, headed by **X** and **Y**, and that the correct answers are given upside down in smaller type for immediate confirmation.

8 Naming Specific People and Things and Locating Objects (Text pp. 26–28, ***Cahier*** pp. 15–17)

In this **Développement**, there are several new features. In the text, note that **A** and **C** are available in the audio program. If you turn to the ***Cahier***, you will see that as before, the directions and model sentences for **A** are printed (the English translation of the directions and the remark are not recorded). As you do the exercise, you will keep track of how you are doing by circling the numbers for which you had problems. Since the text of this exercise is not in the textbook—true of all *Contrôle* activities—the recording script of the cues is given in the ***Cahier***, printed upside down.

Compréhension auditive: There are many listening comprehension activities in the audio program. Their placement is indicated by a brief entry in the text (pp. 27, 28). In the ***Cahier***, they are marked not only by the entry and directions but also by an "answer sheet" that you mark and the key (as usual, printed upside down). Note that there are three *Compréhension auditive* activities in this **Développement**. If you are not sure why your answer was wrong, you might ask your instructor to show you the recording script.

Drawings: Some of the drawings in the text also appear in the ***Cahier***, and are used in the audio program for an activity that occurs in the text (such as **C** here), for a *Compréhension auditive* activity, and for writing (**X** and **Y** here).

9 Expressing Quantity with Numbers (Text pp. 28–32, ***Cahier*** pp. 18–19)

Note that beginning with this **Développement** all the item numbers of recorded activities will be said in French for oral and listening activities.

The first part of **A** is for repetition, hence it has the tally box ( ) for you to put a check mark when you have done it. In the second part, you give the French numbers corresponding to the English numbers you hear. The items are preceded by letters of the alphabet rather than numbers in order to avoid possible confusion. In **B**, you give the entire phrases using the numbers you hear. In the *Dictée*, you spell out the French numbers you hear.

The writing work consists of three parts (**X**, **Y**, **Z**), the last being a gamelike activity. As you make progress in French, there will be more open-ended questions. In the key, the part of a sentence that varies from one student to another or from one class to another is placed in parentheses (...), as in the case of most items in **Y**. (In later units you will see words in brackets [...], indicating phrases that can be omitted in your answer.)

10 Telling What We Have (Text pp. 32–34, ***Cahier*** pp. 20–21)

By now you should be fairly familiar with the format of **Développements**. In some, as here, there are *Exercices supplémentaires*, available on cassette. Note that the script is provided in the ***Cahier*** since you do not see it in the text (just as for **A**, *Contrôle*); you will never have to do an oral structural exercise for which you do not have the text to check your answers with.

INTERLUDE (Text pp. 34–37, ***Cahier*** pp. 21–23)

The basic format of this section is the same as that of PRÉLUDE, consisting of *Expressions* (English equialents in the ***Cahier***), *Conversations*, and *Commentaires culturels*. There is no *Locutions utiles* section, however.

FINALE (Text pp. 48–52, ***Cahier*** pp. 31–33)

This section present more opportunities to apply in natural contexts the expressions and structures that have been presented in PRÉLUDE, INTERLUDE, and DÉVELOPPEMENT. You will find a wide variety of activities, and your instructor will specify which ones will be done. Several kinds of listening comprehension activities occur, the first always being about *Lecture et conversations.* In Unit 1, there is also a *Dictée.*

Some of the activities in the text do not appear in the ***Cahier***, such as **B** (*Votre emploi du temps*) and composition topics, which occur in Units 2, 4, 6, 8, 10, and 12). If any of them are assigned as written homework, use a loose-leaf notebook, one sheet for each activity, so that you can hand it in whenever requested.

Others activities are duplicated in the ***Cahier*** with space for writing, such as **C** (*Parlons de nous*, but only selected items), **D** (*Questions*), and **E** (*Reconstitution orale/écrite*). Whenever there is an activity based on a photo with writing, such as **F**, the writing that appears on the photo will be duplicated in the ***Cahier*** for ease of reading. Both **D** and **E** are frequently recurring types of activities, as explained below.

Questions (Text, pp. 50–51, ***Cahier*** p. 32)
Use of question words is very important for eliciting information, and is reviewed in many units. These activities are either in the form of a dialogue with one part missing, as in Unit 1, or, more commonly, a story based on one of the themes of the unit with underlined parts, as in Unit 3, **E** (text p. 119). For the latter, you replace the underlined parts with appropriate interrogative expressions and ask questions. Here are examples of this kind of activity in English.

My brother speaks French.
→ Who speaks French?
I went to the library.
→ Where did you go?

I saw your book on the table.
→ What did you see on the table?
We watched TV last night.
→ When did you watch TV?

Regardless of the form used, you first read the entire dialogue or paragraph and make sure you understand the meaning of all the sentences. Then you give the questions orally and write them down on a separate piece of paper.

Reconstitution orale/écrite (Text p. 51, ***Cahier*** p. 32)
This activity consists of a series of "dehydrated" sentences that constitute a story. You "reconstitute" them fully by adding the necessary structural items and making any other necessary changes. There may be slight variations from one student's version to another's. Here Is an example of dehydrated sentences in English.

> This/girls/not/go/movies/yesterday/because/they/be/busy. Instead,/they/study/library/for/three/hour.
> *These girls did not go to the movies yesterday because they were busy. Instead, they studied in (at) the library for three hours.*

First, reconstitute the sentences orally, making sure that you understand all the words. Then write them down on a separate piece of paper, paying special attention to the agreement between the subject and the verb, the noun and the adjective, and so forth.

VOCABULAIRE (Text pp. 52–53)

See the explanations in the text regarding what words are compiled In this part. Note that all the vocabulary items are followed by English equivalents. Study the list until you are able to give the English equivalents of French words and phrases *and* from English, the original French items, by reading them aloud, listening to someone read, and by copying the items you miss.

New words appearing in PRÉLUDE, INTERLUDE, and FINALE are glossed in the end of the text, under **Lexique français-anglais**. You will know which additional vocabulary items you need to learn since your class will have covered specific activities in these sections.

Cahier d'exercices

Entre nous

A COMMUNICATIVE APPROACH TO BEGINNING FRENCH

Nom ______ Cours ______ Section ______ Date ______

UNITÉ PRÉLIMINAIRE

Bonjour !

PRÉLUDE

DESSIN 1

Expressions

This part in the **Cahier** gives the English equivalents of *Expressions.* Parentheses (. . .) indicate words that are usually not said in English or French, while brackets [. . .] are used for brief explanations or more literal translations.

Recorded material: The marker 📼 indicates activities that are on cassette. For repetition items, such as phrases from *Expressions* and mini-dialogues, place a check mark in the blank parentheses (   ) as you finish practicing them. The English translations of directions and situations described in English are not recorded.

Greetings

Hello / Good evening }, (sir)/(miss)/(ma'am).
Hi, Chantal/Robert.

How are you? [*formal*] / How are you? [*informal*] } (Just) fine, thank you. / Not bad, thank you. / So-so. / Not very well.

Good-bye./See you tomorrow.
See you in a little while./See you soon.

In class ( )

Listen carefully [well],/Look,
Answer,/Read,/Write,
In French,/Louder, } please.
Open/Close your book(s),
Once more,
Please speak (more) slowly/Please repeat.
Pardon me?/What [How's that]?

Compréhension auditive : *Indiquez l'équivalent anglais de chaque expression. Indicate the English equivalent of each expression.* Circle the correct equivalent for each item. Reminder: English translations of directions are not recorded.

1. Answer. Ask.
2. Very good! Not yet!
3. Hello. Good-bye.
4. You too? What about you?
5. Answer. Look.
6. Pardon me? What about you?
7. Listen carefully. Look carefully.
8. Open your book. Close your book.
9. Once more. Listen carefully.
10. Speak clearly. Speak slowly.
11. Once more, please. Louder, please.
12. Please look. Please repeat.

Conversations

This part gives approximate English equivalents of the mini-dialogues of **Conversations.** Parentheses (. . .) indicate words that are usually not said in English or French, while brackets [. . .] show a more literal translation of French. ALL mini-dialogues are recorded twice in succession. The first recording, preceded by **Écoutez d'abord** (*Listen first*) after the dialogue heading, is without pauses for general listening practice; the second, preceded by **Répétez** (*Repeat*), is with pauses for your repetition.

A. Hello!: *Christine Wilson is an American student who is studying French at Nanterre, near Paris. She meets Monsieur Picard, one of her professors.* Reminder: Situations described in English are not recorded. ( )

Christine Hello(, sir).
Professor Hello, Christine. How are you?
Christine Very well, thank you. What about you [And you]?
Professor Fine [Well], thank you.

Ahmed Youssef is a student from Morocco. He is studying political science. He meets Madame Vissière, one of his professors. ( )

Ahmed Hello(, ma'am).
Professor Hello(, sir). How are you?
Ahmed Not bad, thank you. What about you [And you]?
Professor Fine [Well], thank you.

B. Good-bye!: *Christine has to go.* ( )

Christine Excuse me, I'm late.
Professor Good-bye(, miss).
Christine See you tomorrow(, sir).

C. Hi!: *Ahmed meets Florence Didier, a friend of his.* ( )

Ahmed Hi, Florence.
Florence Well, hi, Ahmed. How are you [Are you OK]?
Ahmed So-so. What about you [And you]?
Florence OK.

1. Answer. 2. Very good! 3. Good-bye. 4. What about you? 5. Look. 6. Pardon me? 7. Listen carefully. 8. Close your book. 9. Once more. 10. Speak clearly. 11. Louder, please. 12. Please repeat.

D. See you in a little while!: *Ahmed has to leave.* (   )

Ahmed	Excuse me, I'm late.
Florence	See you soon.
Ahmed	Yes, see you soon.

E. In class: *Jean-Paul is a student is sociology. It's the first day of class and he talks to his neighbor.* (   )

Jean-Paul	Hello.
Florence	Hello.
Jean-Paul	What's your name?
Florence	Florence. Florence Didier. And yours [And you]?
Jean-Paul	My name is Jean-Paul Brunot.

DÉVELOPPEMENT

1 IDENTIFYING A PERSON: *ARE YOU?*, *I AM*; *THERE'S BRIGITTE*

A. À l'aéroport : *Christine has just arrived and is looking for Mme Moreau, whom she has never met.* (   )

Christine	Excuse me. Are you Mme Moreau?
Mme Moreau	Yes, I'm Mme Moreau. Are you [And you, you are] Christine Wilson?
Christine	Yes, I'm Christine.
Mme Moreau	How are you?
Christine	Very well, thank you.

B. Faisons connaissance : *These people are new roommates meeting each other for the first time.* (   )

Serge	Excuse me. Are you Jacques Dumas?
Jacques	Yes, that's right.
Serge	Hello. I'm Serge Doubinsky. And are you [And you, you are] Daniel Bousquet?
Olivier	No, I'm Olivier Durand.
Serge	Fine. Where is Daniel, then?
Jacques	There's Daniel.

The symbol  indicates writing activities (not recorded), headed by **X**, **Y**, or **Z**.

X. *Écrivez un petit dialogue. Write a short dialogue.* You are meeting your neighbor for the first time. Follow the lines suggested.

You: Hello. Are you Danielle? *Danielle:* Yes, I'm Danielle. Are you Dominique? You: Yes. How are you? Danielle: Fine, thanks. What about you? You: Fine.

1. *Vous :* ______________________
2. *Danielle :* ______________________
3. *Vous :* ______________________
4. *Danielle :* ______________________
5. *Vous :* ______________________

X. *This is a sample answer; your version may be somewhat different, especially in the parts enclosed in (...).* 1. Bonjour. Tu es Danielle ? 2. Oui, je suis Danielle. Tu es Dominique ? 3. Oui. Comment ça va ? 4. (Bien, merci.) Et toi ? 5. (Ça va.)

Y. *Écrivez un petit dialogue.* You have just got off a train. A friend of your uncle is supposed to be waiting for you. Follow the lines suggested.

You: Excuse me. Are you M. Maréchal? *M. Maréchal:* Yes, I'm M. Maréchal. Are you Bill Marino? You: Yes, I'm Bill. *M. Maréchal:* Hello. How are you? *You:* Very well, thank you. What about you? *M. Maréchal:* Fine, thank you.

6. *Vous :* ______________________________

7. *M. Maréchal :* ______________________________

8. *Vous :* ______________________________

9. *M. Maréchal :* ______________________________

10. *Vous :* ______________________________

11. *M. Maréchal :* ______________________________

Z. Niveaux de langue : *D'abord donnez l'équivalent anglais de chaque expression, ensuite indiquez si elle représented le niveau formel ou familier, ou tous les deux. First give the English equivalent of each expression, then indicate whether it represents the formal or familiar level, or both.* Assume that two people are talking to each other.

Expressions	Équivalents anglais	niveau	
		formel	familier
12. Salut !	Hi !		X
13. Au revoir !			
14. Ça va ?			
15. Et vous ?			
16. Comment tu t'appelles ?			
17. Excusez-moi.			
18. Tu es Robert Durand ?			
19. Bonjour, Monsieur.			
20. Excuse-moi.			
21. À demain !			

Y. 6. Excusez-moi. Êtes-vous M. Maréchal ? 7. Oui, je suis M. Maréchal. Vous êtes Bill Marino ? 8. Oui, je suis Bill. 9. Bonjour. Comment allez-vous? 10. Très bien, merci. Et vous ? 11. Bien, merci.

Z. 13. Good-bye! (formel/familier) 14. How are you/How are things? (familier) 15. What about you? (formel) 16. What is your name? (familier) 17. Excuse me. (formel) 18. Are you Robert Durand? (familier) 19. Hello(, sir). (formel) 20. Excuse me. (familier) 21. See you tomorrow! (formel/familier)

Nom ______________________ Cours ____________ Section ____________ Date ____________

2 ALPHABET FRANÇAIS

A. Alphabet français : *Répétez les lettres de l'alphabet. Repeat the letters of the alphabet.* (   )

a-b-c-d ; e-f-g-h ; i-j-k-l ; m-n-o-p ; q-r-s-t ; u-v-w ; x-y-z

B. Epelons : *Répétez.* You repeat each word and spelling you hear.

1. parlez
2. professeur
3. bonjour
4. élève
5. week-end
6. j'aime
7. hôtel
8. français
9. maïs
10. sûr
11. mangeons
12. répétez

C. Comment tu t'appelles ? : *Répétez le dialogue.* What is your name? You are in the cafeteria. You sit down next to a student. Find out who she is. (   )

You Hello. May I (sit down)?
Shanta Yes, of course.
You What's your name?
Shanta Shanta.
You How's that?
Shanta Shanta, s, h, a n, t, a.
You My name is Alain.

Dictée : *Écrivez les mots. Write the words.* Each word will be spelled out letter by letter, then pronounced at the end.

1. ______________________
2. ______________________
3. ______________________
4. ______________________
5. ______________________
6. ______________________
7. ______________________
8. ______________________
9. ______________________
10. ______________________

X. *Écrivez les mots.*

1. vé-o-i-elle-a *accent grave*

____

2. cé-elle-a-*deux* esse-e

____

3. bé-o-enne-ji-o-u-erre

____

4. emme-a-cé *cédille*-o-enne

____

5. emme-i grec-té-ache-e

____

6. effe-o-erre-e *accent circonflexe*-t

____

7. enne-o-e *tréma*-elle

____

8. gé-a-*deux* effe-e

____

Y. *Écrivez un petit dialogue.* You are in a cafeteria. You ask if you can sit down next to a student. Tell him what your name is, then find out his name.

9. *Vous :* ____

10. *Heinrich :* ____

X. 1. voilà 2. classe 3. bonjour 4. maçon 5. mythe 6. forêt 7. noël (Noël) 8. gaffe

1. classe 2. jambe 3. j'aime 4. français 5. sandwich 6. célèbre 7. être 8. répéter 9. là-bas 10. mangeons

11. *Vous :* ______________________________

12. *Heinrich :* ______________________________

3 *SHE/HE IS*; EXPRESSING LOCATION, PROFESSIONS, AND NEGATION

JEAN-PAUL
ISABELLE
IZOUMI
MICHEL
CHRISTINE
FLORENCE
AHMED
DAVID

DESSIN 2

A. Dessin 2 : *Regardez le dessin et répondez aux questions d'après ce modèle. Look at the drawing and answer the questions according to this model.*

Voici Jean-Paul et David. Où est David ? **Il est devant Jean-Paul.**

1 2 3 4 5

B. Questions : *Répondez aux questions d'après ces modèles. Answer the questions according to these models.*

Yvette est étudiante ? (oui) **Oui, elle est étudiante.**
Michel est devant Sylvie ? (non) **Non, il n'est pas devant Sylvie.**
Je suis professeur ? (oui) **Oui, vous êtes professeur.**

1 2 3 4 5 6 7 8

Compréhension auditive : *Regardez le Dessin 2. Indiquez si chaque commentaire est vrai ou faux. Look at Drawing 2. Indicate whether each comment is true or false.*

1.	v	f	5.	v	f	9.	v	f
2.	v	f	6.	v	f	10.	v	f
3.	v	f	7.	v	f	11.	v	f
4.	v	f	8.	v	f	12.	v	f

X. *Regardez le Dessin 2 et répondez aux questions d'après ce modèle.*

Isabelle est devant Ahmed ? **Non, elle n'est pas devant Ahmed.**

1. Ahmed est à côté d'Isabelle ?

____

v—v—f—v ; v—f—v—f ; f—v—f—f

Y. *The following is a sample answer; your version may be different in details. In the keys, parentheses (...) will indicate parts that are likely to vary.* 9. Bonjour. Tu permets ? 10. Oui, bien sûr. 11. (Moi,) je m'appelle (Bill). Comment tu t'appelles ? 12. Heinrich.

Nom ______________________ Cours ____________ Section ____________ Date ____________

2. Florence est derrière Christine ?

3. Christine est derrière Florence ?

4. David est devant Florence ?

5. Michel est à côté d'Ahmed ?

6. Michel n'est pas à côté d'Izoumi ?

7. Jean-Paul est devant David ?

Y. *Répondez négativement aux questions. Answer the questions negatively.*

8. Vous êtes professeur ?
   Non, ______________________

9. Jean-Paul est médecin ?
   Non, ______________________

10. Je suis assistante ?
   Non, ______________________

4 ASKING QUESTIONS

A. Nationalités : *Posez des questions d'après ce modèle. Ask questions according to this model.* Note that the words for nationalities for men and women differ in their ending.

M. Bellini, italien **Est-ce que M. Bellini est italien ?**

1 2 3 4 5 6 7 8

Compréhension auditive : *Indiquez si la réponse à chaque question est logique et appropriée. Indicate whether the answer to each question is logical and appropriate.* If the answer is logical and appropriate in terms of the question you heard, circle **logique** *logical*; if it is not, circle **pas logique** *not logical.*

1.	logique	pas logique	3.	logique	pas logique	5.	logique	pas logique
2.	logique	pas logique	4.	logique	pas logique	6.	logique	pas logique

X. 1. Non, il n'est pas à côté d'Isabelle. 2. Non, elle n'est pas derrière Christine. 3. Oui, elle est derrière Florence. 4. Non, il n'est pas devant Florence. 5. Oui, il est à côté d'Ahmed. 6. Non, il n'est pas à côté d'Izoumi. 7. Non, il n'est pas devant David.

Y. 8. je ne suis pas professeur. 9. il n'est pas médecin. 10. vous n'êtes pas assistante.

logique—pas logique ; pas logique ; logique—logique ; logique—pas logique

X. *Posez des questions en employant* ***Est-ce que*** *d'après ce modèle. Ask questions using* ***Est-ce que*** *according to this model.*

Mme Daudet/française ? **Est-ce que Mme Daudet est française ?**

1. M. Wilson/américain ?

____

2. Elle/marocaine ?

____

3. Mlle Moreau/française ?

____

4. Vous/canadien ?

____

5. Tu/japonaise ?

____

6. Il/italien ?

____

5 STRESS, PRONUNCIATION, AND SPELLING

A. Rythme et accent : *Lisez la liste après moi. Read the list after me.* Don't worry about the meaning; just concentrate on pronunciation as you look at each word. ( )

Deux syllabes
pho**to**, au**to**, mu**sique**, vi**site**, tou**riste**, beau**té**, bon**jour**, mon**sieur**, par**lez**, en**core**, ques**tion**

Trois syllabes
monu**ment**, ani**mal**, télé**phone**, liber**té**, écou**tez**, répé**tez**, après **moi**, s'il vous **plaît**, vous par**lez**

Quatre syllabes
acadé**mie**, démocra**tique**, écono**mie**, c'est un ca**hier**, voilà la **table**, écoutez **bien**,
comment ça **va** ?

B. Prononciation : *Lisez la liste après moi.* Just concentrate on the pronunciation and spelling without worrying about the meaning; the phonetic symbols are for recognition only. ( )

/i/	tax**i**, cr**i**t**i**que, d**i**ff**i**c**i**le, **y**, **Y**ves
/e/ ; /ɛ/	Andr**é**, **et**, cahi**er** ; derri**è**re, ch**ai**se, **ê**tre
/a/	m**a**d**a**me, **à** l**a** c**a**rte, g**a**r**a**ge, C**a**n**a**d**a**, f**a**ç**a**de
/u/	b**ou**tique, r**ou**te, t**ou**ché, bonj**ou**r, v**ou**s, **où**
/o/ ; /ɔ/	s**au**ce, b**eau**, chât**eau**, m**o**t ; m**o**de, n**o**te, al**o**rs
/y/	men**u**, déb**u**t, v**u**e, ét**u**de, b**u**reau, Deb**u**ssy
/ø/ ; /œ/	mili**eu**, bl**eu**, d**eu**x ; chauff**eu**r, profess**eu**r

X. 1. Est-ce que M. Wilson est américain ? 2. Est-ce qu'elle est marocaine ? 3. Est-ce que Mlle Moreau est française ? 4. Est-ce que vous êtes canadien ? 5. Est-ce que tu es japonaise ? 6. Est-ce qu'il est italien ?

/ɛ̃/	Chop**in**, Gaugu**in**, médec**in**, b**ien**, m**ain**tenant
/ɑ̃/	dét**en**te, **en**s**em**ble, nu**an**ce, d**an**s, dev**an**t
/ɔ̃/	cray**on**, b**on**, b**on**jour, Dij**on**, m**on**tre, rép**on**se
/wa/	réserv**oi**r, bourge**oi**s, cr**oi**ssant, v**oi**là
/k/	bou**qu**et, li**qu**eur, co**qu**ette, **qu**estion, **qu**i
/ɲ/	filet mi**gn**on, co**gn**ac, vi**gn**ette, li**gn**e
/ʃ/	**ch**auffeur, **ch**ef, **ch**ampagne, atta**ch**é, **Ch**arlotte
/j/	Versa**ill**es, Marse**ill**e, bou**ill**on, fam**ill**e

6 ÊTRE

A. Contrôle

Répétez : 1 2 3 4 *Répétez :* 1 2 3 4 *Répétez :* 1 2 3 4

B. Qui est-ce que vous êtes ? Où est-ce que nous sommes ? : *Répondez aux questions d'après ce modèle.*

Est-ce que vous êtes ingénieur ? (étudiant)
Non, je ne suis pas ingénieur ! Je suis étudiant.

1 2 3 4 5

Compréhension auditive : *Est-ce que la réponse à chaque question est logique et appropriée ?*

1.	logique	pas logique	4.	logique	pas logique	7.	logique	pas logique
2.	logique	pas logique	5.	logique	pas logique	8.	logique	pas logique
3.	logique	pas logique	6.	logique	pas logique	9.	logique	pas logique

X. *Répondez aux questions.*

1. Est-ce que je suis professeur ?

Oui, ______________________________

2. Est-ce que je suis français ?

Non, ______________________________

3. Est-ce que vous êtes américain(e) ?

Oui, ______________________________

4. Est-ce que vous êtes dans le couloir ?

Non, ______________________________

5. Est-ce que nous sommes dans la classe ?

Non, ______________________________

Je suis dans un cours de français. 1. Tu 2. Vous 3. Paul et Marie 4. Nous *Nous ne sommes pas dans le couloir !* 1. Vous 2. Janine 3. Je 4. Eric et Marie *Robert est étudiant.* 1. Marie 2. Paul et Janine 3. Marie et Cécile 4. Je

logique—pas logique—pas logique ; pas logique—pas logique—logique ; logique—pas logique—logique

6. Est-ce que les étudiants sont dans la classe ?

Non, ____________________

7. Est-ce que vous êtes français(e) ?

Non, ____________________

8. Est-ce que le professeur est dans la classe ?

Non, ____________________

9. Est-ce que nous sommes américains ?

Oui, ____________________

10. Est-ce que vous êtes médecin ?

Non, ____________________

Y. Le verbe être : *Complétez la grille avec les formes conjuguées. Complete the grid with the conjugated forms.*

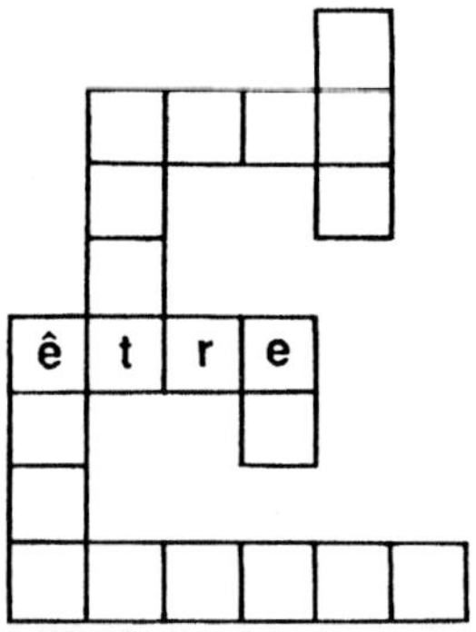

être

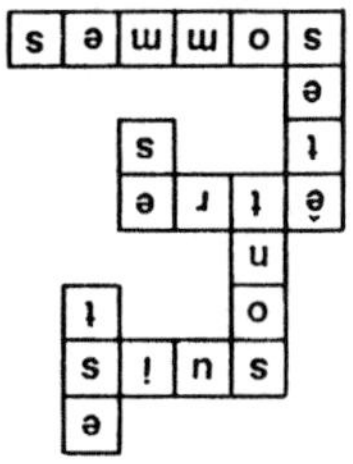

FINALE

A. Lecture et conversations : *Bonjour !* : *Christine Wilson est américaine. Elle est étudiante en français à l'université de Paris X à Nanterre. Le cours est terminé et elle est dans le couloir. Voilà Jean-Paul Brunot. Il est français. Il est étudiant en sociologie.* ( )

Jean-Paul Hello, Christine.
Christine Well, hello, Jean-Paul. Are you OK?
Jean-Paul Yes, (I'm) OK. What about you [And you]?
Christine Not bad, thanks.
(*There's a lady. She talks to Christine.*)
The lady Excuse me(, miss). Where is room 16, please?
Christine Room 16? Over there, in front of the stairs.
The lady Fine. Thank you(, miss).
Christine You're welcome(, ma'am). (*to Jean-Paul*) Excuse me, Jean-Paul. I'm late.
Jean-Paul Good-bye, Christine.
Christine Good-bye, and see you in a little while.

X. 1. vous êtes professeur. 2. vous n'êtes pas français. 3. je suis américain(e). 4. je ne suis pas dans le couloir. 5. nous ne sommes pas dans la classe. 6. ils ne sont pas dans la classe. 7. je ne suis pas français(e). 8. il n'est pas dans la classe. 9. nous sommes américains. 10. je ne suis pas médecin.

Nom ____________________ Cours __________ Section __________ Date __________

Compréhension auditive : *Voici quelques commentaires sur la section* Lecture et conversations. *Indiquez si chaque commentaire est vrai ou faux. Here are a few comments concerning* Lecture et conversations. *Indicate whether each comment is true or false.*

1.	v	f	4.	v	f	7.	v	f
2.	v	f	5.	v	f	8.	v	f
3.	v	f	6.	v	f	9.	v	f

All dictations of sentences are recorded three times. The first reading (**Écoutez d'abord** *Listen first*) is without pauses for general comprehension. The second (**Écrivez** *Write*) is with pauses long enough for you to write what you hear. The third reading (**Écoutez encore une fois** *Listen again*) is without pauses for a final check of what you have written.

Dictée : *Je m'appelle Alain.*

The **Questions** and **Reconstitution orale/écrite** will not be duplicated in the workbook, but writing space will be provided.

C. Questions : *Où sont les étudiants ?* *Posez des questions sur les parties soulignées. Ask questions on the underlined parts.* (Text p. 18)

1. ______
2. ______
3. ______
4. ______
5. ______
6. ______
7. ______

D. Reconstitution orale/écrite : *Je suis dans la classe :* *Écrivez un paragraphe en employant les mots indiqués. Write a paragraph by using the indicated words.* (Text p. 18)

Je suis étudiant en français. Voilà M. Duval. Il est professeur. Il est dans le couloir. Nous sommes dans la classe. Je suis à côté de Christine.
f—f—v ; f—f—v ; f—f—f

UNITÉ 1

Tu as cours à midi ?

PRÉLUDE

Expressions

Subjects and courses: The names of courses are recorded. (   )

Anthropology	History	Psychology
Archeology	Art History	International Relations
Biology	Computer Science	Economics [Economic Science]
Chemistry	Journalism	Natural Science
Communication	Literature	Physical Science (Physics)
Law	Mathematics	Political Science
Ecology	Music	Sociology
Geography	Philosophy	

I like/I don't like { chemistry. / the chemistry course.

The history course is (not) very { easy/difficult. / useful/interesting.

Languages: The names of languages are recorded. (   )

French	Arabic	Hebrew
German	Chinese	Japanese
English	Spanish	Russian

I speak / I don't speak } { Spanish. / Chinese.

Conversations

C. Florence aime les maths : *Florence likes math.* Reminder: English descriptions of situations are not recorded. (   )

Jean-Paul So, how's the math course?
Florence It's hard, but the professor is amusing.
Jean-Paul Do you study [work] a lot for the course?
Florence It depends, but in general almost two hours a [per] day.
Jean-Paul Two hours a day! That's too much.
Florence It's true, but I like math a lot.

X. *Comment sont vos cours ? Répondez aux questions.*

1. Quelles langues est-ce que vous parlez ?

____

Nom ______________________ Cours ____________ Section ____________ Date ____________

2. Quel cours est-ce que vous aimez ?

____

3. Quelle matière est-ce que vous n'aimez pas ?

____

4. Quelle matière est facile ou difficile ?

____

5. Quel cours est intéressant ou n'est pas intéressant ?

____

Y. Les cours : *Remplissez la grille avec l'équivalent des mots suivants. Fill the grid with the equivalent of the following words.*

anthropology, biology, chemistry, computer science, geography, history, law, mathematics, music, physics, psychology

p
h
i
l
o
s
o
p
h
i
e

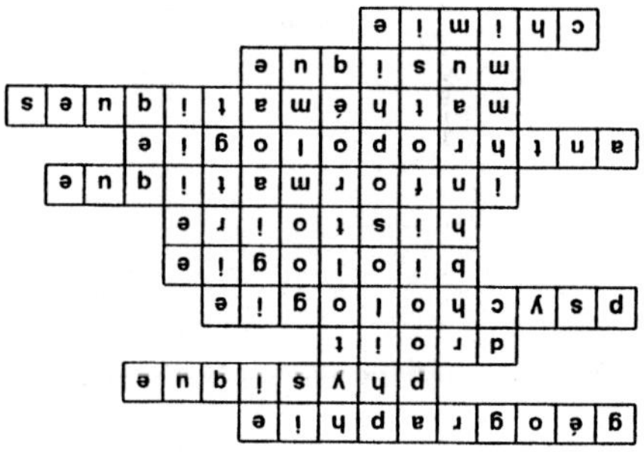

chimie
musique
mathématiques
anthropologie
informatique
histoire
biologie
psychologie
droit
physique
géographie

X. 1. Je parle anglais (et français). 2. J'aime le cours de (psychologie). 3. Je n'aime pas (l'histoire). 4. (La botanique) est facile/(La chimie) est difficile. 5. Le cours (de philosophie) (n')est (pas) intéressant.

DÉVELOPPEMENT

7 IDENTIFYING PEOPLE AND OBJECTS

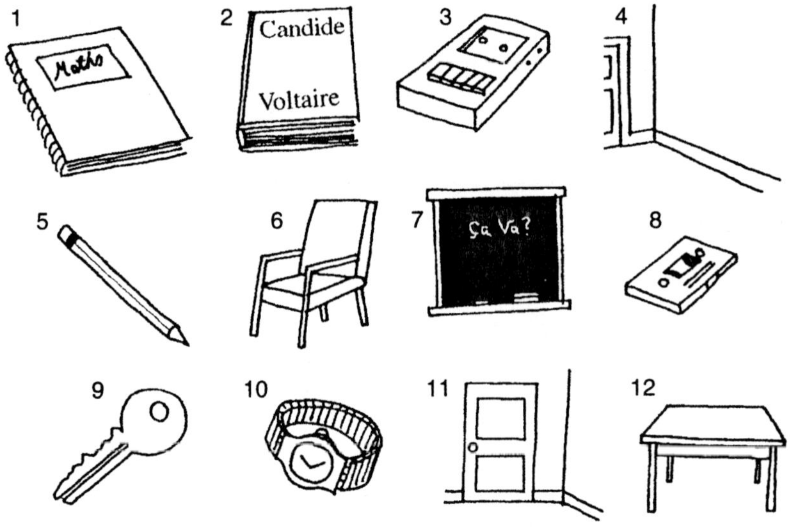
1
Maths
2
Candide
Voltaire
3
4
5
6
7
Ça Va?
8
9
10
11
12

DESSIN 3

A. Dessin 3 : *Regardez le dessin et répétez. Look at the drawing and repeat.* (   )

Maintenant, répondez aux questions d'après ces modèles. Now answer the questions according to these models. After each question, give a singular noun if you hear **singulier**, and a plural noun if you hear **pluriel**. Reminder: English translations of directions are not recorded.

(Picture 1) Qu'est-ce que c'est ? (singulier) **C'est un cahier.**
(Picture 7) Qu'est-ce que c'est ? (pluriel) **Ce sont des tableaux.**

a b c d e f g

B. Dessin 3 : *Maintenant, répondez d'après ces modèles.* The item numbers match those of the individual drawings. If the question is in the singular, answer in the singular; if it is in the plural, answer in the plural.

(Picture 1) a. Est-ce que c'est un livre ? **Non, ce n'est pas un livre.**
b. Qu'est-ce que c'est, alors ? **C'est un cahier.**

2 a b   3 a b   4 a b   10 a b   11 a b   12 a b

C. Une calculatrice et des cassettes : *Qu'est-ce que c'est ? Philippe est curieux.* Vanessa has just wrapped up some gifts. Philippe, her brother, wants to know what's in the boxes. (   )

Philippe Say, what's this?
Vanessa Easy! It's a calculator.
Philippe And that, is it a calculator too?
Vanessa No, they are cassettes.
Philippe And that, what is it?
Vanessa You're bothering me, Philippe! Leave me alone!

X. *Regardez le Dessin 3 et répondez aux questions d'après ce modèle.*

Qu'est-ce que c'est ? (1) **C'est un cahier.**

1. Qu'est-ce que c'est ? (8)

____

2. Qu'est-ce que c'est ? (4)

____

3. Qu'est-ce que c'est ? (7)

____

4. Qu'est-ce que c'est ? (9)

____

Maintenant, répondez au pluriel, d'après ce modèle.

Qu'est-ce que c'est ? (4) **Ce sont des murs.**

5. Qu'est-ce que c'est ? (2)

____

6. Qu'est-ce que c'est ? (6)

____

7. Qu'est-ce que c'est ? (12)

____

8. Qu'est-ce que c'est ? (0)

____

Y. *Regardez le Dessin 3 et répondez aux questions d'après ce modèle.*

Est-ce que c'est une clé ? (4) **Non, ce n'est pas une clé ; c'est un mur.**

9. Est-ce que c'est un mur ? (11)

Non, ______________________

10. Est-ce que c'est une clé ? (5)

Non, ______________________

11. Est-ce que ce sont des portes ? (6)

Non, ______________________

12. Est-ce que ce sont des livres ? (1)

Non, ______________________

8 NAMING SPECIFIC PEOPLE AND THINGS AND LOCATING OBJECTS

A. Contrôle : *Modifiez les phrases suivantes d'après ces modèles. Change the following sentences according to these models.* Repeat each sentence you hear, *while replacing* **un/une/des** with **le/la/l'/les**.

Voilà un livre. **Voilà le livre.**
Volià des cahiers. **Voilà les cahiers.**

1 2 3 4 5 6 7 8 9 10

Compréhension auditive : *Indiquez si le nom est masculin ou féminin. Indicate whether the noun is masculine or feminine.* All the nouns are singular, preceded by **le** or **la**.

1.	m	f	4.	m	f	7.	m	f
2.	m	f	5.	m	f	8.	m	f
3.	m	f	6.	m	f	9.	m	f

X. 1. C'est une cassette. 2. C'est un mur. 3. C'est un tableau. 4. C'est une clé. 5. Ce sont des livres. 6. Ce sont des chaises. 7. Ce sont des tables. 8. Ce sont des magnétophones.
Y. 9. ce n'est pas un mur ; c'est une porte. 10. ce n'est pas une clé ; c'est un crayon. 11. ce ne sont pas des portes ; ce sont des chaises. 12. ce ne sont pas des livres ; ce sont des cahiers.

1. Voilà une chaise. 2. Voilà un mur. 3. Voilà des cassettes. 4. Voilà un magnétophone. 5. Voilà une calculatrice. 6. Voilà une table. 7. Voilà un magnétoscope. 8. Voilà un écran. 9. Voilà une étudiante. 10. Voilà des assistants.

m—f—m ; f—f—m ; m—f—m

Compréhension auditive : *Indiquez si le nom est au singulier ou au pluriel. Indicate whether the noun is in the singular or plural.* Listen to the article to tell the difference.

1.	s	p	4.	s	p	7.	s	p
2.	s	p	5.	s	p	8.	s	p
3.	s	p	6.	s	p	9.	s	p

Bonjour!
1
2
3
4
5
6
7
8
9
10
11
12
13
14
15
16
17

DESSIN 4

C. Dessin 4 : *Regardez le dessin et répondez d'après ce modèle.* The three questions in each item are labeled **a**, **b**, and **c**.

a. (Object 2) Qu'est-ce que c'est ? **C'est une cassette vidéo.**
b. (Object 4) Qu'est-ce que c'est ? **C'est un magnétoscope.**
c. Où est la cassette vidéo ? **Elle est sur le magnétoscope.**

1. a b c   2. a b c   3. a b c   4. a b c

Compréhension auditive : *Regardez le Dessin 4. Indiquez si chaque commentaire est vrai ou faux. Look at Drawing 4. Indicate whether each statement is true or false.*

1.	v	f	4.	v	f	7.	v	f
2.	v	f	5.	v	f	8.	v	f
3.	v	f	6.	v	f	9.	v	f

X. Dessin 4 : *Identifiez les objets d'après ce modèle. Identify the objects according to this model.*

1 et 5 **Voilà le tableau et la chaise.**

1. 16 et 17

Voilà ____________________

2. 13 et 14

Voilà ____________________

3. 8 et 9

Voilà ____________________

4. 2 et 3

Voilà ____________________

5. 4 et 10

Voilà ____________________

f—v—f : v—f—v : v—v—v (printed upside down)

p—s—p : s—p—s : p—s—s (printed upside down)

Nom ______________________ Cours ______________ Section ______________ Date ______________

6. 12 et 11

Voilà ____

Y. Dessin 4 : *Indiquez où est chaque objet d'après ce modèle. Indicate where each object is according to this model.*

(corbeille/table) **La corbeille est sous la table.**

7. (magnétophone/table)

____

8. (montre/livres)

____

9. (montre et livres/table)

____

10. (tableau/table et chaise)

____

11. (magnétoscope/écran)

____

12. (corbeille/ne pas/couloir)

____

Z. Un petit test de vocabulaire : *Complétez la grille avec l'équivalent français des mots suivants. A little vocabulary test: Complete the grid with the French equivalents of the following words.*

2 lettres : *and, he, I, you*
3 lettres : *key, the, they, wall*
4 lettres : *inside, she, to be, you, under*
5 lettres : *they, book, door, pen*
6 lettres : *notebook, chair*
7 lettres : *hallway, pencils, doctor*
9 lettres : *wastebasket, (female) student, briefcase*

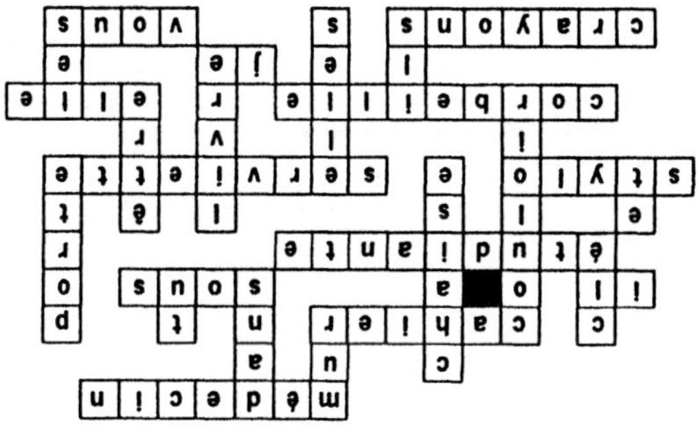

X. 1. la porte et le couloir. 2. la serviette et la corbeille. 3. les livres et la montre. 4. la cassette vidéo et l'écran. 5. le magnétoscope et le magnétophone. 6. les clés et la cassette.
Y. 7. Le magnétophone est sur la table. 8. La montre est devant les livres. 9. La montre et les livres sont sur la table. 10. Le tableau est derrière la table et la chaise. 11. Le magnétoscope est sous l'écran. 12. La corbeille n'est pas dans le couloir.

9 EXPRESSING QUANTITY WITH NUMBERS

Beginning with **Développement 9**, all the item numbers of oral activities will be given in French.

A. Les nombres : *Répétez après moi.* (   )

0-1-2, 3-4-5, 6-7-8, 9-10-11, 12-13-14, 15-16-17, 18-19-20, 21-22-23, 24-25-26, 27-28-29, 30

Maintenant, dites les nombres en français. Now, say the numbers in French.

a b c d ; e f g h ; i j k l ; m n o

B. Nombre et nom : *Donnez une phrase après chaque nombre, d'après ces modèles. Give a sentence after each number, according to these models.*

(Un) **Il y a un professeur et un étudiant.**
(Deux) **Il y a deux professeurs et deux étudiants.**
(Trois) **Il y a trois professeurs et trois étudiants.**

a b c d e f g h i

Dictée : *Épelez les nombres que vous entendez. Spell out the numbers that you hear.*

a. ______________________ **f.** ______________________
b. ______________________ **g.** ______________________
c. ______________________ **h.** ______________________
d. ______________________ **i.** ______________________
e. ______________________ **j.** ______________________

X. *Épelez les nombres suivants d'après le modèle. Spell out the following numbers according to the model.*

(12) **douze**

1. (4) ______________________ **6.** (10) ______________________
2. (7) ______________________ **7.** (30) ______________________
3. (26) ______________________ **8.** (18) ______________________
4. (15) ______________________ **9.** (23) ______________________
5. (22) ______________________ **10.** (16) ______________________

3—7—9—10 ; 30—20—16—4 ; 19—25—17—12 ; 13—8—22
a. seize b. dix-neuf c. douze d. huit e. vingt-deux f. quatre g. quinze h. dix-sept i. treize j. vingt-cinq

Nom ______________________ Cours ____________ Section ____________ Date ____________

Y. *Répondez aux questions.*

11. Combien de jeunes filles est-ce qu'il y a dans le cours de français ?

____

12. Et combien d'étudiants est-ce qu'il y a dans le cours ?

____

13. Combien de chaises est-ce qu'il y a dans la classe ?

____

14. Combien de bibliothèques est-ce qu'il y a à l'université ?

____

Z. Nombres : *Complétez la grille avec les nombres de 1 à 20, écrits en toutes lettres. Complete the grid with the numbers from 1 to 20, spelled out fully.* The hyphen, whenever it occurs, occupies a box. You might start with the shortest and longest words.

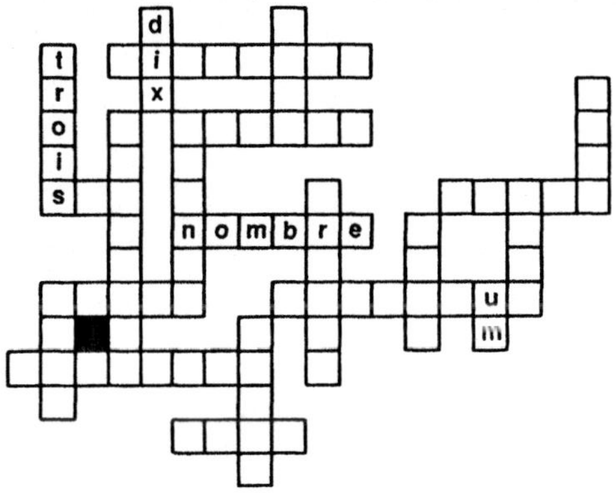

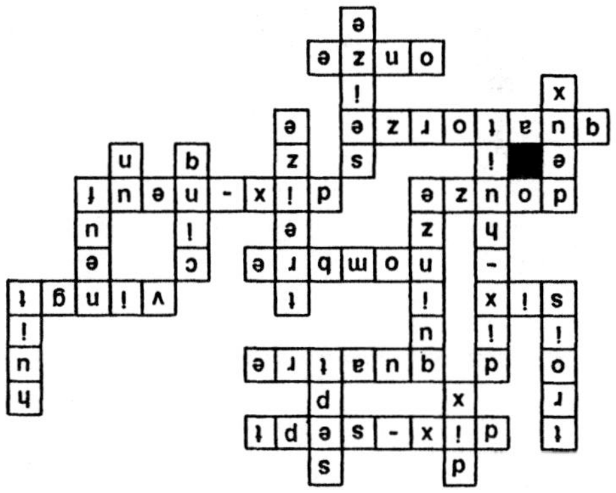

The parts in (. . .) indicate variable answers.

X. 1. quatre 2. sept 3. vingt-six 4. quinze 5. vingt-deux 6. dix 7. trente 8. dix-huit 9. vingt-trois 10. seize

Y. 11. Il y a (quinze) jeunes filles dans le cours de français. 12. Il y a (vingt et un) étudiants dans le cours. 13. Il y a (vingt-cinq) chaises dans la classe. 14. Il y a (trois) bibliothèques à l'université.

10 TELLING WHAT WE HAVE

A. Contrôle

Répétez : 1 2 3 4 *Répétez :* 1 2 3 4 *Répétez :* 1 2 3 4

Exercice supplémentaire : *Mettez chaque phrase au négatif d'après ce modèle. Put each sentence into the negative according to this model.*

J'ai un examen demain. **Je n'ai pas d'examen demain.**

1 2 3 4 5 6

Compréhension auditive : *Est-ce que la réponse à chaque question est logique et appropriée ?*

1.	logique	pas logique	3.	logique	pas logique	5.	logique	pas logique
2.	logique	pas logique	4.	logique	pas logique	4.	logique	pas logique

X. *Répondez aux questions.*

1. Est-ce que vous avez un cours à sept heures ?
   Non, ______
2. Est-ce qu'il y a un ordinateur dans le couloir ?
   Non, ______
3. Est-ce que nous avons une corbeille dans la classe ?
   Oui, ______
4. Est-ce qu'il y a des chats dans la chambre ?
   Non, ______
5. Est-ce que vous avez des examens demain matin ?
   Non, ______
6. Est-ce que le professeur a un chat dans son bureau ?
   Non, ______
7. Est-ce que les étudiants ont des chiens dans les chambres ?
   Non, ______

J'ai un journal. 1. Nous 2. Laurence 3. Tu 4. Les étudiants *Nous n'avons pas d'examen demain.* 1. Je 2. Les étudiants 3. Nous 4. Tu *Combien de cours est-ce que tu as ?* 1. vous 2. les étudiants 3. Renée 4. je

1. J'ai un cours à midi. 2. Elle a des examens demain. 3. Il y a un tableau dans la classe. 4. Ils ont des montres. 5. Nous avons une calculatrice. 6. Il y a des chaises dans le couloir.

pas logique—logique ; pas logique—logique ; pas logique—logique ; logique—logique

Nom ______________________ Cours ____________ Section ____________ Date ____________

8. Est-ce qu'il y a des pendules dans la classe ?

Non, ____

9. Est-ce que j'ai un magnétoscope ?

Oui, ____

10. Demandez-moi (*Ask me*) si j'ai un chien ou un chat.

____

INTERLUDE

Expressions

A schedule

to have a course
to be in {a class / a class[room] / a biology course} } at ten o'clock

to be {free / busy} {at / before/after / until} two o'clock

What is the name of the student? His name is Jean-Louis.

The days of the week (   )

Monday, Tuesday, Wednesday, Thursday, Friday
the weekend: Saturday, Sunday

The campus (   )

The students are {
at the library.
at the *cité* (student dormitory area).
at the gymnasium.
at the language laboratory.
at the bookstore.
at the swimming pool.
at the dormitory.
at the (university) cafeteria.
at the stadium.
at the university [2 *ways*].

X. 1. je n'ai pas de cours à sept heures. 2. il n'y a pas d'ordinateur dans le couloir. 3. nous avons une corbeille dans la classe. 4. il n'y a pas de chats dans la chambre. 5. je n'ai pas d'examens demain matin. 6. il n'a pas de chat dans le bureau. ils n'ont pas de chiens dans les chambres. 8. il n'y a pas de pendules dans la classe. 9. vous avez un magnétoscope. 10. Avez-vous un chien ou un chat ?

The building is { near here. / far from here. }

Conversations

JEUDI	28 SEPTEMBRE
9 - 11	TP Psychologie et communication (M. Joule)
11 - 12	Histoire du judaïsme (M. Abric)
1 - 2	déjeuner avec Maryse
2 - 4	Psychologie et communication (Mme Iancu)
5 - 6	bibliothèque
7	resto - U

DESSIN 5

X. *Regardez le Dessin 5 et indiquez si les commentaires suivants sont vrais ou faux. Look at Drawing 5 and indicate if the following comments are true or false.*

1. v f Jean-Paul a les TP de psychologie et communication pendant (during) deux heures.
2. v f Il a un cours d'histoire à une heure.
3. v f Il déjeune (has lunch) avec Maryse à midi.
4. v f Il est dans un cours à trois heures.
5. v f Il est à la bibliothèque à quatre heures et demie.
6. v f Il est au resto-U à sept heures.

Y. L'emploi du temps de Jean-Paul : *Répondez aux questions.*

1. Combien de cours est-ce qu'il a ?

____

2. Où est-ce qu'il est à neuf heures ?

____

3. Jusqu'à quelle heure est-ce qu'il est dans les TP ?

____

4. Où est-ce qu'il est à onze heures ?

____

5. Qui déjeune avec Jean-Paul ?

____

6. À quelle heure est-ce que le cours de Mme Iancu commence ?

____

7. Jusqu'à quelle heure est-ce qu'il est à la bibliothèque ?

____

8. À quelle heure est-ce qu'il est au resto-U ?

____

Nom ______________________ Cours ____________ Section ____________ Date ____________

DÉVELOPPEMENT

11 EXPRESSING LOCATION AND DIRECTION WITH À

DESSIN 6

A. Dessin 6 : *Regardez le dessin et ajoutez des phrases. Look at the drawing and add sentences.* Say who is talking to whom.

1. Voici le médecin et le malade.
   Le médecin parle au malade, et le malade parle au médecin.

2 3 4 5 6

B. Où sont les gens ? : *Faites des phrases d'après ce modèle. Where are the people? Make up sentences according to this model.*

Les étudiants, le cinéma **Les étudiants sont au cinéma.**

1 2 3 4 5 6 7 8

X. v—f—f ; v—f—v

Y. 1. Il a deux/trois cours. 2. Il est dans les TP/travaux pratiques de psychologie [de M. Joule]. 3. Il est dans les TP jusqu'à onze heures. 4. Il est dans le cours d'Histoire du judaïsme [de M. Abric à onze heures]. 5. Maryse déjeune avec Jean-Paul. 6. Il/Le cours de Mme Iancu commence à deux heures. 7. Il est à la bibliothèque jusqu'à six heures. 8. Il est au resto-U à sept heures.

1. Les étudiants, le stade 2. Les médecins, l'hôpital 3. Vous, l'université 4. Vous, la piscine 5. Les étudiants, la bibliothèque 6. Robert, le laboratoire de langues 7. Les étudiants, le supermarché 8. Les gens, la librairie

X. *Répondez aux questions d'après ce modèle.*

Est-ce que vous êtes à l'hôpital ? (maison) **Non, je suis à la maison.**

1. Est-ce que vous êtes à la maison ? (université)
   Non, ______________________________
2. Est-ce que le professeur est au cinéma ? (bibliothèque)
   Non, ______________________________
3. Est-ce que les étudiants sont à la résidence ? (laboratoire)
   Non, ______________________________
4. Parlez-vous au professeur ? (étudiants)
   Non, ______________________________
5. Est-ce que la vendeuse parle à l'étudiante ? (professeur)
   Non, ______________________________
6. Est-ce que Jean-Paul est à l'hôpital ? (cinéma)
   Non, ______________________________
7. Est-ce que Michel parle au médecin ? (étudiante)
   Non, ______________________________
8. Est-ce que Marie est à la maison ? (hôpital)
   Non, ______________________________
9. Est-ce que les étudiants parlent aux médecins ? (journalistes)
   Non, ______________________________
10. Est-ce que les professeurs sont au laboratoire ? (maison)
    Non, ______________________________

12 TELLING TIME (1)

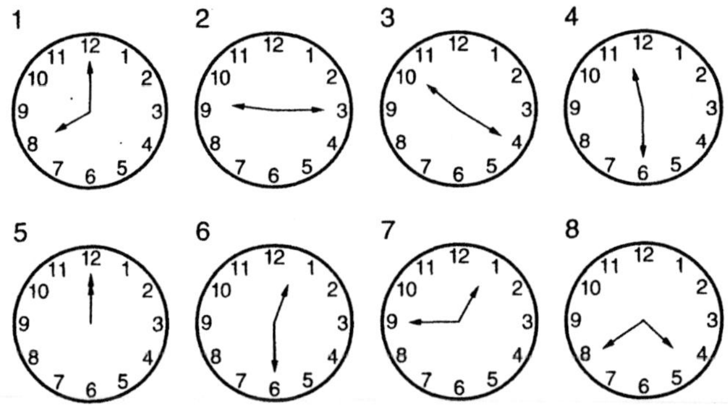
1
2
3
4
5
6
7
8

DESSIN 7

X. 1. je suis à l'université. 2. il est à la bibliothèque. 3. ils sont au laboratoire. 4. je parle aux étudiants. 5. elle parle au professeur. 6. il est au cinéma. 7. il parle à l'étudiante. 8. elle est à l'hôpital. 9. ils parlent aux journalistes. 10. ils sont à la maison.

Nom ______________________ Cours ____________ Section ____________ Date ____________

A. Dessin 7 : *Quelle heure est-il ? Regardez le dessin et répétez.* ( )

Maintenant, répondez aux questions.

1 2 3 4 5 6 7 8

C. Il est presque une heure : *Christine n'est pas en retard. La pendule avance de dix minutes.* Christine thinks she is late, but Mme Moreau, in whose house she lives, assures her that she is not. The clock is ten minutes fast. ( )

Christine	Oh, my! 10:20 already! I'm late!
Mme Moreau	It's not 10:20, it's 10:10.
Christine	No, it isn't; look at the clock.
Mme Moreau	Oh, the clock! It's 10 minutes fast. It's only 10:10.

Compréhension auditive : *Regardez le Dessin 7. Indiquez si chaque commentaire est vrai ou faux.*

1.	v	f	4.	v	f	7.	v	f
2.	v	f	5.	v	f	8.	v	f
3.	v	f	6.	v	f	9.	v	f

X. *Répondez aux questions.*

1. À quelle heure est-ce que le cours de français commence ?

____

2. À quelle heure déjeunez-vous ?

____

3. Quelle heure est-il maintenant ?

____

4. À quelle heure êtes-vous libre demain ?

____

5. À ma montre il est une heure moins douze. Mais elle avance de trois minutes. Quelle heure est-il, alors ?

____

6. À quelle heure est-ce que la bibliothèque est ouverte ?

____

7. Est-ce que la bibliothèque est ouverte maintenant ?

____

8. Où est-ce que vous êtes à onze heures du matin ?

____

9. Demandez-moi l'heure.

____

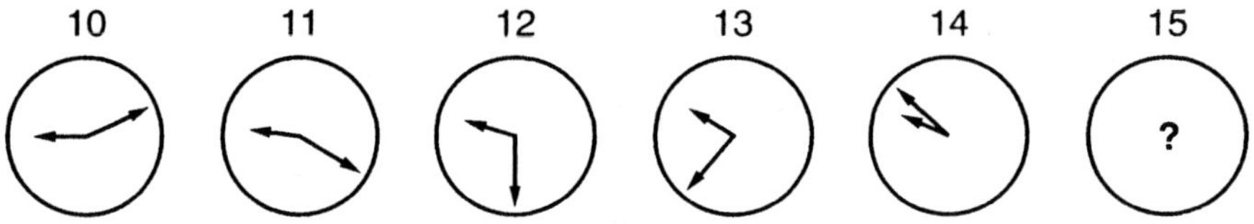
10
11
12
13
14
15
?

DESSIN 8

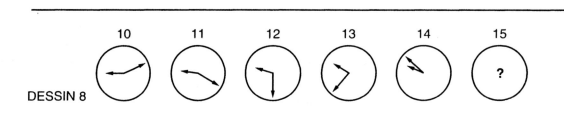

Y. *Regardez le Dessin 8. Quelle heure est-il ?* The clock faces are sequential pictures of the same clock.

10. ______________________
11. ______________________
12. ______________________
13. ______________________
14. ______________________
15. ______________________

Z. L'heure de tous : *Regardez la photo de la sculpture "L'heure de tous"* (time for all people). *Dites quelle heure il est.*

16. 9 heures 25
17. ______________________
18. ______________________
19. ______________________
20. ______________________
21. ______________________
22. ______________________
23. ______________________
24. ______________________

16
17
18
19
20

Nom ______________________ Cours ____________ Section ____________ Date ____________

13 EXPRESSING ACTIVITIES WITH -ER VERBS (1)

1
2
3
4
2:00
5
6
7
8
275

DESSIN 9

A. Contrôle

Répétez : 1 2 3 4 *Répétez :* 1 2 3 4

B. Dessin 9 : *Regardez le dessin. C'est Ahmed Youssef. Répétez après moi.* ( )

C. Questions : *Répondez d'après ce modèle.* The item numbers match those of the individual drawings.

1. À quelle heure déjeunez-vous au resto-U ?
   Je déjeune au resto-U à une heure.

1 2 3 4 5 6 7 8

X. 1. Il commence à (dix) heures. 2. Je déjeune à (midi et demi). 3. Il est (huit heures et demie). 4. Je suis libre demain à (deux heures et après cinq heures). 5. Il est une heure moins le quart. 6. Elle est ouverte à (sept heures). 7. Non/Oui, elle/la bibliothèque (n')est (pas) ouverte maintenant. 8. Je suis (dans le cours d'anglais) à onze heures. 9. Quelle heure est-il ?/Avez-vous l'heure ?

Y. 10. Il est neuf heures dix. 11. Il est neuf heures vingt. 12. Il est neuf heures et demie. 13. Il est dix heures moins vingt. 14. Il est dix heures moins dix. 15. Il est dix heures.

Z. 17. 8 heures 21 18. 7 heures et demie 19. 10 heures 12 20. 11 heures moins 22 21. 10 heures 7 22. midi 10 23. 8 heures 20 24. 8 heures moins 5

Je parle français. 1. Nous 2. Tu 3. Vous 4. Les étudiants *Nous n'écoutons pas de cassette maintenant.* 1. Tu 2. Vous 3. Je 4. Les étudiants

Compréhension auditive : *Est-ce que le sujet de chaque phrase est au singulier ou au pluriel ? Is the subject of each sentence in the singular or plural?* In this type of exercise, all the subject pronouns are in the third person. If the subject is singular (**Il arrive**), circle **s**; if it is plural (**Elles arrivent**, with liaison), circle **p**; if it could be either singular or plural (**Il regarde/Ils regardent**), circle **?**.

1.	s	p	?	5.	s	p	?	9.	s	p	?
2.	s	p	?	6.	s	p	?	10.	s	p	?
3.	s	p	?	7.	s	p	?	11.	s	p	?
4.	s	p	?	8.	s	p	?	12.	s	p	?

Compréhension auditive : *Nous parlons des étudiants et des cours. Est-ce que la réponse à chaque question est logique et appropriée ? We are speaking about students and courses. Is the answer to each question logical and appropriate?*

1.	logique	pas logique	4.	logique	pas logique	7.	logique	pas logique
2.	logique	pas logique	5.	logique	pas logique	8.	logique	pas logique
3.	logique	pas logique	6.	logique	pas logique	9.	logique	pas logique

X. Le cours d'histoire : *Écrivez des phrases en utilisant les éléments indiqués. Write sentences using the indicated elements.*

1. Je/étudier/histoire,/mais/tu/étudier/chimie.

2. Cours/de/histoire/commencer/à/11 h.

3. Je/entrer/dans/classe/et/je/chercher/chaise.

4. Je/être/dans/classe/et/je/écouter/professeur.

5. Professeur/être/amusant/et/nous/aimer/cours.

6. Vous/aimer/cours/et/vous/ne pas/arriver/en retard.

7. Nous/travailler,/mais/tu/ne pas/travailler/beaucoup.

8. Cours/être/terminé/et/je/poser/questions/à/professeur.

9. Après/cours,/je/déjeuner/avec/Robert.

logique—pas logique—logique ; logique—pas logique—logique ; logique—pas logique—pas logique

s—?—p—? ; s—?—?—? ; p—s—?—s

Nom ____________ Cours ____________ Section ____________ Date ____________

Y. *Écrivez des phrases impératives d'après ce modèle.*

The professor is telling the students to listen to the cassette in the lab.
Écoutez la cassette dans le labo.

10. The professor is telling the students to look and listen carefully.

____

11. You suggest to your friends that you have lunch together in a restaurant.

____

12. You propose to your friends to leave the house at one o'clock.

____

13. You tell your roommate to please study in the library.

____

14. You tell a child not to speak to the dog.

____

14 EXPRESSING POSSESSION (1): *MY, YOUR*

A. Contrôle : *Remplacez* **un**, **une**, **des** *par* **mon**, **ma**, **mes** *d'après ce modèle. Replace* **un**, **une**, **des** *with* **mon**, **ma**, **mes** *according to this model.*

Voilà un cahier. **C'est mon cahier.**

1 2 3 4 5

Maintenant, répondez d'après ce modèle.

Ce sont mes livres ? **Non, ce ne sont pas tes livres.**

6 7 8 9 10

B. Identification : *Répondez aux questions d'après ces modèles.*

Voici une montre. C'est ma montre ? (oui) **Oui, c'est votre montre.**
Et ça, c'est mon livre ? (non) **Non, c'est mon livre.**

1 2 3 4 5 6 7 8

1. Voilà une montre. 2. Voilà un écran. 3. Voilà un magnétoscope. 4. Voilà des cassettes. 5. Voilà des livres. 6. C'est ma chaise ? 7. Ce sont mes clés ? 8. C'est mon stylo ? 9. C'est ma cassette ? 10. C'est mon cahier ?

Y. 10. Regardez et écoutez bien. 11. Déjeunons ensemble dans un restaurant. 12. Quittons la maison à une heure. 13. Travaille dans/à la bibliothèque, s'il te plaît. 14. Ne parle pas au chien.

X. 1. J'étudie l'histoire, mais tu étudies la chimie. 2. Le cours d'histoire commence à onze heures. 3. J'entre dans la classe et je cherche une chaise. 4. Je suis dans la classe et j'écoute le professeur. 5. Le professeur est amusant et nous aimons le cours. 6. Vous aimez le cours et vous n'arrivez pas en retard. 7. Nous travaillons, mais tu ne travailles pas beaucoup. 8. Le cours est terminé et je pose des questions au professeur. 9. Après le cours, je déjeune avec Robert.

C. Ta calculatrice est sur la télé : *Vanessa est la fille de Mme Moreau. Elle est dans la salle de séjour. Elle cherche sa calculatrice.* (   )

Mme Moreau	Are you looking for something, honey?
Vanessa	Yes, my calculator.
Mme Moreau	Your calculator? It's on (top of) the TV.
Vanessa	Good! Thanks, Mom.

Compréhension auditive : *Écoutez la conversation. Est-ce que la réponse est logique et appropriée ?* Listen especially for the appropriate or inappropriate use of subject pronouns and possessive adjectives.

1.	logique	pas logique	4.	logique	pas logique	7.	logique	pas logique
2.	logique	pas logique	5.	logique	pas logique	8.	logique	pas logique
3.	logique	pas logique	6.	logique	pas logique	9.	logique	pas logique

X. *Écrivez des phrases d'après ce modèle.*

tu/ne pas/écouter/mon/cassette. **Tu n'écoutes pas ma cassette.**

1. Marianne/être/ton/voisine/gauche.

____

2. vous/avoir/mon/adresse ?

____

3. vous/ne pas/aimer/votre/professeurs ?

____

4. je/déjeuner/avec/mon/camarades.

____

Y. *Répondez aux questions. Utilisez des adjectifs possessifs dans vos réponses. Use possessive adjectives in your answers.*

5. Aimez-vous votre cours de français ?

____

6. Avez-vous mes livres ?

Non, ______________________________

7. Avez-vous mon adresse ?

Non, ______________________________

8. Est-ce que votre professeur a votre montre ?

Non, ______________________________

9. Est-ce que j'ai vos clés ?

Non, ______________________________

logique—pas logique—pas logique ; pas logique—logique—logique ; pas logique—logique—pas logique

X. 1. Marianne est ta voisine de gauche. 2. Avez-vous mon adresse ? 3. N'aimez-vous pas vos professeurs ? 4. Je déjeune avec mes camarades.

10. Où sont vos livres ?

____

11. Cherchez-vous vos cahiers ?

Oui, ____

12. Est-ce que vous avez mon stylo ?

Non, ____

FINALE

From Unit 1 on, the text as well as writing space for **Parlons de nous** (selected items only) will be provided. For most **Questions** and for **Reconstitution orale/écrite**, only writing space will be provided.

A. Lecture et conversations : Compréhension auditive : *Voici quelques commentaires sur la lecture. Indiquez si chaque commentaire est vrai ou faux.*

1.	v	f	4.	v	f	7.	v	f
2.	v	f	5.	v	f	8.	v	f
3.	v	f	6.	v	f	9.	v	f

Dictée : *Le cours de français*

____

____

____

____

____

____

C. Parlons de nous

1. Comment est le cours de français ?

____

2. Combien d'étudiants est-ce qu'il y a dans le cours ?

____

3. Dans quel bâtiment est le cours de français ? Est-ce qu'il est loin de la cité ?

____

Je suis dans un cours de français. Le professeur s'appelle Mme Savin. J'aime le cours. Il est très intéressant et il n'est pas difficile. Il y a vingt étudiants dans le cours.

f—v—v ; f—v—v ; f—v—v

Y. 5. Oui, j'aime/Non, je n'aime pas mon cours de français. 6. je n'ai pas vos livres. 7. je n'ai pas votre adresse. 8. il/elle/mon professeur n'a pas ma montre. 9. vous n'avez pas mes clés. 10. Ils sont (à la maison). 11. je cherche mes cahiers. 12. je n'ai pas votre stylo.

4. À quelle heure déjeunez-vous d'habitude (*usually*) ?

____

5. Est-ce qu'il y a un bon restaurant près de la cité ?

____

6. Est-ce qu'il y a un cinéma près de la cité ?

____

D. Questions : *Vous êtes dans un café avec Monique. Vous posez des questions sur son emploi du temps. Employez la forme* **tu**.

Vous Combien ______________________________ ?

Monique Aujourd'hui j'ai seulement deux cours.

Vous Quels ______________________________ ?

Monique J'ai un cours de psycho et un cours de sciences po.

Vous À quelle ______________________________ ?

Monique Le cours de psycho commence à dix heures et l'autre, à deux heures.

Vous Comment ______________________________ ?

Monique Il est très intéressant, et le prof est très sympa.

Vous Combien ______________________________ ?

Monique Eh bien, il y a à peu près vingt-cinq étudiants dans le cours.

E. Reconstitution orale/écrite : *Cindy est étudiante. Elle est très occupée aujourd'hui. Écrivez un paragraphe en employant les mots indiqués.* You will also need to supply the appropriate articles and spell out numbers, converting **h** into **heure** or **heures**, and so forth. (Text p. 51)

____

____

____

____

____

____

____

____

F. À Nanterre : Here is the test of the campus map photo. **UFR** means **Unité de Formation et de Recherche** (see the *Commentaires culturels* of **Prélude**).

Bât. A : INSCRIPTIONS - TRANSFERTS - EQUIVALENCES - BOURSES
ETUDIANTS ETRANGERS - FORMATION DES MAITRES
UFR LETTRES LINGUISTIQUE PHILOSOPHIE

C. 1. Il/Le cours de français est (intéressant). 2. Il y a (trente) étudiants dans le cours. 3. Il est dans (le Modern Language Building). Il est (loin) de la cité. 4. D'habitude, je déjeune à (midi). 5. Oui, il y a un/Non, il n'y a pas de bon restaurant [près de la cité]. 6. Oui, il y a un/Non, il n'y a pas de cinéma [près de la cité].

Nom ______________________ Cours __________ Section __________ Date __________

Bât. A : INSCRIPTIONS - TRANSFERTS - EQUIVALENCES - BOURSES
ETUDIANTS ETRANGERS - FORMATION DES MAITRES
UFR LETTRES LINGUISTIQUE PHILOSOPHIE
Bât. B : PRESIDENCE - SECRETARIAT GENERAL
ADMINISTRATION - SERVICES TECHNIQUES - DOCTORATS
CAFETERIA - LIVRAISONS UNIVERSITE
Bât. C : CENTRE INFORMATIQUE - CENTRE D'INFORMATION
SALLES DES THESES - SALLE DES COLLOQUES
UFR SC. PSYCHOLOGIQUES ET SC. DE L'EDUCATION
UFR S.S.A. (ETHNOLOGIE)
Bât. D : UFR SC. SOCIALES ET ADMINISTRATION
(HISTOIRE GEOGRAPHIE SOCIOLOGIE A.E.S)
UFR GEROSLAP (HISTOIRE DE L'ART)
Bât. E : SERVICES DES EXAMENS (LETTRES) ET DES DIPLOMES
CENTRE MEDICAL
TELEDIX - IPAG - LABORATOIRES DE LANGUES
UFR ETUDES ANGLO - AMERICAINES
Bât. F : AGENCE COMPTABLE - SERVICES FINANCIERS - CAFETERIA
UFR SCIENCES JURIDIQUES, ADMINISTRATIVES ET POLITIQUES
UFR GEROSLAP (ALLEMAND - RUSSE - ESPAGNOL - ITALIEN - L.E.A.)
Bât. G : INSTITUT D'EDUCATION PERMANENTE
CENTRE AUDIOVISUEL - CAFETERIA
UFR SEGMI (SC. ECONOMIQUES)
Bât. H : LABORATOIRE DE BIOLOGIE ET PHYSIOLOGIE DU COMPORTEMENT
Bât. I : UFR A.P.S. (ACTIVITES PHYSIQUES ET SPORTIVES)

Here are explanations of some of the abbreviations.

SSA Sciences Sociales et Administration
AES Administration Economique et Sociale
GEROSLAP UFR de Langues Germaniques, Romanes, Slaves et Appliquées
TELEDIX Télé-Enseignement de l'Université Paris X
IPAG Institut de Préparation à l'Administration Générale
SEGMI Sciences Economiques, Gestion, Mathématiques, Informatique
LEA Langues Etrangères Appliquées

RÉVISION

Review exercises will occur at the end of every two units beginning with Unit 1. Answer keys are not included. Translation items will usually be based on mini-dialogues appearing in the two preceding units.

X. *Traduisez les dialogues suivants. Translate the following dialogues.*

1. Bill is in the cafeteria. There are no empty tables.

____

2. *Bill* May I (sit down)?

____

3. *Chantal* Yes, of course. Hello.

____

4. *Bill* Hello. Are you a student?

____

5. *Chantal* Yes, I'm a history student. What about you?

6. *Bill* I'm a poli sci student. What is your name?

7. *Chantal* Chantal. What's yours?

8. *Bill* My name is Bill.

9. Monique is in front of a classroom. A lady speaks to Monique.

10. *La dame* Excuse me. Where is room 14?

11. *Monique* It's over there, next to the stairs.

12. *La dame* Thank you. Do you have the time?

13. *Monique* Yes, it's 3:45.

14. *La dame* Oh, my, I'm late. Thank you, miss.

15. *Monique* You're welcome, ma'am.

16. Luce is a psych student. She is talking to M. Garnier.

17. *M. Garnier* What is it? A biology book?

18. *Luce* Yes. I'm in a biology course and today I have two lab hours.

19. *M. Garnier* How long [How much time] do you work for your biology course?

20. *Luce* It depends, but in general three hours a day.

21. *M. Garnier* You are working too hard [much]!

22. *Luce* Maybe, but I like my course a lot. It's useful, and the professor is amusing.

____

____

Y. *Répondez aux questions.*

23. Où êtes-vous maintenant ?

____

24. Est-ce que vous avez mon livre de français ?

____

25. Quelle heure est-il ?

____

26. Où êtes-vous à neuf heures du matin ?

____

27. À quelle heure rentrez-vous aujourd'hui ?

____

28. Combien de cours avez-vous demain ?

____

29. Comment est votre cours de français ?

____

30. Combien d'étudiants est-ce qu'il y a dans le cours ?

____

31. Combien de frères et de sœurs avez-vous ?

____

Z. *Écrivez des phrases en employant les éléments indiqués.*

32. Voisine/mon/parents/être/médecin. Elle/travailler/à/hôpital/à côté de/stade.

____

____

33. Il/être/2 h 15. Nous/être/à/cinéma/parce que/nous/ne pas/avoir/cours/aujourd'hui.

____

____

34. Nous/quitter/notre/cours/et/nous/rentrer/à/cité/à/5 h 30.

____

____

35. Vous/ne pas/être/en retard ;/pendule/avancer de/10/minutes.

36. Tu/arriver/à/labo/et/tu/écouter/cassette/avec/ton/camarades.

37. Il y a/ne pas/ordinateurs/dans/classe,/mais/il y a/magnétoscope/et/cassettes vidéo.

Nom ______________________ Cours ____________ Section ____________ Date ____________

UNITÉ 2

Jouons au tennis samedi matin !

PRÉLUDE

Expressions

The weather and seasons (   )

What is the weather like?

A
B
C
D

DESSIN 10

A	B	C	D
We are in summer. It is nice (weather). It is sunny. It is very hot/warm.	We are in autumn. It is cool. It is windy. The weather is cloudy.	We are in winter. It is cold. It is bad weather. It is snowing.	We are in spring. It often rains. The weather is stormy.

I like { nice weather. / snow. / rain. }

I hate { hot/cold weather. / bad weather. / storms. }

The months of the year (   )

the spring months: March, April, May
the summer months: June, July, August
the autumn months: September, October, November
the winter months: December, January, February
Vacation begins in June/in the month of June.

Compréhension auditive : *Regardez le Dessin 10. Indiquez si les commentaires sont vrais ou faux.*

1.	v	f	4.	v	f	7.	v	f
2.	v	f	5.	v	f	8.	v	f
3.	v	f	6.	v	f	9.	v	f

Conversations

X. *Répondez aux questions.*

1. Quelles sont les quatre saisons de l'année ?

____

2. Comment sont les hivers dans notre région ?

____

3. En quelles saisons est-ce qu'il fait frais ?

____

4. Quels sont les mois du printemps ?

____

5. Quels sont les mois d'été ?

____

6. Quels sont les jours de la semaine ?

____

7. En quel mois est-ce que les vacances d'été commencent ?

____

8. Quelle est la date de votre anniversaire ?

____

Y. La météo : *Regardez la carte et indiquez si les commentaires suivants sont vrais ou faux.*

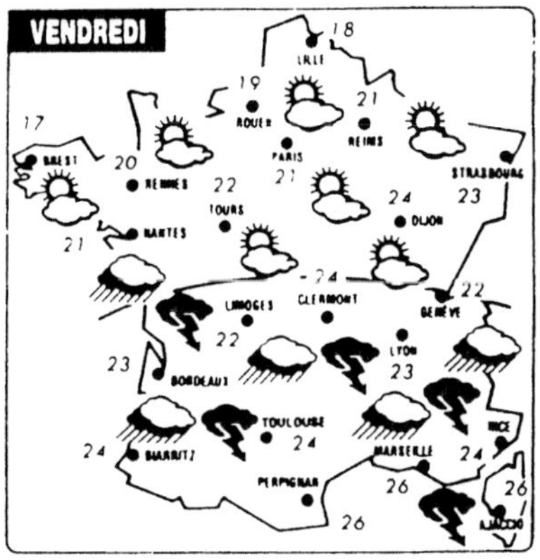
VENDREDI
BREST
ROUEN
PARIS
REIMS
STRASBOURG
TOURS
NANTES
DIJON
LIMOGES
CLERMONT
LYON
BORDEAUX
TOULOUSE
BIARRITZ
MARSEILLE
PERPIGNAN

1.	v	f	En général, il fait mauvais dans la région sud de la France.
2.	v	f	Le temps est orageux près de Toulouse.
3.	v	f	Il fait beau à Marseille.
4.	v	f	Il fait assez beau à Paris.
5.	v	f	Il neige près de Dijon.
6.	v	f	Le temps est orageux dans la région est.

Nom ______________ Cours ______________ Section ______________ Date ______________

Z. *Complétez la grille avec les jours de la semaine et les mois de l'année. Complete the grid with the days of the week and the months of the year.* Hint: make a list of the words, then begin with the longest and shortest words.

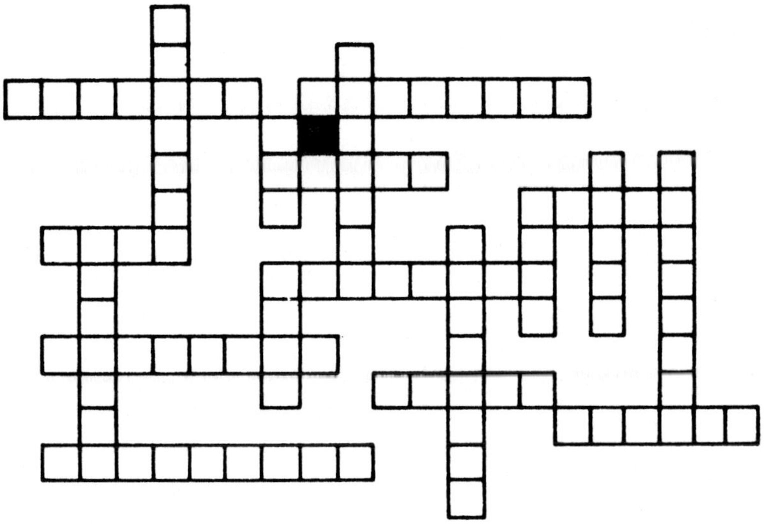

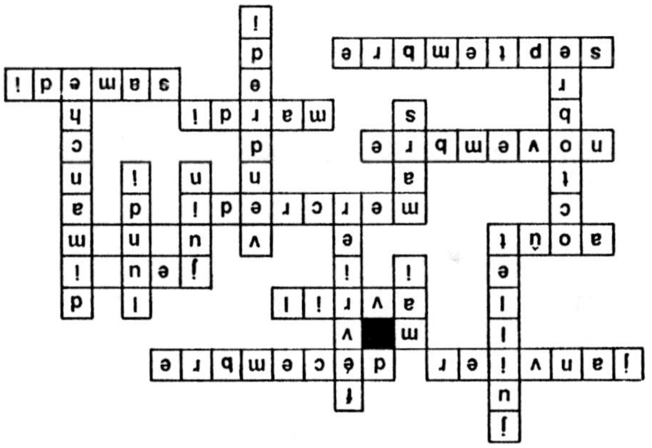

X. 1. Ce sont l'été, l'automne, l'hiver et le printemps. 2. Ils/Les hivers sont (très) froids/doux [dans notre région]. 3. Il fait frais en automne et au printemps. 4. Ce sont/Les mois du printemps sont mars, avril et mai ; Mars, avril et mai sont les mois du printemps. 5. Ce sont/Les mois d'été sont juin, juillet et août ; Juin, juillet et août sont les mois d'été. 6. Ce sont/Les jours de la semaine sont lundi, mardi, mercredi, jeudi, vendredi, samedi et dimanche ; Lundi, mardi, mercredi, jeudi, vendredi, samedi et dimanche sont les jours de la semaine. 7. Elles/Les vacances d'été commencent en (juin). 8. C'est/La date de mon anniversaire est (le 23 novembre).

Y. v—v—f ; v—f—f

DÉVELOPPEMENT

15 EQUIVALENTS OF *OF, ABOUT, FROM*

A. Dessin 6 : *Regardez le dessin à la page 23 et répétez.*

1. a. Voici le médecin. **Nous parlons du médecin.**
   b. Voici le malade. **Nous parlons du malade.**
2. a. Voici la vétérinaire. **Nous parlons de la vétérinaire.**
   b. Voici l'enfant. **Nous parlons de l'enfant.**

Continuez de la même façon. Continue in the same way.

3. a b 4. a b 5. a. b. 6. a b

Exercice supplémentaire : *Faites des phrases d'après ces modèles.*

le stylo, le professeur **C'est le stylo du professeur.**
les cassettes, les étudiants **Ce sont les cassettes des étudiants.**

1 2 3 4 5 6 7 8

Compréhension auditive : *Mettez un cercle autour du mot que vous entendez. Put a circle around the word that you hear.* Each sentence contains **de, du,** or **des** immediately before the last word (e.g., **C'est le cours *de* français, Je parle *du* journaliste, Ce sont les maisons *des* médecins**).

1.	de	du	des	4.	de	du	des	7.	de	du	des
2.	de	du	des	5.	de	du	des	8.	de	du	des
3.	de	du	des	6.	de	du	des	9.	de	du	des

X. *Répondez aux questions d'après ce modèle.*

Est-ce que c'est le livre de l'étudiant ? (professeur)
Non, c'est le livre du professeur.

1. Est-ce que c'est le cahier du professeur ? (assistante)
   Non, ______________________
2. Est-ce que ce sont les chaises des assistantes ? (étudiants)
   Non, ______________________
3. Est-ce que c'est la porte du laboratoire ? (classe)
   Non, ______________________
4. Est-ce que vous parlez du cours de français ? (cours d'anglais)
   Non, ______________________
5. Est-ce que vous parlez de la maison ? (hôpital)
   Non, ______________________
6. Est-ce que ce sont les clés de la jeune fille ? (médecin)
   Non, ______________________

1. la voiture, la vendeuse 2. les clés, le professeur 3. le chien, l'enfant 4. les cahiers, le psychologue 5. l'emploi du temps, l'étudiante 6. les photos, le médecin 7. la calculatrice, l'assistante 8. la piscine, l'université

du—de—du ; des—des—des ; de—du—de

7. Est-ce que qu'elle parle du laboratoire ? (université)

Non, ______

8. Est-ce que c'est la cassette du professeur ? (étudiante)

Non, ______

9. Est-ce que c'est le bureau de l'ingénieur ? (psychologue)

Non, ______

10. Est-ce que Paul et Jacques parlent du cours de chimie ? (histoire)

Non, ______

16 EXPRESSING POSSESSION (2): *HIS/HER*, *OUR*, *THEIR*

A. Contrôle : Make the possessive adjective agree with the subject (for example: ***Tu cherches ton livre et ta montre***).

Répétez : 1 2 3 4 *Répétez :* 1 2 3 4 *Répétez :* 1 2 3 4

B. Questions : *Répondez affirmativement. Employez* **son, sa** *ou* **ses**.

1 2 3 4

Maintenant, répondez négativement.

5 6 7

Exercice supplémentaire : *Dites ce que nous faisons, d'après ce modèle. Say what we do, according to this model.*

J'ai une radio. (écouter) **J'écoute ma radio.**

1 2 3 4 5 6 7 8

Compréhension auditive : *Écoutez la conversation. Est-ce que la réponse est logique et appropriée ?* This exercise is on the third person possessive adjectives.

1.	logique	pas logique	4.	logique	pas logique	7.	logique	pas logique
2.	logique	pas logique	5.	logique	pas logique	8.	logique	pas logique
3.	logique	pas logique	6.	logique	pas logique	9.	logique	pas logique

X. 1. c'est le cahier de l'assistante. 2. ce sont les chaises des étudiants. 3. c'est la porte de la classe. 4. je parle du cours d'anglais. 5. je parle de l'hôpital. 6. ce sont les clés du médecin. 7. elle parle de l'université. 8. c'est la cassette de l'étudiante. 9. c'est le bureau du/de la psychologue. 10. ils parlent du cours d'histoire.

Je cherche mon livre et ma montre. 1. Tu 2. Vous 3. L'étudiant 4. Les étudiants *Tu cherches ta calculatrice ? Elle est sur ton lit.* 1. Vous 2. Robert 3. Marie 4. Tu *Je téléphone à mes parents, puis à mon ami.* 1. Les étudiants 2. Je 3. Ma camarade 4. Nous

1. J'ai une télévision. (regarder) 2. Nous avons un cours de français. (aimer) 3. Il a une voiture. (aimer) 4. Elles ont un cours. (arriver à) 5. Tu as un magnétophone. (chercher) 6. Vous avez deux enfants. (aimer) 7. Elle a une radio. (écouter) 8. Il a des cassettes vidéo. (regarder)

pas logique—logique—logique ; pas logique—pas logique—pas logique ; logique—pas logique—pas logique

Compréhension auditive : *Écoutez la conversation. Est-ce que la réponse est logique et appropriée ?*

1.	logique	pas logique	4.	logique	pas logique	7.	logique	pas logique
2.	logique	pas logique	5.	logique	pas logique	8.	logique	pas logique
3.	logique	pas logique	6.	logique	pas logique	9.	logique	pas logique

X. *Mettez un adjectif possessif devant chaque nom, d'après ce modèle.*

le livre de Paul **son livre**

1. le cahier de Marie ______________________

2. la sœur de Jacques ______________________

3. la maison des parents ______________________

4. les amis de mes parents ______________________

5. le père de Monique ______________________

6. les camarades de Cécile ______________________

7. la maison du professeur ______________________

8. la cité des étudiants ______________________

Y. *Répondez aux questions.*

9. Avez-vous l'adresse de vos camarades ?

Oui, ______________________

10. Est-ce que la montre du professeur est sur votre bureau ?

Non, ______________________

11. À quelle heure commence notre cours ?

____

12. Avons-nous l'argent de nos voisins ?

Non, ______________________

13. Regardez-vous les livres du professeur ?

Non, ______________________

14. Cherchez-vous les clés de votre camarade ?

Non, ______________________

15. Est-ce le professeur a les adresses de ses étudiants ?

Non, ______________________

logique—pas logique—logique ; pas logique—logique—logique ; logique—pas logique—pas logique

X. 1. son cahier 2. sa sœur 3. leur maison 4. leurs amis 5. son père 6. ses camarades 7. sa maison 8. leur cité

Y. 9. j'ai leur adresse. 10. sa montre/elle n'est pas sur mon bureau. 11. Notre cours commence à (onze heures). 12. nous n'avons pas leur argent/l'argent de nos voisins. 13. je ne regarde pas ses livres. 14. je ne cherche pas ses clés. 15. il n'a pas leurs adresses.

Nom ______________________ Cours ____________ Section ____________ Date ____________

Z. Mon, ton, son : *Complétez la grille avec toutes les formes des adjectifs possessifs. Complete the grid with all the forms of the possessive adjectives.*

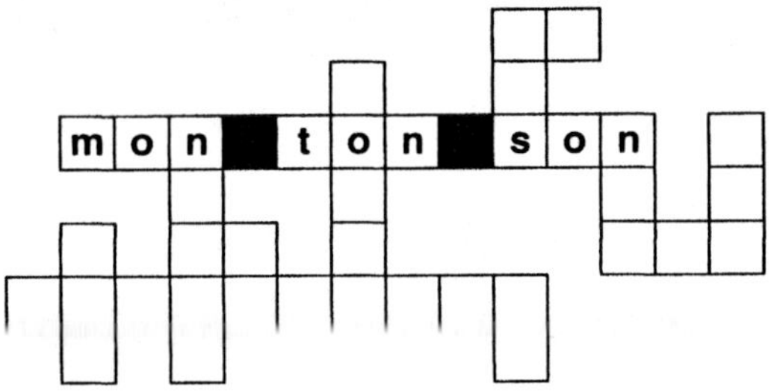

mon ton son

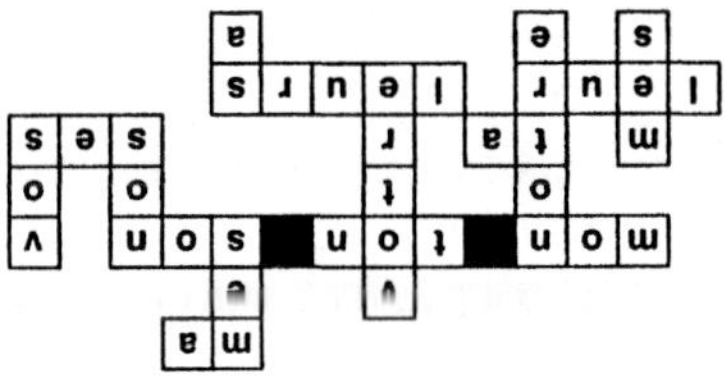

17 EXPRESSING SEQUENCES AND DATES

A. Contrôle : *Donnez le nombre ordinal qui correspond à chaque nombre cardinal. Give the ordinal number that corresponds to each cardinal number.*

Modèle : un **premier**

a b c d e f g h i j k l

Dictée : *Écrivez le nombre ordinal que correspond à chaque nombre cardinal. Write the ordinal number that corresponds to each cardinal number.*

a. ______________________ **e.** ______________________

b. ______________________ **f.** ______________________

c. ______________________ **g.** ______________________

d. ______________________ **h.** ______________________

Compréhension auditive : *Parlons des jours de la semaine et des mois de l'année. Indiquez si chaque phrase est vraie ou fausse.*

1. v f
2. v f
3. v f
4. v f
5. v f
6. v f
7. v f
8. v f
9. v f

f—v—v ; f—f—v ; f—f—v

a. premier b. neuvième c. cinquième d. dix-neuvième e. quatorzième f. dix-huitième g. vingt et unième h. vingtième

X. *Écrivez en toutes lettres le nombre ordinal qui correspond à chaque nombre cardinal. Spell out the ordinal number that corresponds to each cardinal number.*

1. (5) ____________________

2. (9) ____________________

3. (1) ____________________

4. (16) ____________________

5. (21) ____________________

6. (10) ____________________

Y. *Écrivez les dates suivantes d'après ce modèle.*

2/4 **le deux avril**

7. 15/7 ____________________

8. 10/2 ____________________

9. 12/12 ____________________

10. 1/1 ____________________

11. 30/3 ____________________

12. 27/11 ____________________

Z. *Parlons du calendrier et de votre emploi du temps. Répondez aux questions.*

13. Quelle est la date aujourd'hui ?

____

14. Quelle est la date de la Fête Nationale en France ?

____

15. Quels sont les mois d'été ?

____

16. Quelle est la date de la Fête du Travail en France ?

____

17. N'avez-vous pas de cours le lundi ?

____

18. Quel est le sixième mois de l'année ?

____

19. Quels mois ont trente jours ?

____

20. Quels mois ont trente et un jours ?

____

____

X. 1. cinquième 2. neuvième 3. premier/première 4. seizième 5. vingt et unième 6. dixième
Y. 7. le quinze juillet 8. le dix février 9. le douze décembre 10. le premier janvier 11. le trente mars 12. le vingt-sept novembre
Z. 13. C'est [aujourd'hui] (le vingt-deux septembre). 14. La date de la Fête Nationale en France est/C'est le quatorze juillet. 15. Juin, juillet et août sont les mois d'été/Les mois d'été sont juin, juillet et août. 16. La date de la Fête du Travail en France est/C'est le premier mai. 17. Si, j'ai (des cours/trois cours) le lundi/Non, je n'ai pas de cours le lundi. 18. Juin est le sixième mois de l'année ; C'est/Le sixième mois de l'année est juin. 19. Avril, juin, septembre et novembre ont trente jours. 20. Janvier, mars, mai, juillet, août, octobre et décembre ont trente et un jours.

Nom ______________ Cours ______________ Section ______________ Date ______________

18 EXPRESSING MOTION AND IMMEDIATE FUTURE

A. Contrôle

Répétez : 1 2 3 4 *Répétez :* 1 2 3 4 *Répétez :* 1 2 3 4

B. Mieux vaut tard que jamais : *C'est un proverbe français. Ajoutez des phrases d'après ce modèle.*

Vous ne mangez pas maintenant ? **Non, mais je vais manger plus tard.**

1 2 3 4 5

Exercice supplémentaire . *Révision de la contraction de l'article défini avec* **à** *et* **de**. *Faites des phrases d'après ce modèle.*

Je vais ... laboratoire ... classe. **Je vais du laboratoire à la classe.**

1 2 3 4 5 6

X. *Répondez aux questions.*

1. À quelle heure est-ce que les étudiants vont au cours de français ?

____

2. À quelle heure allez-vous déjeuner dimanche prochain ?

____

3. Où allez-vous cet après-midi ?

____

4. Qu'est-ce que vous allez faire tout de suite, et plus tard ? (terminer/mon/devoirs ; aller/cinéma)

____

____

5. Où est-ce que le professeur va après son cours ? (bibliothèque)

____

6. Où est-ce que nous allons déjeuner demain ? (resto-U)

____

7. Demandez-moi comment je vais aujourd'hui.

____

8. Demandez à votre voisin où il va après le dîner.

____

Je vais au labo la semaine prochaine. 1. Vous 2. Tu 3. Le professeur 4. Les étudiants *Je vais en Europe l'été prochain.* 1. Nous 2. Paul 3. Les étudiants 4. Vous *Je ne vais pas regarder la télé ce soir.* 1. Les étudiants 2. Vous 3. Tu 4. Nous

1. Je vais ... classe ... laboratoire. 2. Nous allons ... laboratoire ... bibliothèque. 3. Est-ce qu'ils vont ... bibliothèque ... resto-U ? 4. Est-ce qu'elle va ... resto-U ... cinéma ? 5. Allez-vous ... cinéma ... bureau ? 6. Tu vas ... bureau ... résidence.

9. Demandez à votre voisin ce qu'(*what*)il va faire après-demain.

____

10. Où allez-vous être l'année prochaine ? (université)

____

Y. Trois verbes irréguliers : *Complétez la grille avec les formes conjuguées des verbes* ***être***, ***avoir*** *et* ***aller***.

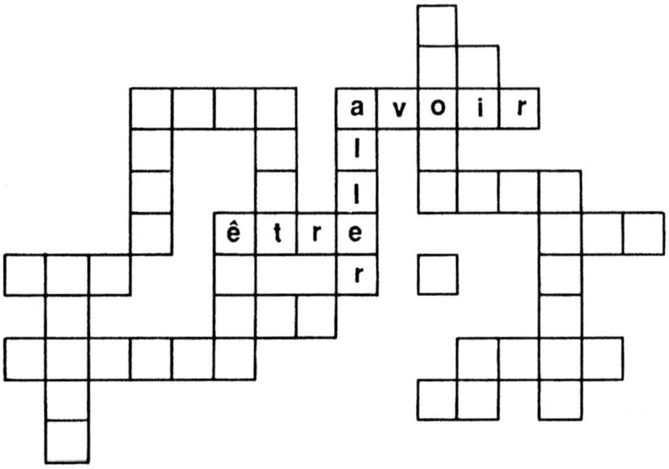
avoir
aller
être

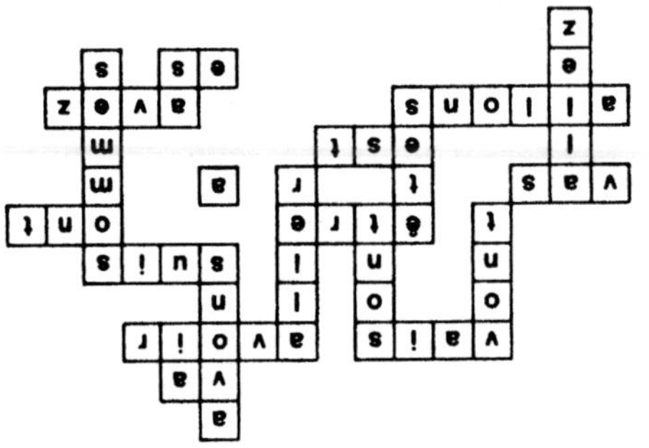

1. Ils vont au cours de français à (dix heures). 2. Je vais déjeuner à (midi et demi) dimanche prochain. 3. Je vais (au cours d'anglais) [cet après-midi]. 4. Je vais terminer mes devoirs [tout de suite] et je vais au cinéma plus tard. 5. Il/Elle va à la bibliothèque après son cours. 6. Nous allons déjeuner au resto-U demain. 7. Comment allez-vous aujourd'hui ? 8. Où vas-tu après le dîner ? 9. Qu'est-ce que tu vas faire après-demain ? 10. Je vais être à l'université [l'année prochaine].

Nom ______________________ Cours ____________ Section ____________ Date ____________

INTERLUDE

Expressions

Sports and games: On the cassette, the **je, tu, il, elle** forms of **faire** and various conjugated forms of **jouer** are added. (   )

to do:
- aerobics
- mountain climbing
- camping
- cycling
- horseback riding
- jogging
- gymnastics
- judo
- bodybuilding
- swimming
- ice/roller skating
- windsurfing
- scuba diving
- hiking
- (cross-country) skiing/waterskiing
- tennis
- sailing

to play:
- baseball
- basketball
- soccer
- golf
- handball
- hockey
- ping-pong
- tennis
- volleyball

to watch (on TV) / to attend — a { tennis / football / basketball } game

The team { is (very) good. / is so-so [poor]/average / is bad/is not (very) good.

The team wins (does not win) { often. / always. / from time to time.

Conversations

C. Jouons au tennis samedi matin ! (   )

Jean-Paul Are you free Saturday morning?
Christine Yes, why?
Jean-Paul Ahmed and I are going to play tennis. Do you want to play with us?
Christine Gladly [I'm willing]. But I don't have a [any] racket.
Jean-Paul I'm going to bring Sophie's racket.
Christine Then, OK [understood]. Saturday morning . . . at what time and where?
Jean-Paul Come to my place around 11. I'm going to borrow my father's car.
Christine OK. See you Saturday, then.
Jean-Paul Yes, see you Saturday.

X. *Répondez aux questions.*

1. Qu'est-ce que vous faites comme sport ?

____

2. Que fait Nancy Lopez comme sport ? Et Steffi Graf ?

____

3. Que fait John Ellway ? Et Katarina Witt ?

____

4. En quelle saison surtout (*especially*) est-ce qu'on regarde les matchs de football américain ?

____

5. Est-ce qu'on emploie une balle quand on joue au hockey ?

____

6. En quelle saison surtout est-ce qu'on regarde les matchs de basket ?

____

7. Quelle sorte de matchs aimez-vous regarder à la télévision ?

____

8. Est-ce qu'on emploie une balle et un filet quand on joue au golf ?

____

DÉVELOPPEMENT

19 DOING THINGS AND EXPRESSING FREQUENCY

1
2
3
4
5
6
7
8

DESSIN 11

A. Contrôle

Répétez : 1 2 3 4 *Répétez :* 1 2 3 4

Nous faisons du français. 1. Paul 2. Vous 3. Tu 4. Daniel et Jeanne *Nous ne faisons pas de ski en classe !* 1. Tu 2. Je 3. Vous 4. Les étudiants

1. Je fais (du tennis et du jogging). 2. Elle fait du golf. Elle fait du tennis. 3. Il fait du foot(ball) [américain]. Elle fait du patin [à glace]. 4. On regarde les matchs de football [américain] surtout en automne. 5. Non, on n'emploie pas de balle [quand on joue au hockey]. 6. On regarde les matchs de basket surtout en hiver et au printemps. 7. J'aime regarder les matchs (de tennis/de foot/de basket, etc.) [à la télévision]. 8. On emploie des balles mais [on n'emploie] pas de filet [quand on joue au golf].

Nom ____________________ Cours __________ Section __________ Date __________

B. Dessin 11 : *Qu'est-ce que vous faites comme sport ? Regardez le dessin et répondez aux questions d'après ce modèle.*

1. C'est vous. Qu'est-ce que vous faites ? **Je fais du footing.**

1 2 3 4 5 6 7 8

C. Un champion de tennis : *Christine est dans un restaurant avec Izoumi, une étudiante japonaise. Il y a un beau jeune homme à une des tables voisines.* ( )

Izoumi Look at the young man over there. Is he French?
Christine No, he's [an] American.
Izoumi Really? Does he do any sport? He is very tanned.
Christine Any sport? Of course! He's Greg Wilson, the tennis champion!

Exercice supplémentaire : *Répondez aux questions d'après ces modèles.*

Est-ce que vous faites du tennis ? (non) **Non, je ne fais pas de tennis.**
Est-ce que vous faites de la natation ? (oui) **Oui, je fais de la natation.**

1 2 3 4 5 6 7 8

X. Faisons du sport : *Regardez le Dessin 11 et faites des phrases d'après ce modèle.*

Nous/jogging **Nous faisons du jogging.**

1. Il/natation ____________________

2. Elle/basket ____________________

3. Tu/aérobic ____________________

4. Ils/randonnée ____________________

5. Vous/musique ____________________

6. Je/cyclisme ____________________

7. Elles/tennis ____________________

Y. Expressions de fréquence : *Traduisez les expressions suivantes. Translate the following expressions.*

8. rarely ____________________

9. from time to time ____________________

10. very often ____________________

11. once a week ____________________

1. Est-ce que vous faites du basket ? (non) 2. Faites-vous du ski ? (oui) 3. Faites-vous de l'espagnol ? (non) 4. Est-ce que vos parents font de l'aérobic ? (non) 5. Est-ce que nous faisons du tennis ? (oui) 6. Faites-vous du jogging ? (oui) 7. Est-ce que je fais de la musculation ? (non) 8. Est-ce que je fais du football ? (non)

X. 1. Il fait de la natation. 2. Elle fait du basket. 3. Tu fais de l'aérobic. 4. Ils font de la randonnée. 5. Vous faites de la musique. 6. Je fais du cyclisme. 7. Elles font du tennis.

12. every day

13. three times a day

14. always

15. all the time

Z. *Répondez aux questions.*

16. Faites-vous toujours votre lit ?

17. Est-ce que vos parents font vos devoirs ?

18. Qu'est-ce que les étudiants font au stade ?

19. Combien de fois par semaine avez-vous votre cours de français ?

20. Qu'est-ce que vous faites souvent à deux heures ?

20 USING NUMBERS (*31–100*) AND TELLING TIME (2)

A. Comptons : *Comptons par trois, de 30 à 99. Répétez après moi.*

30-33-36, 39-42-45, 48-51-54, 57-60-63, 66-69-72, 75-78-81, 84-87-90, 93-96-99

Maintenant, dites les nombres en français. Now, say the numbers in French.

a b c d e f g h i j k l m n o

Dictée : *Voici l'emploi du temps de Christine. Écrivez-le suivant le modèle. Write the schedule down, following the model.* The first item—**J'ai un cours de français à neuf heures**—is given as a model.

1. français : 9 h
2.
3.
4.
5.
6.
7.
8.

Dictée : *Écrivez en toutes lettres les nombres que vous entendez. Spell out the numbers you hear.*

a.

b.

c.

d.

2. biologie : 10 h 3. libre : de 11 h à 13 h 4. déjeuner avec Robert : 12 h 30 5. psychologie : 14 h 6. natation avec Marie : 16 h 30 7. au resto-U : 19 h 15 8. dîner : 20 h

Y. 8. rarement 9. de temps en temps 10. très souvent 11. une fois par semaine 12. tous les jours 13. trois fois par jour 14. toujours 15. tout le temps

Z. 16. Oui, je fais toujours/Non, je ne fais pas toujours mon lit. 17. Non, ils ne font pas mes devoirs ! 18. Ils (jouent au foot/regardent un match de foot) au stade. 19. J'ai mon cours de français (quatre) fois par semaine. 20. [A deux heures] (je suis souvent dans un cours de chimie.)

Nom ______________________ Cours ____________ Section ____________ Date ____________

e. ______________________ g. ______________________

f. ______________________ h. ______________________

C. Voici le texte des photos.

P PAYANT
de 8h à 12h et de 14h à 19h sauf
DIMANCHES et JOURS FÉRIÉS
PRENEZ VOTRE TICKET
A L'HORODATEUR

(*STATIONNEMENT INTERDIT*)

MARDI JEUDI
SAMEDI
DE 6H A 14H

CATHEDRALE SAINT-SAUVEUR
HORAIRE DES MESSES
SAMEDI 18h30 EXCEPTÉ EN ÉTÉ (CHAPELLE DE L'HOPITAL)
DIMANCHE 9h00
10h30
19h00
EN SEMAINE 8h00 (EN HIVER, A L'ORATOIRE DU PRESBYTERE)
LA CATHÉDRALE EST OUVERTE TOUS LES JOURS
DE 8 HEURES A MIDI ET DE 14 HEURES A 18 HEURES

HORAIRES
MARDI 9 H 30 – 18 H
MERCREDI 9 H 30 – 18 H
JEUDI 10 H 30 – 19 H 30
VENDREDI 9 H 30 – 18 H 30
SAMEDI 8 H 30 – 17 H

(France Miniature)

TARIFS 1991
ADULTE : 48F
ENFANTS (3–13 ANS) : 38F
BROCHURE GUIDE : 10F

HORAIRES :
Tous les jours de 10h à 19h
samedi Nocturne jusqu'à 23h
(fermeture des caisses 1h avant)
ouvert tous les jours, jusqu'au 3 novembre inclus

Pour l'agrément de tous, nous vous prions de :
- rester sur les allées
- ne pas toucher aux maquettes
- ne pas fumer sur le site des maquettes
- ne pas introduire d'animaux sur le site

LE PIQUE-NIQUE N'EST PAS AUTORISE
A L'INTERIEUR DU SITE

X. *Écrivez les nombres suivants en toutes lettres.*

1. 96 ______________________ **4.** 79 ______________________

2. 75 ______________________ **5.** 93 ______________________

3. 81 ______________________ **6.** 71 ______________________

Y. *Récrivez* (Rewrite) *les phrases suivantes d'après ce modèle.*

Mon frère arrive à 12 h 50. **Mes frères arrivent à une heure moins dix.**

7. La boutique est ouverte à 8 h 45.

____

a. quarante-deux b. trente-neuf c. cinquante-six d. soixante-sept e. trente et un f. soixante-seize g. quatre-vingt-onze h. quarante-huit

X. 1. quatre-vingt-seize 2. soixante-quinze 3. quatre-vingt-un 4. soixante-dix-neuf 5. quatre-vingt-treize 6. soixante et onze

8. Le musée est fermé après 17 h 15.

____

9. Votre voisin arrive à 20 h 10.

____

Z. Les heures d'ouverture : *Regardez la photo et indiquez si chaque commentaire est vrai ou faux.*

10.	v	f	Ce magasin est fermé le lundi.
11.	v	f	Le samedi il est ouvert jusqu'à midi.
12.	v	f	Il n'est pas ouvert le dimanche.
13.	v	f	Le lundi il est ouvert pendant cinq heures.
14.	v	f	Il est ouvert jusqu'à sept heures du soir.
15.	v	f	Il est fermé pendant les heures du déjeuner.

horaires d'ouverture
le lundi de 13h à 19h
et du mardi au samedi
de 10h à 19h

21 POINTING AND SINGLING OUT; DESCRIBING WITH COLORS

A. Vous êtes d'accord : *Donnez des réponses affirmatives d'après ce modèle.*

L'équipe de base-ball est bonne ? **Oui, cette équipe est bonne.**

1 2 3 4

Vous n'êtes pas d'accord : *Donnez des réponses négatives d'aprés ce modèle.*

L'équipe de tennis est mauvaise ? **Mais non, cette équipe n'est pas mauvaise !**

5 6 7 8

Exercice supplémentaire : *Remplacez chaque article défini par l'adjectif démonstratif, d'après ce modèle. Replace each definite article with the demonstrative adjective, according to this model.*

Écoutez la cassette. **Écoutez cette cassette.**
Ne regardez pas le tableau. **Ne regardez pas ce tableau.**

1 2 3 4 5 6 7 8

Compréhension auditive : *Jacqueline pose des questions et Robert donne des réponses. Indiquez si les réponses de Robert sont logiques et appropriées.*

1.	logique	pas logique	4.	logique	pas logique	7.	logique	pas logique
2.	logique	pas logique	5.	logique	pas logique	8.	logique	pas logique
3.	logique	pas logique	6.	logique	pas logique	9.	logique	pas logique

Y. 7. Les boutiques sont ouvertes à neuf heures moins le quart. 8. Les musées sont fermés après dix-sept heures quinze. 9. Vos voisins arrivent à vingt heures dix.

Z. f—f—v ; f—v—f

1. Regardez le tableau. 2. Faites le lit. 3. Cherchez la maison. 4. Ne parlez pas à l'enfant. 5. N'écoutez pas la cassette. 6. Quittons le magasin. 7. Dinons dans le restaurant. 8. Ne faisons pas les devoirs.

logique—pas logique—pas logique ; pas logique—logique—logique ; pas logique—logique—pas logique

Nom ______________________ Cours ____________ Section ____________ Date ____________

X. *Écrivez des phrases en employant les éléments indiqués, d'après ce modèle.* The letters *s* and *pl* stand for **singulier** and **pluriel**, respectively.

garçon/essayer/blousons. **Ce garçon essaie ces blousons.**

1. jeunes filles/aimer/cours *s*.

   ____

2. monsieur/aller/écouter/cassettes.

   ____

3. garçon/aller/faire/lits.

   ____

4. journalistes/aller/à/hôpital/après-midi.

   ____

5. vendeuses/travailler/dans/magasin/matin.

   ____

6. étudiante/ne pas/aimer/cours *pl*.

   ____

Y. De quelle couleur ? : *Remplissez les tirets par des adjectifs de couleur. Fill in the blanks with adjectives of color.*

7. Le drapeau français est ____________, ____________ et ____________.
8. Le ciel est ____________ quand il fait beau ; il est ____________ quand il neige ; la neige est ____________.
9. Les bananes sont ____________ quand elles ne sont pas mûres et ____________ quand elles sont mûres.
10. J'ai les yeux ____________ et les cheveux ____________.

22 USING LARGER NUMBERS

A. Nombres : *Lisez après moi. Read after me.*

188, 197, 224, 241, 269, 283, 313, 373, 393, 488, 555, 595, 674, 699, 824, 848, 888, 926, 979, 999, 1 000, 3 333, 44 444, 555 555, 1 000 000

X. 1. Ces jeunes filles aiment ce cours. 2. Ce monsieur va écouter ces cassettes. 3. Ce garçon va faire ces lits. 4. Ces journalistes vont à cet hôpital cet après-midi. 5. Ces vendeuses travaillent dans ce magasin ce matin. 6. Cette étudiante n'aime pas ces cours.

Y. 7. rouge, bleu, blanc 8. bleu, gris, blanche 9. vertes, jaunes 10. (bruns), (noirs)

B. Adresses : *Lisez les adresses suivantes :*

107, rue de Rivoli
296, rue Saint-Honoré
292, rue Saint-Martin
187, avenue des Champs-Élysées

Dictée : *Écrivez le nombre que vous entendez dans chaque phrase.* You are going to different stores to check prices. Write the numbers you hear, in Arabic numerals.

1. radio : 290 F
2. ______
3. ______
4. ______
5. ______
6. ______
7. ______
8. ______

Dictée : *Écrivez le nombre que vous entendez dans chaque phrase.* Use Arabic numerals.

1. ______
2. ______
3. ______
4. ______
5. ______
6. ______
7. ______
8. ______

X. *Écrivez les nombres suivants en toutes lettres.*

1. 188 ______
2. 499 ______
3. 501 ______
4. 600 ______
5. 888 ______
6. 3 333 ______
7. 6 677 ______
8. 1 000 000 ______

Y. *Répondez aux questions. Écrivez les nombres en toutes lettres.*

9. Combien de jours est-ce qu'il y a dans une année ?

______

10. Combien d'heures est-ce qu'il y a dans une semaine ?

______

2. montre : 680 F 3. radio-réveil : 980 F 4. compact-disc : 75 F 5. réveil : 230 F 6. magnétophone : 800 F 7. cassette : 92 F 8. livre : 290 F

1. 1 680 2. 1 250 3. 1 440 4. 27 500 5. 80 000 6. 86 400 7. 8 500 000 8. 55 000 000

X. 1. cent quatre-vingt-huit 2. quatre cent quatre-vingt-dix-neuf 3. cinq cent un 4. six cents 5. huit cent quatre-vingt-huit 6. trois mil/mille trois cent trente-trois 7. six mil/mille six cent soixante-dix-sept 8. un million

Nom ______________________ Cours ____________ Section ____________ Date ____________

11. Combien de secondes est-ce qu'il y a dans une heure ?

____

Z. *Complétez les séries suivantes. Écrivez les nombres qui manquent en toutes lettres. Complete the following series. Spell out the missing numbers.*

12. 1—9—18— ______________________ —36—45—

______________________ —63—72—81— ______________________

13. 13—26— ______________________ —52—65—78—

______________________ —104—117—______________________

— ______________________

14. 17—34— ______________________ —68—85— ______________________

—119—136—153— ______________________

FINALE

A. Lecture et conversations : Compréhension auditive : *Indiquez si les commentaires suivants sont vrais ou faux. Indicate whether the following comments are true or false.*

1.	v	f	4.	v	f	7.	v	f
2.	v	f	5.	v	f	8.	v	f
3.	v	f	6.	v	f	9.	v	f

Compréhension auditive : *Écoutez ces dialogues et indiquez si les réponses sont logiques et appropriées.*

1.	logique	pas logique	4.	logique	pas logique	7.	logique	pas logique
2.	logique	pas logique	5.	logique	pas logique	8.	logique	pas logique
3.	logique	pas logique	6.	logique	pas logique	9.	logique	pas logique

Compréhension auditive : *Vous allez entendre des expressions de temps et d'activitiés. Indiquez si chaque commentaire est logique et approprié. You are going to hear expressions of weather and activities. Indicate whether each comment is logical and appropriate.*

1.	logique	pas logique	4.	logique	pas logique	7.	logique	pas logique
2.	logique	pas logique	5.	logique	pas logique	8.	logique	pas logique
3.	logique	pas logique	6.	logique	pas logique	9.	logique	pas logique

Y. 9. Il y a trois cent soixante-cinq jours dans une année. 10. Il y a cent soixante-huit heures dans une semaine. 11. Il y a trois mille six cents secondes dans une heure.

Z. 12. vingt-sept, cinquante-quatre, quatre-vingt-dix 13. trente-neuf, quatre-vingt-onze, cent trente, cent quarante-trois 14. cinquante et un, cent deux, cent soixante-dix

f—v—f ; v—f—v ; f—f—v

logique—pas logique—logique ; logique—pas logique—pas logique ; logique—pas logique—pas logique

pas logique—pas logique—pas logique ; logique—logique—pas logique ; logique—pas logique—pas logique

Dictée : *Une promenade*

____

____

____

____

____

____

DESSIN 12

	10 – 11	11 – 12	12 – 1	1 – 2	2 – 3
LUNDI	français	biologie	anglais	(déjeuner)	histoire
MARDI	biologie (labo)	biologie (labo)	(déjeuner)		natation
MERCREDI	français	français (labo)	anglais	(déjeuner)	histoire
JEUDI	français	biologie	(déjeuner)		natation
VENDREDI	français		anglais	(déjeuner)	

C. Un emploi du temps : *Indiquez si les commentaires suivants sont vrais ou faux.*

1. v f Il a six cours ce semestre.
2. v f Il ne déjeune pas à la même (*same*) heure tous les jours.
3. v f Il a un cours d'histoire trois fois par semaine.
4. v f Il a un cours de français le lundi, le mardi et le vendredi.
5. v f Il a seulement deux cours le vendredi.
6. v f Il a les TP de biologie deux fois par semaine.
7. v f Il va au labo de langues une fois par semaine.
8. v f Il n'a pas de cours après trois heures de l'après-midi.

E. Parlons de nous

1. En quelle saison sommes-nous ?

____

2. Quel temps fait-il aujourd'hui ?

____

3. À quelle heure êtes-vous libre demain ? Jusqu'à quelle heure ?

____

4. Quel jour est-ce aujourd'hui ? Quelle est la date ?

____

C'est aujourd'hui le vingt octobre. Il fait très beau et le ciel est bleu. Nous sommes devant la bibliothèque. Nous allons au stade et nous regardons les arbres. Les feuilles sont jaunes et rouges parce que c'est l'automne.

f—v—f—f ; v—f—v—v

Nom ______________________ Cours ____________ Section ____________ Date ____________

5. Qu'est-ce que vous faites une ou deux fois par semaine ?

____

6. Qu'est-ce que vous n'allez pas faire ce week-end ?

____

7. Quel est votre sport préféré à la télévision ?

____

F. Reconstitution orale/écrite : *Christine et Izoumi vont au jardin botanique. Écrivez un paragraphe en employant les mots indiqués. (Spell out numbers and supply missing articles; add your own phrases and sentences wherever you see ". . .".)* (Text p. 84)

____

____

____

____

____

____

____

____

____

E. 1. Nous sommes (en automne). **2.** Il (fait beau et frais). **3.** Je suis libre demain à (midi). Jusqu'à (deux heures). **4.** C'est [aujourd'hui] (mardi). C'est (le 6 octobre). **5.** Je (vais au labo de langues) une ou deux fois par semaine. **6.** Je ne vais pas (faire mes devoirs) [ce week-end]. **7.** C'est/Mon sport préféré à la télévision est (le tennis).

UNITÉ 3

Faisons connaissance !

PRÉLUDE

LES BRUNOT
BERNARD (72 ANS)
JANINE (71 ANS)
BRUNOT
THIERRY (45 ANS)
SYLVIE (43 ANS)
MOREAU
JEAN (41 ANS)
MONIQUE (38 ANS)
JEAN-PAUL (20 ANS)
SOPHIE (17 ANS)
VANESSA (13 ANS)
PHILIPPE (10 ANS)

DESSIN 13

Expressions

Family: The definite article has been omitted in the list below.

parents / parents-in-law: { father/father-in-law/husband; mother/mother-in-law/wife }

children: { (only) son/son-in-law/stepson; (only) daughter/daughter-in-law (stepdaughter) }

brother/brother-in-law/half brother (stepbrother)
sister/sister-in-law/half sister (stepsister)
baby

grandparents: { grandfather; grandmother }

grandchildren: { grandson; granddaughter }

Nom ______________________ Cours ____________ Section ____________ Date ____________

relatives: { uncle / aunt } nephew / niece [male] cousin / [female] cousin

relatives:	uncle	nephew	[male] cousin
	aunt	niece	[female] cousin

to be married/divorced/single

Colors

What color are your eyes?
I have blue (brown/dark, black/gray/green) eyes.
What color is your hair?
I have brown (dark, black/blond/light brown/red/gray) hair

Conversations

Compréhension auditive : *Regardez le Dessin 13. Indiquez si chaque commentaire est vrai ou faux.*

1.	v	f	4.	v	f	7.	v	f
2.	v	f	5.	v	f	8.	v	f
3.	v	f	6.	v	f	9.	v	f

Compréhension auditive : *Indiquez le mot qui n'appartient pas à chaque série.*

a.	1	2	3	4	c.	1	2	3	4	e.	1	2	3	4
b.	1	2	3	4	d.	1	2	3	4	f.	1	2	3	4

Compréhension auditive : *Indiquez si les phrases suivantes sont logiques et appropriées.*

1.	logique	pas logique	4.	logique	pas logique	7.	logique	pas logique
2.	logique	pas logique	5.	logique	pas logique	8.	logique	pas logique
3.	logique	pas logique	6.	logique	pas logique	9.	logique	pas logique

X. *Répondez aux questions.*

1. Quel âge a Philippe ? Comment s'appelle sa cousine ?

____

2. Quel âge ont ses parents ?

____

3. Quel âge a Vanessa ? Comment s'appelle son cousin ?

____

4. Comment s'appellent les grands-parents de Vanessa ?

____

5. Quel âge ont l'oncle et la tante de Vanessa ?

____

logique—pas logique—pas logique ; logique—logique—pas logique ; pas logique—logique—logique

3—1 ; 4—2 ; 4—1

v—v—f ; v—f—v ; v—f—v

6. Quel âge avez-vous ? Quelle est votre profession ?

____

7. De quelle couleur sont vos yeux ? Et vos cheveux ?

____

8. Avez-vous des frères et des sœurs ?

____

Y. *Complétez cet arbre généalogique d'après les renseignements suivants. Les cases grises représentent les mâles.* The gray boxes represent males.

a. Marc est le frère de Sylvie.
b. Sylvie est la sœur de Jacques.
c. Jeanne est la grand-mère de Claude.
d. Jean et Robert sont les oncles de Caroline.
e. Marie est la fille de Monique.
f. Caroline est une cousine de Claude.
g. Sylvie est une nièce de Monique.
h. Monique est la tante de Caroline.
i. Robert est un oncle de Marie.
j. Jean est le père de Claude.
k. Cécile est la tante de Caroline.
l. Caroline est une petite-fille de Charles.
m. Robert est le frère de Monique.
n. Henri est le mari de Claire.

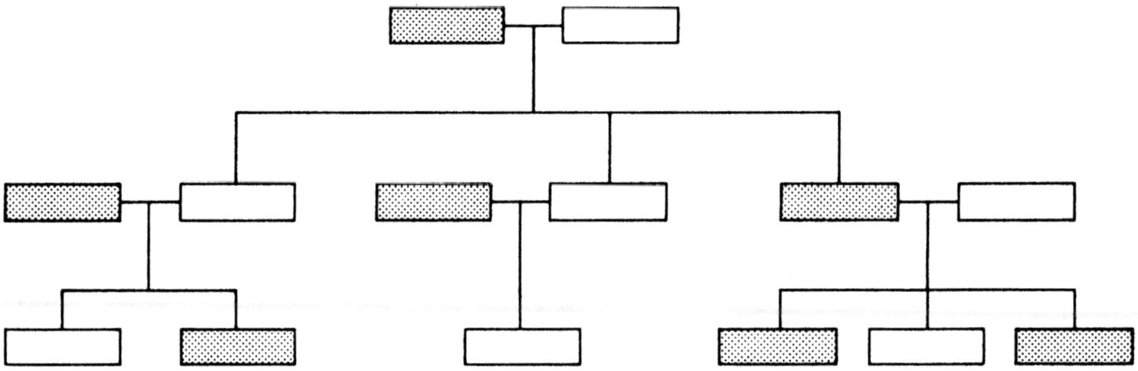

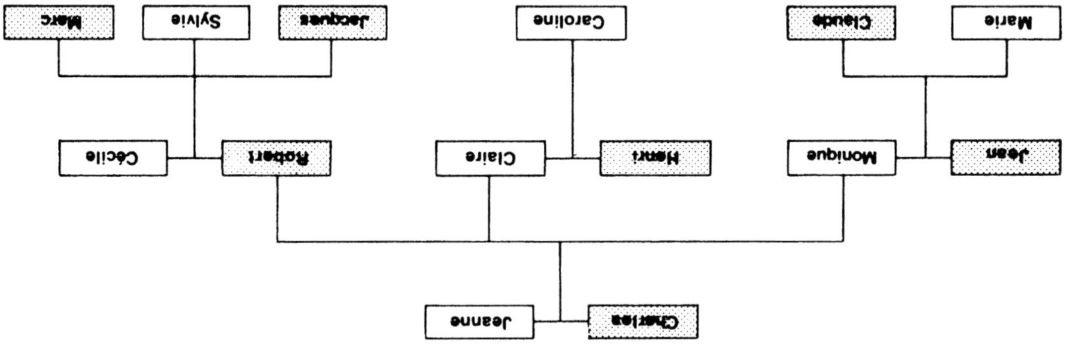
Marc
Sylvie
Jacques
Caroline
Claude
Marie
Cécile
Robert
Claire
Henri
Monique
Jean
Jeanne
Charles

X. 1. Il a 10 ans. Elle s'appelle Sophie. 2. Sa mère a 38 ans et son père a 41 ans. 3. Elle a 13 ans. Il s'appelle Jean-Paul. 4. Ils s'appellent M. Bernard Brunot et Mme Janine Brunot. 5. Ils ont 45 ans et 43 ans (respectivement). 6. J'ai (dix-huit) ans. Je suis étudiant(e). 7. J'ai les yeux (bruns). J'ai les cheveux (bruns). 8. J'ai (deux) frères et (une sœur)/Je n'ai pas de frère, mais j'ai (deux) sœurs, etc.

Nom ______________________ Cours __________ Section __________ Date __________

Z. *Mme Reynaud est votre voisine. Donnez un terme de parenté à toutes les personnes sur cette liste. Mme Reynaud is your neighbor. Give a kinship term to everyone on this list.*

M. Jean Reynaud — Mme Monique Reynaud

M. Reynaud — **Mme Reynaud** | M. Arnoud — Mme Arnoud

Émanuel, Laurence, Jacques | Jean-Pierre, Anne-Marie

9. M. Reynaud est ___son mari___.

10. Émanuel, Jacques et Laurence sont __________ ; Émanuel et Jacques sont __________ et Laurence est __________.

11. M. Jean Reynaud est __________ et Mme (Monique) Reynaud est __________.

12. M. Arnoud est __________ et la __________ de M. Arnoud est __________.

13. Jean-Pierre est __________.

14. Anne-Marie est __________.

DÉVELOPPEMENT

23 DESCRIBING PEOPLE AND THINGS (1)

A. Un couple heureux : *Nous parlons d'un couple. C'est un mariage heureux. Le mari ressemble beaucoup à sa femme, et la femme ressemble beaucoup à son mari. Ajoutez des phrases d'après ce modèle.*

Sa femme est heureuse ? **Oui, elle est heureuse, et lui aussi, il est heureux.**

1 2 3 4 5 6 7 8

B. Antonymes : *Répétez les antonymes suivants et donnez les formes masculines, d'après ce modèle.*

grande — petite **grande — petite, grand — petit**

1 2 3 4 5 6 7 8 9 10 11 12

C. Au contraire ! : *Dites le contraire de ce que vous entendez, d'après ces modèles. Say the opposite of what you hear, according to these models.*

Ce cours est ennuyeux ?
Ennuyeux ? Au contraire, il est très intéressant !

Z. 10. ses enfants, ses fils, sa fille 11. son beau-père, sa belle-mère 12. son beau-frère, femme, sa belle-sœur 13. son neveu 14. sa nièce

Votre amie est paresseuse ?
Paresseuse ? Au contraire, elle est très travailleuse !

1 2 3 4 5 6

Dictée : *Écrivez la forme masculine de chaque adjectif.*

1. ____________	**5.** ____________
2. ____________	**6.** ____________
3. ____________	**7.** ____________
4. ____________	**8.** ____________

Compréhension auditive : *On va parler de plusieurs enfants. Indiquez si on parle d'un garçon ou d'une fille.* Circle **?** if the sentence as heard can refer to either a male or a female.

1.	garçon	fille	?	5.	garçon	fille	?	9.	garçon	fille	?
2.	garçon	fille	?	6.	garçon	fille	?	10.	garçon	fille	?
3.	garçon	fille	?	7.	garçon	fille	?	11.	garçon	fille	?
4.	garçon	fille	?	8.	garçon	fille	?	12.	garçon	fille	?

X. *Donnez l'antonyme de chaque adjectif d'après ce modèle.* Give both the masculine and feminine forms.

heureux **malheureux, malheureuse**

1. court
____

2. intelligent
____

3. grand
____

4. fermé
____

5. mécontent
____

6. vieux
____

7. laid
____

8. mauvais
____

9. léger
____

10. indiscret
____

Y. *Transformez les phrases suivantes d'après ce modèle.*

Cet homme est généreux. (femme) **Cette femme est généreuse.**

11. Cet arbre est beau. (rue)
____

1. long 2. heureux 3. petit 4. discret 5. grand 6. sportif 7. lourd 8. travailleur

garçon—fille—fille—garçon ; garçon—garçon—fille—fille ; fille—garçon—garçon—garçon

Nom ______________________ Cours ____________ Section ____________ Date ____________

12. Cette viande est mauvaise. (fruit)

____

13. Votre livre est intéressant. (réponse)

____

14. Cette étudiante est jeune et travailleuse. (vendeur)

____

15. Cet appartement est vieux et petit. (maison)

____

16. Votre examen est long et difficile. (question)

____

17. Ce chocolat est chaud et bon. (soupe)

____

18. Sa femme est belle et intelligente. (mari)

____

Z. *Regardez ce faire-part (*announcement*). Indiquez si les commentaires suivants sont vrais ou faux.*

19. v f La famille annonce la naissance (*birth*) d'une fille.
20. v f Le mari s'appelle Alain Gachet.
21. v f Son frère s'appelle Frédérique.
22. v f Sa femme s'appelle Aurélia.
23. v f Le bébé s'appelle Clément.
24. v f Clément est né en mars.
25. v f La famille habite à Paris.
26. v f Clément est probablement le frère d'Aurélia.

> *Alain et Frédérique Gachet*
> *et Aurélia sont heureux de vous annoncer*
> *la naissance de*
> *Clément*
>
> *le 14 Janvier 1991*
>
> *86, rue Jouffroy*
> *75017 Paris*

X. 1. long, longue 2. bête 3. petit, petite 4. ouvert, ouverte 5. content, contente 6. jeune 7. beau, belle 8. bon, bonne 9. lourd, lourde 10. discret, discrète

Y. 11. Cette rue est belle. 12. Ce fruit est mauvais. 13. Votre réponse est intéressante. 14. Ce vendeur est jeune et travailleur. 15. Cette maison est vieille et petite. 16. Votre question est longue et difficile. 17. Cette soupe est chaude et bonne. 18. Son mari est beau et intelligent.

Z. f—v—f—f ; v—f—v—v

24 ASKING FOR MORE INFORMATION: *WHICH/WHAT . . . ?*

A. Comment ? : *Posez des questions en employant* **quel(le)**, *d'après ce modèle.* You are talking to some friends, and you did not understand parts of the statements you heard. Ask questions using **quel(le)**.

Je n'aime pas le cours de maths.
Comment ? Quel cours est-ce que tu n'aimes pas ?

1 2 3 4 5 6

B. Interview : *Vous interviewez Florence Didier, une étudiante en sciences économiques. Elle donne les réponses suivantes. Quelles questions avez-vous posées ?*

1 2 3 4 5 6 7 8

Comment est-ce que vous demandez les renseignements suivants à votre camarade ? Employez la forme ***tu***.

1 2 3 4 5 6 7 8

X. *Vous parlez à une jeune fille. Elle est française. Vous posez des questions et elle donne des réponses. Écrivez vos questions. Employez* **quel(le)**.

1. Je suis française.

____

2. Je suis professeur.

____

3. C'est 23, avenue Victor Hugo.

____

4. Mon père est journaliste.

____

5. Le nom de ma mère ? C'est Marie-Claire.

____

6. À ma montre il est onze heures et quart.

____

7. J'aime beaucoup le tennis.

____

8. La date de mon anniversaire, c'est le 20 novembre.

____

9. Ma mère est américaine.

____

10. C'est aujourd'hui le vingt-deux septembre.

____

X. 1. Quelle est votre nationalité ? 2. Quelle est votre profession ? 3. Quelle est votre adresse ? 4. Quelle est la profession de votre père ? 5. Quel est le nom de votre mère ? 6. Quelle heure est-il (à votre montre) ? 7. Quel est votre sport préféré ? 8. Quelle est la date de votre anniversaire ? 9. Quelle est la nationalité de votre mère ? 10. Quelle est la date aujourd'hui ?

Nom ______________________ Cours __________ Section __________ Date __________

PHOTO

UNIVERSITÉ D'AIX-MARSEILLE III - FRANCE

INSTITUT d'ÉTUDES FRANÇAISES pour ÉTUDIANTS ÉTRANGERS
23, Rue Gaston-de-Saporta 13625 AIX-EN-PROVENCE

Fiche d'Inscription

NOM : ______________________ (en capitales) Prénoms : ______________________

Lieu de naissance : ______________________ Date de naissance : ______________________

Adresse { à l'Etranger : ______________________
en France : ______________________

Nationalité : ______________ Profession (exercée ou préparée) ______________________

Date d'arrivée ______________________ Durée du séjour ______________________

Ne rien inscrire dans ce cadre, réservé au Secrétariat :

— Quittances : Année, n° ______________________
1er sem., n° ______________________
2e sem., n° ______________________

— exonéré :

Tournez S V P

ETUDES :

Cours suivis : Université(s) ou Collèges : ______________________

Titres des cours : ______________________

Diplômes obtenus : ______________________

Nombre d'années d'étude de la langue française : ______________________

1. — Ecole secondaire : ______________________

2. — Université : ______________________

IMPORTANT

Comptez-vous vous inscrire au : Niveau 1 ? ______ Niveau 2 ? ______ Niveau 3 ? ______

A quels aspects de la culture française vous intéressez-vous ? ______________________

____

____

____

NOM ET ADRESSE DES PARENTS

Date et Signature :

____

____

TÉLÉPHONE ______________________

Y. Fiche d'Inscription : *Remplissez la fiche. Fill out the card.* You majored in economics and have just received your B.A. You took three years of French in high school and two more years in college. You have been admitted to an intensive summer program at the Institut (July and August) and you will be living with a family (21, rue Clémenceau, 13100 Aix-en-Provence, phone 42 58 13 91).

UN PETIT LEXIQUE

à l'étranger *abroad* **arrivée** *arrival* **durée** *duration* **exercée** *practiced* **lieu** *place* **naissance** *birth* **niveau** *level* **nom** *name* **obtenus** *received* **prénom** *first name* **préparée** *in preparation* **séjour** *stay* **titre des cours** *area of specialization* **vous intéressez-vous** *are you interested (in)*

25 MORE WAYS OF ASKING **OUI/NON** QUESTIONS

A. Dans un magasin : *Vous êtes dans un magasin de disques. Posez des questions en employant l'inversion, d'après ce modèle.*

Tu aimes ce disque ? **Aimes-tu ce disque ?**

1 2 3 4 5 6

B. Questions : *Répondez affirmativement d'après ces modèles.*

Fait-il beau aujourd'hui ? **Oui, il fait beau aujourd'hui.**
Ne fait-il pas froid ? **Si, il fait froid.**

1 2 3 4 5 6 7 8

Exercice supplémentaire : *Nous parlons des étudiants. Ils aiment la musique. Posez des questions d'après ce modèle.*

Les étudiants écoutent la musique. **Les étudiants écoutent-ils la musique ?**

1 2 3 4 5 6

Compréhension auditive : *Indiquez si le sujet de chaque phrase est au singulier ou au pluriel.*

1. s p ?
2. s p ?
3. s p ?
4. s p ?
5. s p ?
6. s p ?
7. s p ?
8. s p ?
9. s p ?

X. *Mettez les phrases suivantes à l'interrogatif en employant l'inversion.*

1. Robert parle français.

____

2. Cette étudiante quitte l'appartement.

____

Y. *ligne 1* (SMITH), (Jane) *ligne 2* (Kansas, U.S.A.), (le 23 novembre 1973) *ligne 3* (11235, Linwood, Kansas City, Mo. 64112, U.S.A.) *ligne 4* 21, rue Clémenceau, 13100 Aix-en-Provence *ligne 5* américaine, (cadre) *ligne 6* (le 23 juin, 1995), (dix semaines) *au verso, ligne 1* (University of Kansas) *ligne 2* sciences économiques *ligne 3* Bachelor of Arts *ligne 4* 5 ans *ligne 5* 3 ans *ligne 6* 2 ans *ligne 7* 2 *lignes 8–11* (histoire de l'art, cinéma, cuisine) *ligne 12* (M. et Mme Robert Smith) *ligne 13* (11235, Linwood, Kansas City, Mo. 64112, U.S.A.) *ligne 14* (747-2325)

1. Paul aime la musique électronique. 2. Marie assiste au concert. 3. Les étudiants vont regarder un vidéo-clip. 4. Jean-Paul aime la musique classique. 5. Vanessa a des vidéo-clips de Madonna. 6. Jean et Monique vont acheter cette cassette.

p—?—s ; p—?—p ; ?—s—s

Nom ______________________ Cours ____________ Section ____________ Date ____________

3. Marie écoute la cassette.

____

4. Le professeur n'habite pas à la cité.

____

5. Il y a des cousins sur cette photo.

____

6. Nous allons regarder la télé.

____

7. Les jeunes filles font du tennis.

____

8. Robert assiste au concert.

____

9. Le médicin pose des questions au malade.

____

10. Vous ne faites pas de natation.

____

26 DESCRIBING PEOPLE AND THINGS (2)

A. Pluriel : *Mettez les phrases suivantes au pluriel, d'après ce modèle.*

Ce chien est intelligent. **Ces chiens sont intelligents.**

1 2 3 4 5 6 7 8

Exercice supplémentaire : *Répondez aux questions d'après ce modèle.*

Tes amis sont-ils bêtes ?
Mais non, ils ne sont pas bêtes ; ils sont très intelligents !

1 2 3 4 5 6 7 8

Dictée : *Écrivez la forme féminine de chaque adjectif.*

1. ____________ 4. ____________ 7. ____________
2. ____________ 5. ____________ 8. ____________
3. ____________ 6. ____________ 9. ____________

X. 1. Robert parle-t-il français ? 2. Cette étudiante quitte-t-elle l'appartement ? 3. Marie écoute-t-elle la cassette ? 4. Le professeur n'habite-t-il pas à la cité ? 5. Y a-t-il des cousins sur cette photo ? 6. Allons-nous regarder la télé ? 7. Les jeunes filles font-elles du tennis ? 8. Robert assiste-t-il au concert ? 9. Le médecin pose-t-il des questions au malade ? 10. Ne faites-vous pas de natation ?

1. Tes parents sont-ils mécontents ? 2. Tes sœurs sont-elles bêtes ? 3. Tes cousins sont-ils paresseux ? 4. Tes tantes sont-elles indiscrètes ? 5. Tes oncles sont-ils malheureux ? 6. Tes grands-parents sont-ils pessimistes ? 7. Tes cousines sont-elles vieilles ? 8. Tes amies sont-elles ennuyeuses ?

1. vieille 2. heureuse 3. blanche 4. nouvelle 5. jeune 6. longue 7. mauvaise 8. naturelle 9. préférée

Compréhension auditive : *Indiquez si chaque phrase exprime une opinion favorable ou défavorable.*

1.	favorable	défavorable	5.	favorable	défavorable
2.	favorable	défavorable	6.	favorable	défavorable
3.	favorable	défavorable	7.	favorable	défavorable
4.	favorable	défavorable	8.	favorable	défavorable

X. *Mettez tous les éléments de chaque phrase au pluriel, d'après ce modèle.*

Mon cousin est travailleur. **Mes cousins sont travailleurs.**

1. Cet étudiant est jeune et sérieux.

____

2. Cette femme est belle.

____

3. Cet examen va être oral.

____

4. Ce journal est français.

____

5. Le problème est régional.

____

6. Cette maison et cette église sont vieilles.

____

7. Votre tableau est très beau.

____

8. Le repas n'est pas mauvais.

____

9. Cette jeune fille n'est pas bête.

____

10. Cet hôpital n'est pas vieux.

____

Y. *Remplissez la grille par les antonymes des mots suivants.*

4 lettres : beau, blanc, court, faux, intelligent, laid, vrai
5 lettres : froid, inutile, jeune, léger, long, pauvre, petit
6 lettres : riche
7 lettres : bon, dernier, impatient, malheureux, mécontent
8 lettres : désagréable, intéressant

X. 1. Ces étudiants sont jeunes et sérieux. 2. Ces femmes sont belles. 3. Ces examens vont être oraux. 4. Ces journaux sont français. 5. Les problèmes sont régionaux. 6. Ces maisons et ces églises sont vieilles. 7. Vos tableaux sont très beaux. 8. Les repas ne sont pas mauvais. 9. Ces jeunes filles ne sont pas bêtes. 10. Ces hôpitaux ne sont pas vieux.

défavorable—défavorable—favorable—favorable ; défavorable—défavorable—favorable—favorable

Nom ________________ Cours ________ Section ________ Date ________

9 lettres : discret, facile, travailleur
10 lettres : tolérant
11 lettres : bête

adjectifs
antonymes

INTERLUDE

PARIS

DESSIN 14

Expressions

Clothes (   )

1. a windbreaker
2. a shirt
3. a tie
4. a raincoat
5. trousers (5 + 7 = a suit)
6. an umbrella
7. a jacket
8. an anorak
9. blue jeans
10. a belt
11. shoes
12. a scarf
13. gloves
14. sunglasses
15. a sweatshirt
16. boots
17. a blouse
18. a skirt (18 + 22 = a suit)
19. an overcoat
20. a turtleneck sweater
21. a dress
22. a jacket
23. Bermuda shorts
24. a hat
25. a swimsuit
26. swim trunks
27. a purse
28. sandals
29. shorts
30. a T-shirt [2 *ways*]

Compréhension auditive : *Regardez le Dessin 14 et écrivez le nombre qui correspond à chaque mot que vous entendez.*

a. ______ e. ______ i. ______ m. ______

b. ______ f. ______ j. ______ n. ______

c. ______ g. ______ k. ______ o. ______

d. ______ h. ______ l. ______

18—2—3—4 ; 13—11—12—24 ; 21—10—17—5 ; 7—1—19

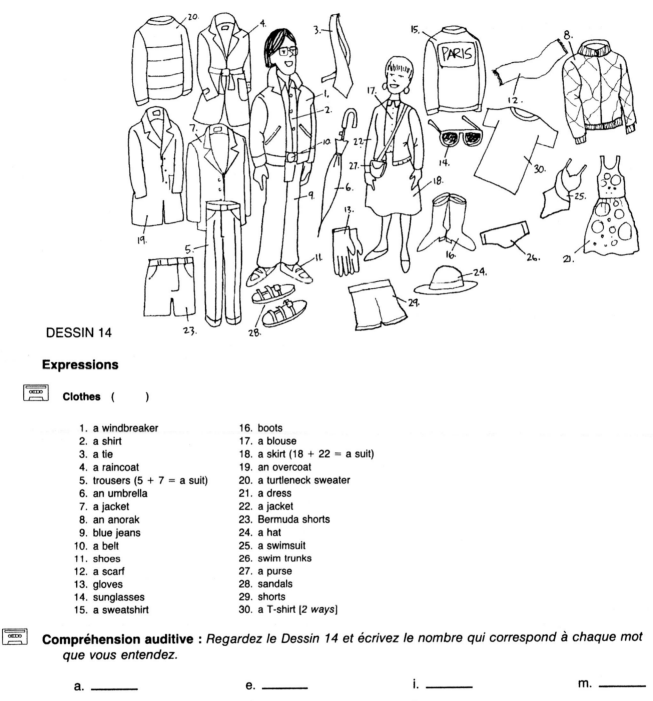

Nom ______________ Cours ______________ Section ______________ Date ______________

Compréhension auditive : *Indiquez le mot qui n'appartient pas à chaque série.*

a.	1	2	3	4	d.	1	2	3	4	g.	1	2	3	4
b.	1	2	3	4	e.	1	2	3	4	h.	1	2	3	4
c.	1	2	3	4	f.	1	2	3	4					

Compréhension auditive : *Mettez un cercle autour du mot que vous entendez. Circle the word you hear.* You need not know the meaning of the words.

1. vieux / vu / vous / veut
2. sur / sœur / sourd / sort
3. bout / bœuf / bœufs / bu
4. faux / fou / feu / fut
5. deux / du / dieux / doux
6. mou / mieux / meut / mu
7. bon / banc / bain / bonne
8. ment / mont / main / mien
9. sont / sein / cent / sonne
10. pont / pain / pan / peine
11. front / frein / franc / freine
12. rond / rein / rend / reine

Conversations

X. *Répondez aux questions.*

1. Regardez le Dessin 14. Est-ce que Jean-Paul porte un costume ?

____

2. Quels vêtements porte-t-il ?

____

3. Quels vêtements Christine porte-t-elle ?

____

4. Quels vêtements portez-vous en ce moment ?

____

5. Combien de costumes (tailleurs) avez-vous ?

____

6. Qu'est-ce qu'on met quand on va à la plage ?

____

7. Quand est-ce qu'on met un anorak et des gants ?

____

X. 1. Non, il ne porte pas de costume. 2. Il porte un blouson, un blue-jean et une chemise. 3. Elle porte un tailleur/une veste, une jupe et un chemisier. 4. Je porte (une chemise/un chemisier/un sweat/un T-shirt, un blue-jean, etc.). 5. J'ai (deux) costumes/tailleurs/Je n'ai pas de costume/tailleur. 6. On met un maillot/un slip de bain (et des lunettes de soleil). 7. On met un anorak et des gants quand il fait froid.

1. vu 2. sourd 3. bœufs 4. faux 5. dieux 6. mou 7. bon 8. main 9. cent 10. pain 11. front 12. rein

3—4—2 ; 1—3—4 ; 1—3

Y. *Regardez le Dessin 15. Identifiez chaque objet numéroté. Identify each numbered object.* Hint: this is an alphabetical list.

8. ______________________________

9. ______________________________

10. ______________________________

11. ______________________________

12. ______________________________

13. ______________________________

14. ______________________________

15. ______________________________

16. ______________________________

17. ______________________________

18. ______________________________

19. ______________________________

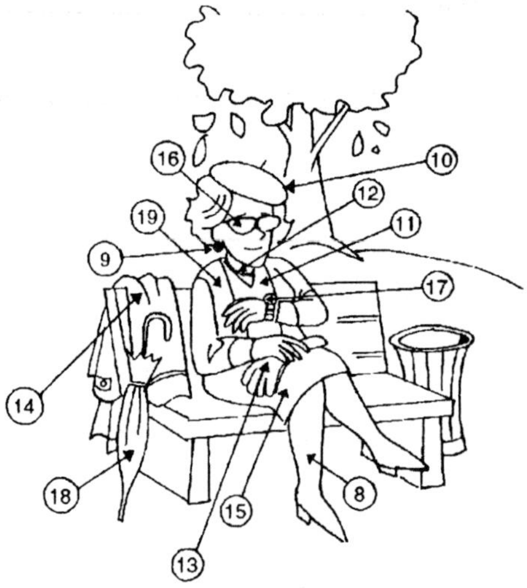

8
9
10
11
12
13
14
15
16
17
18
19

DESSIN 15

Z. *Les phrases suivantes sont-elles vraies ou fausses ?*

20.	v	f	On met (puts on) une veste quand on fait de la natation.
21.	v	f	On prend (takes) un parapluie quand il pleut.
22.	v	f	On met souvent des lunettes de soleil quand on fait du ski.
23.	v	f	On met un pull quand il fait chaud.
24.	v	f	On met un manteau quand il fait froid.
25.	v	f	Deux kilos de viande pèsent (weigh) plus que deux livres de viande.
26.	v	f	Un garçon qui pèse 90 kilos est plus léger qu'un autre qui pèse 170 livres.
27.	v	f	Une voiture qui va à 120 km/h est plus rapide qu'une autre qui va à 60 milles.
28.	v	f	Une femme qui mesure 1 mètre 60 est moins grande qu'une autre qui mesure 60 pouces.

DÉVELOPPEMENT

27 PUTTING ON AND WEARING CLOTHES

A. Contrôle

Répétez : 1 2 3 4 *Répétez :* 1 2 3 4 *Répétez :* 1 2 3 4

B. C'est faux ! : *Les phrases suivantes ne sont pas logiques. Corrigez les phrases d'après ce modèle.*

Vous mettez des vêtements chauds en été.

Mais non, je ne mets pas de vêtements chauds en été !

1 2 3 4

Y. 8. des bottes 9. un boucle d'oreille 10. un chapeau 11. un chemisier 12. un collier 13. des gants 14. un imperméable 15. une jupe 16. des lunettes de soleil 17. une montre 18. un parapluie 19. une veste

Z. f—v—v—f—v ; v—f—v—f

Je mets des vêtements chauds en hiver. 1. Vous 2. Tu 3. Nous 4. Paul *Nous mettons la lettre dans cette enveloppe.* 1. Tu 2. Vous 3. Je 4. Anne *Je mets la lettre à la poste.* 1. Vous 2. Yves 3. Nous 4. Tu

Nom ______________________ Cours ____________ Section ____________ Date ____________

Compréhension auditive : *Indiquez si chaque commentaire est logique et approprié.*

1.	logique	pas logique	4.	logique	pas logique	7.	logique	pas logique
2.	logique	pas logique	5.	logique	pas logique	8.	logique	pas logique
3.	logique	pas logique	6.	logique	pas logique	9.	logique	pas logique

X. *Répondez aux questions.*

1. Quand mettez-vous des vêtements chauds ?

____

2. Quand met-on un maillot de bain ?

____

3. Qu'est-ce que vous mettez dans une enveloppe ?

____

4. Demandez à un camarade où il met son argent.

____

5. Quand porte-t-on des vêtements légers ?

____

6. Demandez-moi où je mets mes vêtements.

____

7. Quand porte-t-on un parapluie ?

____

8. Qu'est-ce vous mettez dans votre poche ?

____

28 DESCRIBING PEOPLE AND THINGS (3)

A. Contrôle : Faites attention à la place de chaque adjectif.

Répétez :	1	2	3	4	*Répétez :*	1	2	3	4
Répétez :	1	2	3	4	*Répétez :*	1	2	3	4

logique—pas logique—pas logique ; logique—pas logique—pas logique ; logique—pas logique—pas logique

X. 1. Je mets des vêtements chauds quand il fait/j'ai froid. 2. On met un maillot de bain quand (on fait de la natation/on nage/il fait chaud/on va à la plage/mer). 3. Je mets (une lettre) dans une enveloppe. 4. Où mets-tu ton argent ? 5. On porte des vêtements légers quand il fait/on a chaud. 6. Où mettez-vous vos vêtements ? 7. On porte un parapluie quand (il pleut/va pleuvoir). 8. Je mets (mon portefeuille) dans ma poche.

une grande maison 1. vieille 2. belle 3. autre 4. jolie *un joli pull-over* 1. petit 2. rouge 3. original 4. beau *Voilà un jeune homme.* 1. intelligent 2. autre 3. gros 4. travailleur *C'est une réponse originale.* 1. mauvaise 2. bonne 3. autre 4. intéressante

B. Qu'est-ce que c'est ? : *Modifiez les phrases suivantes d'après ces modèles.*

Ce disque est très vieux. **C'est un très vieux disque.**
Ces chansons sont françaises. **Ce sont des chansons françaises.**

1 2 3 4 5 6 7 8 9 10

X. *Récrivez* (Rewrite) *les phrases suivantes d'après ces modèles.*

Cet étudiant est jeune. **C'est un jeune étudiant.**
Cette maison est blanche. **C'est une maison blanche.**

1. Cette montre est petite.

____

2. Cet étudiant est travailleur.

____

3. Cet arbre est très vieux.

____

4. Cette chaise n'est pas confortable.

____

5. Ces oranges sont mauvaises.

____

6. Cet appartement est beau.

____

7. Ces lecteurs CD sont japonais.

____

8. Cette voiture est rouge.

____

Y. *Mettez tous les éléments de chaque phrase au pluriel, d'après ce modèle.*

C'est un problème régional. **Ce sont des problèmes régionaux.**

9. Tu fais un exercice oral.

____

10. C'est un bel arbre.

____

11. J'ai un petit bureau dans ma chambre.

____

12. Elle porte une robe blanche.

____

X. 1. C'est une petite montre. 2. C'est un étudiant travailleur. 3. C'est un très vieil arbre. 4. Ce n'est pas une chaise confortable. 5. Ce sont de/des mauvaises oranges. 6. C'est un bel appartement. 7. Ce sont des lecteurs CD japonais. 8. C'est une voiture rouge.

Nom ______________________ Cours ____________ Section ____________ Date ____________

13. Tu vas acheter un joli cadeau.

____

14. Cette jeune fille est sportive.

____

15. Je cherche un autre appartement.

____

29 *HE IS*, *SHE IS*: IL EST vs. C'EST

A. Descriptions : *Faites des phrases d'après ces modèles.*

Mon père/ingénieur/créatif
Mon père ? Il est ingénieur. Il est créatif. Oui, c'est un ingénieur créatif.

1 2 3 4 5 6 7 8 9 10

B. C'est un très bon professeur : *Ahmed regarde les photos qui sont sur le bureau d'Izoumi.* (   )

Ahmed Who is this [gentle]man with a mustache?
Izoumi He's my uncle. He's a professor.
Ahmed Really?
Izoumi They say he's a very good professor.

Exercice supplémentaire : *Faites deux phrases d'après ces modèles.*

Robert est un vendeur patient. **Il est vendeur. Il est patient.**
Voilà une petite montre. **C'est une montre. Elle est petite.**

1 2 3 4 5 6 7 8 9 10

X. *Répondez aux questions suivantes.*

1. Qu'est-ce que c'est ? (compact-disc)

____

2. Qui est cette jeune fille ? (Marie, ma cousine)

____

3. Qui est à la porte ? (mon voisin) Quelle est sa nationalité ? (canadien)

____

4. Où est mon stylo ? (sur la table)

____

Y. 9. Vous faites des exercices oraux. 10. Ce sont de/des beaux arbres. 11. Nous avons de/des petits bureaux dans nos chambres. 12. Elles portent des robes blanches. 13. Vous allez acheter de/des jolis cadeaux. 14. Ces jeunes filles sont sportives. 15. Nous cherchons d'autres appartements.

1. Jacques est un assistant travailleur. 2. Monique est une étudiante généreuse. 3. M. Dubois est un jeune avocat. 4. M. Dubois est un avocat riche. 5. Jean-Paul est un journaliste énergique. 6. Voici une vieille table. 7. Voilà des chiens intelligents. 8. Voilà de jolies jupes. 9. Voilà un petit arbre. 10. Mireille est une fille sportive.

5. Quelle est la profession de ce monsieur ? (médecin)

____

6. Est-ce que Kevin Costner est musicien ? (acteur) Quelle sorte d'acteur est Costner ? (bon)

____

7. *20/20* est un film, n'est-ce pas ? (émission) Est-ce que *20/20* est intéressant ?

____

8. Jean-Paul est-il professeur ? (étudiant) Quelle sorte d'étudiant est Jean-Paul ? (sérieux)

____

9. Est-ce que Jeanne est une étudiante travailleuse ? (oui)

____

10. Est-ce que cet objet est un magnétoscope ? (magnétophone) Comment est ce magnétophone ? (excellent)

____

30 COMPARING PEOPLE AND THINGS

A. Dessin 16 : *Regardez et répétez.* ( )

Jean-Paul est plus grand que ses parents.
Mme Brunot est aussi grande que son mari.
Mme Brunot est plus grande que sa fille.
Jean-Paul est le plus grand.
M. et Mme Brunot sont moins grands que leur fils.
Sophie est moins grande que ses parents.
Sophie est la plus petite.

DESSIN 16

Jean-Paul M. Brunot Mme Brunot Sophie

Maintenant, répondez à ces questions.

1 2 3 4 5 6

B. Dessin 13 : *Regardez le dessin (à la page 58). Répondez aux questions en employant les adjectifs* **âgé** *et* **jeune**, *d'après ces modèles.* Two questions will be asked for each item.

1. Regardez Sophie. a. Quel âge a-t-elle ?
Elle a 17 ans.
b. Est-elle plus âgée que son frère ?
Non, elle est moins âgée que son frère.

2. a b 3. a b 4. a b

X. 1. C'est un compact-disc. 2. C'est Marie, ma cousine. 3. C'est mon voisin. Il est canadien. 4. Il est sur la table. 5. Il est médecin. 6. Non, il est acteur. C'est un bon acteur. 7. Non, c'est une émission. Elle est/n'est pas intéressante. 8. Non, il est étudiant. C'est un étudiant sérieux. 9. Oui, c'est une étudiante travailleuse/elle est travailleuse. 10. Non, c'est un magnétophone. Il est excellent/C'est un magnétophone excellent.

2. Regardez Mme Brunot. a. Quel âge a-t-elle ? b. Est-elle plus âgée que son mari ? 3. Regardez les grands-parents. a. Comment s'appellent-ils ? b. Est-ce que le grand-père est la personne la plus âgée ? 4. Regardez Vanessa. a. Quel âge a-t-elle ? b. Est-elle plus jeune que sa cousine ?

Nom ______________________ Cours ____________ Section ____________ Date ____________

C. Un cadeau : *Vanessa cherche un cadeau pour son père. Elle est dans un magasin avec une de ses copines. Elles regardent des portefeuilles.* (   )

Vanessa	Do you prefer the gray wallet or the brown wallet?
Cécile	I think [find that] the gray one is more elegant.
Vanessa	Yes, it's true. But it's more expensive.
Cécile	Oh, look at that wallet in chestnut brown leather. It's the most beautiful one.
Vanessa	Hey, it costs 550 francs. I'm not (a) millionaire!

DESSIN 17

M. Moreau 41 — Vanessa 13 — Philippe 10 — Mme Moreau 38

Compréhension auditive : *Regardez le Dessin 17. Indiquez si chaque commentaire est vrai ou faux.*

1.	v	f	4.	v	f	7.	v	f
2.	v	f	5.	v	f	8.	v	f
3.	v	f	6.	v	f	9.	v	f

X. *Regardez le Dessin 17 et faites des phrases d'après ce modèle.*

Comparez Philippe et Vanessa. (petit) **Il est plus petit que Vanessa.**

1. Comparez Mme Moreau et sa fille. (grand)

____

2. Comparez Vanessa et Philippe. (petit)

____

3. Comparez M. et Mme Moreau. (âgé)

____

4. Comparez Philippe et sa famille. (âgé)

____

5. Qui est moins grand que Vanessa ?

____

6. Qui est le plus petit ?

____

7. Qui est le plus grand ?

____

Y. *Répondez aux questions.*

8. Êtes-vous plus âgé(e) que votre professeur ?

____

9. Qui est aussi jeune que vous ? Quel âge a cette personne ?

____

10. Votre père est-il aussi jeune que votre mère ?

____

Z. *Répondez aux questions d'après ce modèle.*

Y a-t-il de bons hôtels dans votre ville?
Oui, et (Mountain Inn) est le meilleur hôtel de notre ville.

11. Y a-t-il de bons restaurants dans votre ville ?

____

12. Y a-t-il des étudiants sympathiques dans votre cours ?

____

13. Y a-t-il des bâtiments modernes sur votre campus ?

____

14. Y a-t-il de mauvais restaurants dans votre ville ?

____

FINALE

A. Lecture et conversations : Compréhension auditive : *D'abord lisez rapidement le premier paragraphe dans votre livre, puis indiquez si les commentaires suivants sont vrais ou faux.*

1.	v	f	4.	v	f	7.	v	f
2.	v	f	5.	v	f	8.	v	f
3.	v	f	6.	v	f	9.	v	f

v—f—v ; f—f—v ; v—v—f

X. 1. Elle est plus grande que sa fille. 2. Elle est moins petite que Philippe/son frère. 3. M. Moreau est plus âgé que Mme Moreau/sa femme. 4. Philippe est le moins âgé/la personne la moins âgée de sa famille. 5. Philippe est moins grand que Vanessa/sa sœur. 6. Philippe est le plus petit. 7. M Moreau est le plus grand.

Y. 8. (Non, je suis moins) âgé(e) que mon professeur. 9. (Bill) est aussi jeune que moi. Il a (vingt) ans. 10. (Non, il est moins jeune/plus âgé) que ma mère.

Z. 11. Oui, et (Roma) est le meilleur restaurant de notre ville. 12. Oui, et (je suis l'étudiant(e) le/la plus sympathique) de notre cours. 13. Oui, et (Hansen Hall) est le bâtiment le plus moderne de notre campus. 14. Oui, et (Sloppy Joe's) est le plus mauvais restaurant de notre ville.

Nom ______________________ Cours ____________ Section ____________ Date ____________

Compréhension auditive : *Florence Didier fait une description de sa famille. Écoutez la description, puis indiquez si les commentaires sont vrais ou faux.*

1.	v	f	4.	v	f	7.	v	f
2.	v	f	5.	v	f	8.	v	f
3.	v	f	6.	v	f	9.	v	f

Compréhension auditive : *Écoutez ces conversations et indiquez si les réponses sont logiques et appropriées.*

1.	logique	pas logique	5.	logique	pas logique
2.	logique	pas logique	6.	logique	pas logique
3.	logique	pas logique	7.	logique	pas logique
4.	logique	pas logique	8.	logique	pas logique

Dictée : *Dans un magasin*

____

____

____

____

____

____

D. Parlons de nous

1. De quelle couleur sont vos yeux et vos cheveux ?

____

2. Quelle est la meilleure librairie de notre ville ?

____

3. Et quel est le meilleur restaurant ?

____

4. Ma fille a seize ans. Est-elle plus jeune ou moins jeune que vous ?

____

5. Décrivez un(e) camarade de chambre idéal(e) en utilisant les expressions suivantes : *fumer*, *faire beaucoup de bruit*, *être sympathique*, *regarder la télé tout le temps.*

____

____

f—f—f ; v—v—f ; v—f—v

pas logique—pas logique—logique—logique ; logique—pas logique—logique—pas logique

Christine est dans un magasin cet après-midi. Elle cherche un nouveau manteau chaud. Il y a de jolis manteaux mais ils sont très chers. Les moins chers coûtent 800 francs. Qu'est-ce qu'elle va faire ? Elle va acheter un anorak.

6. Qui est votre meilleur(e) ami(e) ? S'il/Si elle est étudiant(e), quelle sorte d'étudiant(e) est-ce ?

____

E. Questions : *Christine parle de sa famille. Posez des questions sur les parties soulignées.* (Text p. 119)

1. ____
2. ____
3. ____
4. ____
5. ____
6. ____
7. ____
8. ____
9. ____
10. ____
11. ____
12. ____
13. ____
14. ____

RÉVISION

X. *Traduisez les phrases suivantes.*

1. Michel is 20 years old. He's a very good student in chemistry. His roommate's name is Jean-Louis. He's a music student.

____

____

2. *Michel* Is it still (*encore*) snowing?

____

3. *Jean-Louis* No, but it's windy and it's very cold.

____

4. *Michel* *I* hate winters in this region.

____

5. *Jean-Louis* Me, too. Are you going to Chantal's place this afternoon?

____

E. 1. J'ai les yeux (noirs) et les cheveux (bruns). 2. (Barnes and Noble) est la meilleure librairie de notre ville. 3. (Laserre) est le meilleur restaurant [de notre ville]. 4. Elle est plus jeune que moi. 5. (Il/Elle ne fume pas et ne fait pas beaucoup de bruit. Il/Elle est sympathique et ne regarde pas la télé tout le temps.) 6. (Leslie) est (mon/ma meilleur(e) ami(e)). C'est un(e) étudiant(e) (imaginatif(ve)).

6. *Michel* Yes, today is her birthday and I have a little gift for her. Her parents are coming tonight.

7. Pierre and Janine are in a store. He is looking for a gift for his sister. They are looking at wallets.

8. *Janine* I like this red wallet a lot.

9. *Pierre* Me, too. But look at the price. Too expensive.

10. *Janine* The blue one over there is as elegant.

11. *Pierre* Do you think so [Do you find]? It's less expensive than the red one.

12. *Janine* Oh, look at that wallet in alligator skin (*en crocodile*). It's the most beautiful one.

13. *Pierre* Hey, it costs 400 francs. I'm not a millionaire!

14. *Janine* Then the chestnut brown one? It's pretty.

15. *Pierre* Why not? It's pretty, and it's not too expensive.

16. Martine is a police officer. She is asking questions.

17. What is your name? What is your nationality?

18. Don't you have your passport? What is your address?

19. What is the goal (*but*) of your trip?

20. How long are you going to stay in France?

21. Do you have any other identification papers (*pièces d'identité*) ?

Y. *Répondez aux questions.*

22. Quelle est la date aujourd'hui ? Quel jour de la semaine est-ce ?

23. Quel temps fait-il ?

24. Quel temps fait-il en été dans votre région ?

25. Et comment sont les hivers ?

26. Quel est votre sport préféré en été ?

27. Combien de temps durent vos vacances d'été ?

28. Quels mois ont trente et un jours ?

29. Quel est le premier jour de la semaine aux États-Unis ? Et en Europe ?

30. Quelle est votre nationalité ? Et quel âge avez-vous ?

31. Quelle est la date de votre anniversaire ?

32. Combien de fois par mois allez-vous au cinéma ?

33. Comment est votre père ou votre mère ? Employez au moins (*at least*) trois adjectifs.

Z. *Écrivez des phrases en employant les éléments indiqués.*

34. Nous/faire/souvent/natation/été,/foot/automne,/ski/hiver/et/basket/printemps.

35. Pleuvoir/souvent/printemps,/faire/mauvais/automne/et/neiger/beaucoup/hiver.

36. Michel/avoir/20/an,/Paul,/18/an,/Jeanne,/16/an. Michel/être/âgé/Paul. Jeanne/être/jeune/Michel. Jeanne/être/plus jeune/ce/3/personnes.

______

______

______

______

UNITÉ 4

Que veux-tu prendre ?

PRÉLUDE

17
18
13
14
15
16

DESSIN 18

Expressions

Drinks

Hot drinks
black coffee [2 *ways*]
coffee with cream or milk
half coffee, half hot milk
hot chocolate
tea with milk/lemon
herbal tea

Alcoholic drinks
beer (on tap)
a bottle of beer
Cinzano [before-dinner sweet wine (a brand name)]
cognac
Cointreau [orange-flavored after-dinner liqueur (a brand name)]
a glass of red/white wine
port wine
[Scotch] whiskey

Cold drinks
Schweppes
fruit juice
mineral water: { Perrier / Évian / Vittel }

a *Coca(-Cola)*: Coca(-Cola)/Pepsi(-Cola)
a *lait fraise*: cold milk with strawberry syrup
a *limonade*: soft drink, somewhat like 7-Up
an *Orangina*: orange-flavored soda like Fanta, but containing orange pulp
a *citron pressé*: fresh lemon juice, served separately with water and sugar to suit taste
a *diabolo-menthe*: a mixture of mint syrup and **limonade**
a *Perrier-menthe*: a mixture of mint syrup and Perrier
a *panaché*: half **limonade** and half beer

Nom ________________ Cours ________ Section ________ Date ________

Conversations

A. À la terrasse : *Ahmed Youssef est un étudiant marocain. Il étudie les sciences économiques à l'université. Il fait une promenade avec Izoumi Yamada, une étudiante japonaise. Elle étudie le français à l'Institut pour étudiants étrangers. Il fait du soleil et il fait chaud.* (   )

Ahmed It's hot!
Izoumi Yes, it's really hot.
Ahmed There's a café. Would you like [Do you want] to drink something?
Izoumi [A] Good idea!
Ahmed There is a free/unoccupied table, on the sidewalk

B. Un lait fraise ou un Perrier-menthe ? (   )

Ahmed What would you like to drink?
Izoumi That pretty pink drink—what is it?
Ahmed It's a *lait fraise,* a mixture of milk and strawberry syrup. It's delicious. Would you like to try it?
Izoumi Er . . . I don't know . . . and that green drink—what is it?
Ahmed It's Perrier-menthe, a mixture of mineral water and mint syrup.

C. Un citron pressé (   )

Izoumi What are *you* going to order?
Ahmed I want a *citron pressé.*
Izoumi What's that, *citron pressé?*
Ahmed It's a mixture of lemon juice and water with sugar.

D. C'est rafraîchissant. (   )

Izoumi Oh, yes, we have that in Japan.
Ahmed It's very thirst-quenching [refreshing], isn't it?
Izoumi Thirst-quenching? What does it mean?
Ahmed It means [that] it's delicious when it's hot.
Izoumi Fine. Then *citron pressé* for me too.
Ahmed OK. (*to the waiter*) [Sir,] please.

E. Voici le texte sur les deux photos.

SANDWICHS	TARIFS	
Pizza	CAFE	6f
saucisses grillées	EAU MINERALE 0,25 cl	14f
quiche lorraine	SODAS 0,25 cl	14f
salades	1/2 PRESSION	11f
croque monsieur	BIERE Btlle	16f
hot-dog	APERITIF	15f
omelette	" Anisés	10f
soupe à l'oignon	WHISKY baby	18f
patisseries • glaces	SANDWICHS	15f
sandwichs		

Compréhension auditive : *Voici quelques commentaires sur les Conversations. Indiquez si chaque commentaire est vrai ou faux.*

1. v f
2. v f
3. v f
4. v f
5. v f
6. v f
7. v f
8. v f
9. v f

ʌ—ɟ—ɟ ⁏ ɟ—ʌ—ʌ ⁏ ɟ—ʌ—ʌ

Compréhension auditive : *Indiquez le mot qui n'appartient pas à chaque série.*

a.	1	2	3	4	c.	1	2	3	4	e.	1	2	3	4
b.	1	2	3	4	d.	1	2	3	4	f.	1	2	3	4

X. *Traduisez le dialogue suivant. Employez la forme* **tu**.

1. *Vanessa* There's a café. There are (free) tables on the sidewalk.

____

2. *Philippe* I want that table. Is it OK?

____

3. *Vanessa* Of course. What do you want to order?

____

4. *Philippe* An Orangina. What about you?

____

5. *Vanessa* *I* want orange juice.

____

6. *Philippe* There's the waiter. SIR!

____

7. *Waiter* Yes, right away!

____

Y. Au café : *Donnez le nom de chaque boisson.*

8. un cinzano : one of the before-dinner wines

9. ______________ : cold milk with strawberry syrup

10. ______________ : a mixture of mint syrup and **limonade**

11. ______________ : a malted alcoholic beverage

12. ______________ : an after-dinner alcoholic drink

13. ______________ : half **limonade** and half beer

14. ______________ : tea with lemon

15. ______________ : hot chocolate

16. ______________ : strongly carbonated mineral water

17. ______________ : orange-flavored soda with orange pulp

18. ______________ : orange juice

1—4 ; 3—2 ; 2—3

X. 1. Voilà un café. Il y a des tables libres sur la terrasse. 2. Je veux cette table. Ça va/D'accord ? 3. Bien sûr/Bien entendu. Qu'est-ce que tu veux commander/prendre ? 4. Un Orangina. Et toi ? 5. Moi, je veux un jus d'orange. 6. Voilà le garçon. MONSIEUR ! 7. Oui, tout de suite !

Y. 9. un lait fraise 10. un diabolo-menthe 11. une bière 12. un (cognac/Cointreau) 13. un panaché 14. un thé [au] citron 15. un chocolat 16. un Perrier 17. un Orangina 18. un jus d'orange

Nom ______________________ Cours ____________ Section ____________ Date ____________

DÉVELOPPEMENT

31 EXPRESSING ABILITY AND DESIRES: *I CAN, I WANT*

A. Contrôle : In a sentence like the last one of the third set, where the subject is a noun rather than a pronoun, you need not repeat it before other verbs (see the key).

Répétez : 1 2 3 4 *Répétez :* 1 2 3 4 *Répétez :* 1 2 3 4

B. Interprétation : *Ajoutez des phrases d'après ce modèle.* Some statements can be ambiguous. Interpret what you hear in two ways.

Je ne vais pas déjeuner à midi.
Ça veut dire que vous ne voulez pas ou vous ne pouvez pas déjeuner à midi.

1 2 3 4

Exercice supplémentaire : *Répondez aux questions d'après ce modèle.*

Où allez-vous ce soir ? (cinéma) **Je vais au cinéma ce soir.**

1 2 3 4 5 6 7 8

Dictée : *Écrivez les phrases suivantes.*

1. ______________________
2. ______________________
3. ______________________
4. ______________________
5. ______________________
6. ______________________

X. *Répondez aux questions.*

1. Que voulez-vous faire ce soir ?

____

2. Où voulez-vous aller demain matin ?

____

Je ne peux pas aller au cinéma ce soir. 1. Nous 2. Les étudiants 3. Vous 4. Tu *Je ne veux pas de café ; je veux un chocolat.* 1. Nous 2. Vous 3. Tu 4. Les clients *Je ne peux pas, je ne veux pas, et je ne vais pas parler à cet homme !* 1. Nous 2. Tu 3. Vous 4. Les enfants [Les enfants ne peuvent pas, ne veulent pas, et ne vont pas parler à cet homme !]

1. Où allez-vous cet après-midi ? (gymnase) 2. Qu'est-ce que vous faites comme sport ? (tennis) 3. Avez-vous des amis en France ? (non) 4. Voulez-vous un citron pressé ? (non) 5. Qu'est-ce que vous allez faire ? (travailler) 6. Voulez-vous aller au cinéma ? (non, regarder la télé) 7. Êtes-vous professeur ? (non) 8. Peux-tu payer l'addition ? (oui)

1. Je ne veux pas aller au labo cet après-midi. 2. Elles ne peuvent pas déjeuner maintenant. 3. Qu'est-ce que vous faites ce soir ? 4. Je voudrais commander une bière. 5. Que veut dire « boisson » en anglais ? 6. Je ne peux pas travailler demain.

3. Qu'est-ce que vos parents veulent faire en été ?

___

4. Demandez-moi où je veux aller demain soir.

___

5. Est-ce que je peux regarder votre cahier d'exercices ?

Non, ___

6. En quelle saison pouvons-nous faire du ski nautique ?

___

7. Que veut dire « quelque chose » en anglais ?

___

8. Demandez à une camarade où elle veut aller samedi prochain.

___

9. Demandez-moi où vous pouvez trouver un restaurant.

___

10. Demandez à un camarade s'il peut déjeuner à midi avec vous.

___

32 EMPHASIZING SUBJECTS: *I CAN, CAN* ***YOU****?*

A. Contrôle : The stressed pronouns agree with the subject.

Répétez : 1 2 3 4 *Répétez :* 1 2 3 4

B. Et vous ? : *Écoutez bien et ajoutez* ***moi aussi, pas moi, moi non plus*** *ou* ***moi si*** *après chaque phrase. Voici les modèles.*

Je parle français. (oui) **Moi aussi.**
Je parle allemand. (non) **Pas moi.**
Je ne parle pas russe. (non) **Moi non plus.**
Je ne parle pas anglais. (oui) **Moi si.**

1 2 3 4 5 6 7 8

C. Il commence à faire trop chaud : *Vanessa, son cousin et Daniel jouent dans le parc.* ( )

Daniel It's beginning to get too hot. I'm going to go home.
Vanessa Me too, I'm going to go home.
Daniel What about [And] your cousin?
Vanessa Him? He likes heat.

X. 1. Je veux (regarder la télévision) [ce soir]. 2. Je veux aller (à la bibliothèque) [demain matin]. 3. Ils veulent (aller à la piscine) en été. 4. Où voulez-vous aller demain soir ? 5. vous ne pouvez pas regarder mon cahier d'exercices. 6. Nous pouvons faire du ski nautique en été. 7. Ce mot/Cela/Ça/Le mot « quelque chose » veut dire « something » [en anglais]. 8. Où veux-tu aller samedi prochain ? 9. Où est-ce que je peux/Où peut-on trouver un restaurant ? 10. Peux-tu déjeuner à midi avec moi ?

Je travaille chez moi. 1. Cet étudiant 2. Nous 3. Vous 4. Ces étudiantes *Moi, je parle français.* 1. Toi aussi 2. Nous aussi 3. Vous aussi 4. Eux aussi

Nom ______________________ Cours ____________ Section ____________ Date ____________

Exercice supplémentaire : *Exercice de contrôle*

Répétez : 1 2 3 4 *Répétez :* 1 2 3 4

X. *Répondez aux questions en employant des pronoms personnels toniques.*

1. Avez-vous de l'argent sur vous ?

Non, ______________________________

2. Êtes-vous plus grand(e) que votre père ?

Non, ______________________________

3. Est-ce que je peux compter sur vous ?

Oui, ______________________________

4. Pouvez-vous aller chez Robert ce soir ?

Non, ______________________________

5. J'aime cet anorak. Et vous ?

____

6. Quelles langues est-ce que nous parlons, vous et moi ?

____

7. Pensez-vous très souvent à vos parents ?

Non, ______________________________

8. Moi, je veux voyager en France. Et vous ?

____

9. Moi, je parle trois langues étrangères. Et vos parents ?

____

10. Je fais de la natation. Et vous, qu'est-ce que vous faites comme sport ?

____

33 EXPRESSING ACTIVITIES WITH -IR VERBS; USING ON

A. Contrôle : Make the possessive adjectives agree with the subject.

Répétez : 1 2 3 4 *Répétez :* 1 2 3 4 *Répétez :* 1 2 3 4

Paul et moi allons en Europe. 1. Toi et moi 2. Paul et moi 3. Vous et Marie 4. Paul et elle *Paul et moi parlons français.* 1. Lui et moi 2. Anne et elle 3. Vous et moi 4. Marie et lui

1. je n'ai pas d'argent sur moi. 2. je suis plus petit(e)/je suis moins grand(e) que lui. 3. vous pouvez compter sur moi/comptez sur moi. 4. je ne peux pas aller chez lui ce soir. 5. Moi aussi, j'aime cet anorak./Pas moi./Moi, je n'aime pas cet anorak. 6. Vous et moi, nous parlons français et anglais. 7. je ne pense pas très souvent à eux. 8. Moi aussi, je veux/Moi, je ne veux pas voyager en France. 9. Eux, ils parlent (seulement anglais). 10. Moi, je fais (du tennis).

Je finis mon travail. 1. Nous 2. On 3. Vous 4. Les étudiants *Nous choisissons nos cours.* 1. Je 2. Les étudiants 3. On 4. L'étudiant *Ils applaudissent la championne.* 1. Je 2. Vous 3. On 4. Nous

C. Vous êtes d'accord : *Nous ne voulons pas travailler. On va proposer certaines choses. Ajoutez des phrases d'après ces modèles.*

Parlons anglais ! **D'accord, on va parler anglais.**
N'allons pas au cours ! **D'accord, on ne va pas aller au cours.**

1 2 3 4 5 6 7 8

Compréhension auditive : *Écoutez la conversation. Est-ce que la réponse est logique et appropriée ?*

1.	logique	pas logique	4.	logique	pas logique	7.	logique	pas logique
2.	logique	pas logique	5.	logique	pas logique	8.	logique	pas logique
3.	logique	pas logique	6.	logique	pas logique	9.	logique	pas logique

X. *Écrivez les formes appropriées de chaque verbe, d'après le modèle. Write the appropriate forms of each verb, according to the model.*

finir (tu, vous) **tu finis, vous finissez**

1. finir (je, nous) ____________________

2. choisir (ils, tu) ____________________

3. ne pas applaudir (je, elles) ____________________

4. ne pas grossir (elle, ils) ____________________

Y. *Répondez aux questions.*

5. Je suis professeur. Est-ce que je choisis mes étudiants ?

____

6. Finissez-vous toujours vos devoirs ?

____

7. Est-ce que vous applaudissez après un mauvais concert ?

____

8. Qu'est-ce qui arrive (*What happens*) quand on ne mange pas assez (*enough*) ?

____

9. Et qu'est-ce qui arrive quand on mange trop ?

____

10. À quelle heure finit votre dernier cours demain ?

____

11. Est-ce que vos parents choisissent les cours pour vous ?

____

pas logique—logique—logique ; pas logique—pas logique—logique ; pas logique—logique—pas logique

X. 1. je finis, nous finissons 2. ils choisissent, tu choisis 3. je n'applaudis pas, elles n'applaudissent pas 4. elle ne grossit pas, ils ne grossissent pas

Y. 5. Non, vous ne choisissez pas vos étudiants. 6. Non, je ne finis pas/Oui, je finis toujours mes devoirs. 7. Non, je n'applaudis pas après un mauvais concert. 8. On maigrit quand on ne mange pas assez. 9. On grossit quand on mange trop. 10. Mon dernier cours finit à (quatre heures) demain. 11. Non, ils ne choisissent pas les cours pour moi.

Nom ______________________ Cours ____________ Section ____________ Date ____________

34 GETTING MORE INFORMATION THROUGH QUESTION WORDS

A. Questions : *Posez des questions sur la dernière partie de chaque phrase, d'après ces modèles.*

Je suis dans un café. **Où êtes-vous ?**
Je déjeune à midi et demi. **À quelle heure déjeunez-vous ?**

1 2 3 4 5 6 7 8 9 10

X. *Posez une question sur la partie soulignée de chaque phrase, d'après ce modèle.*

Je porte un pull en hiver. **Quand/En quelle saison portez-vous un pull ?**

1. Je vais à la plage en été.
2. Je vais acheter des gants demain.
3. Je ne mange pas beaucoup parce que je ne veux pas grossir.
4. Mon cours d'histoire est intéressant.
5. Aujourd'hui je peux travailler jusqu'à six heures.
6. Demain je suis libre avant dix heures.
7. Mes parents ont deux voitures.
8. Demain je vais déjeuner dans un café.
9. Mercredi est le troisième jour de la semaine.
10. Je vais très bien, merci.

X. 1. Quand/En quelle saison allez-vous à la plage ? 2. Quand allez-vous acheter des gants ? 3. Pourquoi ne mangez-vous pas beaucoup ? 4. Comment est votre cours d'histoire ? 5. Jusqu'à quelle heure pouvez-vous travailler aujourd'hui ? 6. Avant quelle heure êtes-vous libre demain ? 7. Combien de voitures vos parents ont-ils ? 8. Où allez-vous déjeuner demain ? 9. Quel est le troisième jour de la semaine ? 10. Comment allez-vous ?

INTERLUDE

Expressions

Meals

to order to eat [take] to finish [*2 ways*] to bring to pay for	a meal the breakfast the lunch the dinner a drink

The menu (The indefinite article has been omitted.)

APPETIZERS
Shredded carrots in vinaigrette dressing
Cucumber/Tomato salad
Plate of raw vegetables with vinaigrette dressing
Country-style pâté
Snails baked in shell, seasoned with butter, garlic, minced parsley, and shallots
Salad (lettuce, sliced tomatoes and onions, sometimes cooked green beans) with black olives, anchovies, and usually hard-boiled eggs

MEAT AND FISH

steak [2 ways]	hard sausage
veal chop	fish
turkey	roast chicken
hamburger	roast beef
hot dog	sausage
ham	(ham, etc.) omelette
(ham/cheese) sandwich	
whole sole sauteed in butter, lemon, and parsley	

VEGETABLES

asparagus	peas
carrots	rice
green beans	broccoli
potatoes/french fries [*2 ways*]	

FRUITS AND DESSERTS

banana	strawberries
peach	grapes
apple	chocolate ice cream
pear	lemon sherbet
orange	cake
cherries	apple pie

DRINKS (Consult the *Expressions* of the **Prélude**.)

Compréhension auditive : *Indiquez le mot qui n'appartient pas à chaque série.*

a.	1	2	3	4
b.	1	2	3	4
c.	1	2	3	4
d.	1	2	3	4
e.	1	2	3	4
f.	1	2	3	4
g.	1	2	3	4
h.	1	2	3	4

3—2—4 ; 1—1—3 ; 2—4

Nom ______________________ Cours ____________ Section ____________ Date ____________

Conversations

A. Au restaurant : *Christine et Jean-Paul veulent déjeuner ensemble. Ils sont devant un restaurant et regardent le menu affiché à l'extérieur.* (   )

Christine Look at the 80 franc menu. There are four dishes and a lot of choices.
Jean-Paul Eighty francs. It's reasonable. OK, let's go (in).
Christine Wait, is the service charge included?
Jean-Paul Yes. Let's go in [enter].

B. Un apéritif (   )

Waiter Hello[, sir, miss]. A table for two?
Jean-Paul Yes, near the window, please.
Waiter There[, sir]. Is that all right [Is that OK, like that]?
Christine Yes, thank you.
(*a little later*)
Waiter Have you decided [chosen]?
Jean-Paul Yes, we're going to have [take] the 80 franc menu.
Waiter Would you like [Do you want] a before dinner drink?
Jean-Paul Not me. (*to Christine*) What about you?
Christine I don't think so.

C. · Hors d'œuvre (   )

Waiter Fine[, miss].
Christine Then, to begin [with], I'm going to have [take] the *crudités.*
Jean-Paul For me, the country-style pâté.
Waiter Very well[, sir].

D. Viande (   )

Waiter [And] Then, what would you like [do you desire]?
Christine Er . . . the *sole meunière* for me.
Jean-Paul I'm going to have the veal chop.
Waiter [The] *Sole meunière* for the young lady and [the] veal chop for the gentleman.

E. Légumes (   )

Waiter And for [as] vegetables?
Christine Peas.
Jean-Paul For me, green beans.
Waiter Very well[, sir].

F. Boissons (   )

Waiter And what would you like to drink [as drink]?
Jean-Paul (*to Christine*) Would you like some wine?
Christine No, thank you, I'm going to have mineral water.
Jean-Paul Fine, then a carafe of red wine and a half-liter of Évian.
Waiter Very well[, sir].

Compréhension auditive : *Indiquez si les commentaires suivants sur les conversations sont vrais ou faux.*

1. v f
2. v f
3. v f
4. v f
5. v f
6. v f
7. v f
8. v f
9. v f

ʌ—ɟ—ʌ ⁝ ʌ—ɟ—ʌ ⁝ ʌ—ʌ—ɟ

X. *Traduisez le dialogue suivant.*

1. *Monique* Let's eat in this restaurant. Is it OK?

____

2. *Jean-Paul* Yes, OK. Let's look at the menu (*carte*).

____

3. *Monique* I'm going to have [take] the 80 F menu (*menu*).

____

4. *Jean-Paul* Me, too. A steak, french fries, green beans, and a dessert.

____

5. *Monique* *I*'m going to have the roast chicken.

____

6. *Jean-Paul* Let's go in. There's a (free) table by the window.

____

Y. Boissons et nourritures : *Trouvez dans la grille les équivalents des mots suivants.* To find the hidden words, follow the directions indicated by the arrows: ↑ → ↗ ↘.

apple, asparagus, banana, beef, beer, cake, carrot, cheese, cherry, chicken, cucumber, egg, fish, grape, ham, ice cream, lemon, milk, orange, pâté, peach, pear, pie, pork, rice, roast beef, salt, sausage, sherbet, sole, tea, tomato, turkey, veal, water, wine

a	b	i	è	r	e	é	t	r	i	z	c	f	l
r	o	s	b	i	f	p	o	v	i	n	a	r	a
t	r	c	o	n	c	o	m	b	r	e	r	a	i
œ	a	e	r	f	i	u	a	s	è	â	o	i	t
u	i	r	a	œ	t	l	t	u	o	e	t	s	p
f	s	i	t	u	r	e	e	p	g	l	t	e	â
f	i	s	a	e	o	t	e	r	o	e	e	s	t
r	n	e	œ	f	n	h	e	o	s	r	u	e	é
o	v	m	u	n	c	p	s	s	r	j	c	g	s
m	r	œ	g	ê	s	m	i	e	l	a	e	u	o
a	b	i	p	a	â	c	t	é	l	m	n	s	r
g	â	t	e	a	u	i	h	g	m	b	g	g	b
e	b	a	n	a	n	e	é	o	p	o	i	r	e
p	o	i	s	s	o	n	p	d	i	n	d	e	t

X. 1. Déjeunons dans ce restaurant. Ça va ? 2. Oui, d'accord. Regardons la carte. 3. Je vais prendre le menu à 80 F. 4. Moi aussi. Un steak, des frites, des haricots verts et un dessert. 5. Moi, je vais prendre le poulet rôti. 6. Entrons. Il y a une table libre près de la fenêtre.

Nom ______________________ Cours ____________ Section ____________ Date ____________

Z. Un menu : *Il est déjà une heure et vous voulez manger quelque chose. Vous trouvez un snack-bar. Regardez la photo. Commandez quelque chose, puis regardez la clé. Bon appétit !*

____

____

SNACK-BAR
Tripes
Boudin
Escargots
Jambon cru
Steak-Frites
Choucroûte
Saucisses chaudes
Assiettes Anglaises
Croque Monsieur
Crèmes glacées
Salon de Thé
Patisserie Fraiche
Crèmes glacées

Tripes tripe; stomach tissue of the cow and ox
Boudin blood sausage; very dark sausage due to a large quantity of blood used
Escargots baked snails, mixed with butter, minced parsley, chives, etc.
Jambon cru uncured, raw ham
Steak-Frites steak with french fries
Choucroûte sauerkraut
Saucisses chaudes hot sausages/dogs
Assiettes Anglaises assorted cold cuts
Croque-Monsieur grilled ham and cheese sandwich
Crèmes glacées ice cream

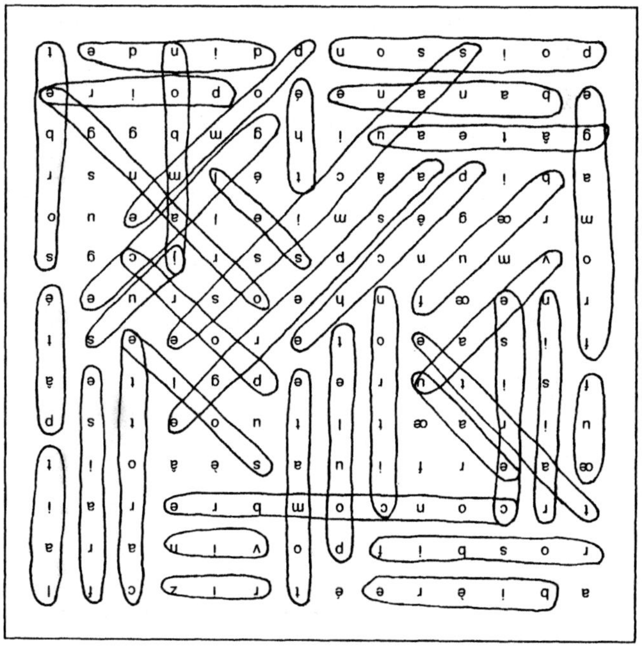

DÉVELOPPEMENT

35 DESCRIBING ACTIVITIES WITH -RE VERBS

A. Contrôle : Reminder: in the last sentence of the last set, do not repeat the subject (*les touristes*) before the second verb.

Répétez : 1 2 3 4 *Répétez :* 1 2 3 4 *Répétez :* 1 2 3 4

C. C'est probablement lui : *Vanessa est dans la cuisine. Christine est dans le séjour. Quelqu'un sonne à la porte. C'est probablement Daniel.* ( )

Christine I hear the doorbell.
Vanessa I'm waiting for Daniel. It's probably him.
Christine Aren't you going to answer?
Vanessa Yes, I'm going down right away.

Exercice supplémentaire : *Répondez négativement aux questions.* Reminder: **un/une/des** becomes **(pas) de** in negation.

1 2 3 4 5 6 7 8 9 10

Exercice supplémentaire : *Écrivez la forme* ***je*** *de chaque verbe d'après ce modèle.*

vous applaudissez **j'applaudis**

1. ______________________ **7.** ______________________
2. ______________________ **8.** ______________________
3. ______________________ **9.** ______________________
4. ______________________ **10.** ______________________
5. ______________________ **11.** ______________________
6. ______________________ **12.** ______________________

X. *Répondez aux questions.*

1. Répondez-vous aux questions de vos professeurs ?
Oui, ______________________________

2. À qui rendez-vous visite assez souvent ?
____

3. Est-ce que vous attendez vos parents maintenant ?
Non, ______________________________

4. Est-ce que vous entendez des chats ?
Non, ______________________________

Je réponds à la question. 1. Vous 2. L'étudiant 3. Nous 4. Les étudiants *Je n'entends pas la question.* 1. Les étudiants 2. Tu 3. Vous 4. On *J'attends le train et j'entends le train.* 1. Nous 2. Tu 3. Vous 4. Les touristes

1. Êtes-vous professeur ? 2. Arrivez-vous en retard ? 3. Attendez-vous un taxi ? 4. Avez-vous des cours le dimanche ? 5. Mettez-vous un pull en été ? 6. Répondez-vous à Jean-Paul ? 7. Choisissez-vous un cognac ? 8. Faites-vous toujours vos devoirs ? 9. Vendez-vous votre montre ? 10. Étudiez-vous le chinois ?

1. vous attendez 2. vous répondez 3. vous finissez 4. vous aimez 5. vous faites 6. vous mettez 7. vous pouvez 8. vous entendez 9. vous choisissez 10. vous avez 11. vous êtes 12. vous voulez

Nom ______________________ Cours ____________ Section ____________ Date ____________

5. Perdez-vous souvent vos clés ?

   Non, ____

6. Que fait-on dans le cours de français ? Citez au moins (*at least*) trois choses.

   ____

   ____

Y. *Écrivez les formes appropriées des verbes suivants.*

7. attendre (il, vous) ______________________________
8. répondre (je, ils) ______________________________
9. choisir (je, elles) ______________________________
10. vendre (je, nous) ______________________________
11. entrer (je, vous) ______________________________
12. finir (je, ils) ______________________________

Z. *Dans cette liste, chaque nombre représente une lettre. Trouvez onze verbes à la première personne du singulier.*

Il	f a i t (_ _ _ _)	1 2 3 4	Il	_ _ _ _ _	1 3 9 3 4
Elle	_	2	Elle	_ _ _ _ _	0 2 9 6 5
Il	_ _	8 2	Il	_ _ _ _ _ _	2 4 4 5 9 0
Elle	_ _ _	5 6 4	Elle	_ _ _ _ _ _	2 7 7 3 8 5
Il	_ _ _ _	8 5 9 0	Il	_ _ _ _ _ _	5 9 4 5 9 0
Elle	_ _ _ _ _	5 9 4 7 5	Elle	_ _ _ _ _ _	7 5 9 4 7 5

X. 1. je réponds à leurs questions. 2. Je rends souvent visite (à Jacques). 3. je n'attends pas mes parents [maintenant]. 4. je n'entends pas de chats. 5. je ne perds pas [souvent] mes clés. 6. Dans le cours de français, (on fait des exercices, on apprend des dialogues et on répond à des questions).

Y. 7. il attend, vous attendez 8. je réponds, ils répondent 9. je choisis, elles choisissent 10. je vends, nous vendons 11. j'entre, vous entrez 12. je finis, ils finissent

Z. a—va—est—vend—entre ; finit—danse—attend—arrive—entend—rentre

1.
2.
3.
4.
5.
6.
7.
8.
9.
10.
11.
12.
13.
14.
15.

DESSIN 19

36 EXPRESSING INDEFINITE QUANTITY

A. Dessin 19 : *Regardez le dessin. C'est la salle à manger de la maison de M. et Mme Vernin. Répétez.* ( )
Continuez à regarder le dessin et répondez à ces questions. Rappel : employez **si** quand vous répondez affirmativement aux questions négatives.

1 2 3 4 5 6 7 8 9 10 11 12

Compréhension auditive : *Regardez le Dessin 19. Indiquez si chaque commentaire est vrai ou faux.*

1.	v	f	4.	v	f	7.	v	f
2.	v	f	5.	v	f	8.	v	f
3.	v	f	6.	v	f	9.	v	f

X. *Mettez l'article partitif ou l'article indéfini devant chaque nom.* Reminder: count nouns take the indefinite article **un**, **une**, or **des**, while noncount nouns take the partitive article.

1. ____________ sel	**7.** ____________ lait	**13.** ____________ argent
2. ____________ viande	**8.** ____________ sucre	**14.** ____________ vin
3. ____________ couteau	**9.** ____________ serviette	**15.** ____________ pain
4. ____________ eau	**10.** ____________ poivre	**16.** ____________ papier
5. ____________ légumes	**11.** ____________ verres	**17.** ____________ assiette
6. ____________ bouteille	**12.** ____________ beurre	**18.** ____________ carottes

Y. *Regardez le Dessin 19 et répondez aux questions.*

19. Y a-t-il de l'argent sur la table ?

____

X. 1. du 2. de la 3. un 4. de l' 5. des 6. une 7. du 8. du 9. une 10. du 11. des 12. du 13. de l' 14. du 15. du 16. du 17. une 18. des

v—v—f ; v—v—f ; v—f—f

Nom ______________________ Cours ____________ Section ____________ Date ____________

20. N'y a-t-il pas de pain ?

21. Y a-t-il des chaises dans la salle à manger ?

22. N'y a-t-il pas de · haricots verts sur la table ?

23. N'y a-t-il pas de buffet dans la salle à manger ?

24. N'y a-t-il pas de serviette sur la table ?

Z. *Répondez aux questions.*

25. Qu'est-ce qu'il faut pour faire un croque-monsieur ?

26. Est-ce que les végétariens mangent de la viande ? Qu'est-ce qu'ils mangent ?

27. Faites-vous de la gymnastique ? Que faites-vous comme sport ?

28. Fait-il du soleil maintenant ? Quel temps fait-il ?

Y. 19. Non, il n'y a pas d'argent sur la table. 20. Si, il y a du pain. 21. Oui, il y a des chaises dans la salle à manger. 22. Si, il y a des haricots verts sur la table. 23. Si, il y a un buffet dans la salle à manger. 24. Si, il y a une serviette sur la table.

Z. 25. Pour faire un croque-monsieur, il faut du pain, du fromage, du jambon et du beurre. 26. Non, ils ne mangent pas de viande. Ils mangent des légumes. 27. (Non, je ne fais pas de gymnastique). Je fais (du jogging). 28. Oui, il fait du soleil/Non, il ne fait pas de soleil [maintenant]. (Il pleut.)

37 BASIC SENTENCE PATTERNS

1.
RESTAURANT
2.
MENU
3.
4.
5.
6.
7
8. RESTAURANT
9.
57
57
10.
11.
12.

DESSIN 20

A. Dessin 20 : *Regardez le dessin. C'est Jean-Paul. Il va déjeuner dans un restaurant. Répétez.* ( )

B. Nous aussi : *Nous allons déjeuner dans ce restaurant. Ajoutez des phrases d'après ces modèles.*

Il traverse la rue. **Nous aussi, nous traversons la rue.**
Il entre dans le restaurant. **Nous aussi, nous entrons dans le restaurant.**

1 2 3 4 5 6

Maintenant, ajoutez des phrases d'après ces modèles.

Il traverse la rue. **Et vous aussi, vous traversez la rue.**
Il entre dans le restaurant. **Et vous aussi, vous entrez dans le restaurant.**

7 8 9 10 11 12

Exercice supplémentaire : *Mettez le sujet de chaque phrase au singulier ou au pluriel, selon le cas, d'après ces modèles.*

Nom ______________________ Cours ____________ Section ____________ Date ____________

Je traverse la rue. **Nous traversons la rue.**
Elles choisissent la table. **Elle choisit la table.**
Tu regardes le menu. **Vous regardez le menu.**

1 2 3 4 5 6 7 8 9

X. *Écrivez des phrases avec les mots indiqués.* Make the articles, possessive adjectives, and demonstrative adjectives agree in gender and number with the noun that they modify.

1. Je/aller/traverser/ce/rue.

____

2. Tu/vouloir/déjeuner/dans/un/restaurant ? (*Employez l'inversion.*)

____

3. Nous/ne pas/choisir/ce/table.

____

4. Elle/demander/le/prix/de/le/livre/à/le/vendeur ? (*Employez l'inversion.*)

____

5. Tu/descendre/de/le/autobus ? (*Employez l'inversion.*)

____

6. Je/attendre/mon/amis/devant/ce/maison.

____

7 Je/téléphoner/à/mon/parents/ce/après midi.

____

8. Vous/ne pas/répondre/à/les/questions.

____

9. Le/clients/choisir/ce/chemises ? (*Employez l'inversion.*)

____

10. Ils/finir/le/repas/et/demander/le/addition.

____

11. À/quel/heure/il/rentrer/à/le/maison ? (*Employez l'inversion.*)

____

12. Ils/pouvoir/jouer/à/le/tennis/à/un/heure ? (*Employez l'inversion.*)

____

X. 1. Je vais traverser cette rue. 2. Veux-tu déjeuner dans un restaurant ? 3. Nous ne choisissons pas cette table. 4. Demande-t-elle le prix du livre au vendeur ? 5. Descends-tu de l'autobus ? 6. J'attends mes amis devant cette maison. 7. Je téléphone à mes parents cet après-midi. 8. Vous ne répondez pas aux questions. 9. Les clients choisissent-ils ces chemises ? 10. Ils finissent le repas et demandent l'addition. 11. À quelle heure rentre-t-il à la maison ? 12. Peuvent-ils jouer au tennis à une heure ?

1. Nous entrons dans le restaurant. 2. Vous choisissez la table. 3. Je commande le repas à la serveuse. 4. Elle ne finit pas le repas. 5. Demandez-vous l'addition à la serveuse ? 6. Tu quittes le restaurant. 7. Attendent-ils l'autobus ? 8. Vous montez dans l'autobus. 9. Nous ne descendons pas de l'autobus.

38 *TO TAKE, TO LEARN, TO UNDERSTAND*

A. Contrôle

Répétez : 1 2 3 4 *Répétez :* 1 2 3 4 *Répétez :* 1 2 3 4

B. Que fait le professeur ? : *Posez ces questions à votre professeur.*

1 2 3 4 5 6

Exercice supplémentaire : *Répondez aux questions d'après ces modèles.*

Voulez-vous ce livre ? (non)
Non, je ne veux pas ce livre.
Allez-vous au cinéma samedi prochain ? (oui)
Oui, je vais au cinéma samedi prochain.

1 2 3 4 5 6 7 8 9

Compréhension auditive : *Indiquez si le sujet de chaque phrase est au singulier ou au pluriel.*

1.	s	p	?	4.	s	p	?	7.	s	p	?
2.	s	p	?	5.	s	p	?	8.	s	p	?
3.	s	p	?	6.	s	p	?	9.	s	p	?

D. Voici le menu du petit déjeuner.

PETIT DEJEUNER
LE COMPLET 32 F
de 6:00 h à 12:00 h
LE SIMPLE 23 F
Boisson chaude au choix :
café, thé, chocolat, crème
2 tartines beurrées grillées
ou un croissant et une brioche

Boisson chaude au choix :
café, thé, chocolat, crème
2 tartines beurrées grillées
ou un croissant et une brioche
plus un verre de jus de fruit pressé au choix :
Orange, Citron ou Pamplemousse

X. *Répondez aux questions.*

1. À quelle heure prenez-vous votre petit déjeuner ?

____

2. Vos parents comprennent-ils le français ?

____

3. Demandez-moi combien de repas je prends par jour.

____

Je prends mon déjeuner au resto-U. 1. Tu 2. Vous 3. Les étudiants 4. Nous *J'apprends et comprends le français.* 1. Nous 2. Tu 3. Michel 4. Les étudiants *Je n'apprends pas à faire du ski.* 1. Tu 2. Vous 3. Cet enfant 4. Ces enfants

1. Voulez-vous travailler ce soir ? (non) 2. Prenez-vous le déjeuner à dix heures ? (non) 3. Est-ce que je vais au laboratoire ? (oui) 4. Faites-vous du tennis ? (oui) 5. Comprenez-vous ma question ? (oui) 6. Est-ce que j'apprends le russe ? (non) 7. Allez-vous au cinéma ce soir ? (non) 8. Avez-vous des cours le dimanche ? (non) 9. Est-ce que je suis dans la classe ? (oui)

s—s—? ; p—s—p ; s—p—p

4. Quelle langue apprenez-vous ?

____

5. Qu'est-ce que vous apprenez à faire dans le cours de français ?

____

6. En général, prenez-vous une douche ou un bain ?

____

7. Qui est-ce que vous comprenez très bien ?

____

8. Demandez-moi si je prends des photos.

____

9. Demandez-moi quel sport je veux apprendre.

____

10. Demandez-moi si j'apprends à faire du ski.

____

FINALE

A. Lecture et conversations : Compréhension auditive : *Lisez rapidement les deux paragraphes sur Isabelle Audemar, puis indiquez si les commentaires que vous entendez sont vrais ou faux.*

1.	v	f	4.	v	f	7.	v	f
2.	v	f	5.	v	f	8.	v	f
3.	v	f	6.	v	f	9.	v	f

Compréhension auditive : *Florence et David vont déjeuner au resto-U. Ils font la queue. Écoutez leur conversation, puis indiquez si chaque commentaire est vrai ou faux.*

1.	v	f	4.	v	f	7.	v	f
2.	v	f	5.	v	f	8.	v	f
3.	v	f	6.	v	f	9.	v	f

Compréhension auditive : *Indiquez le mot qui n'appartient pas à chaque série.*

a.	1	2	3	4	c.	1	2	3	4	e.	1	2	3	4
b.	1	2	3	4	d.	1	2	3	4	f.	1	2	3	4

1. Je prends mon petit déjeuner à (huit heures). 2. Oui, ils comprennent/Non, ils ne comprennent pas le français. 3. Combien de repas prenez-vous par jour ? 4. J'apprends le français. 5. J'apprends à (parler français) dans le cours [de français]. 6. [En général,] je prends (une douche). 7. Je comprends très bien (mes voisins). 8. Prenez-vous des photos ? 9. Quel sport voulez-vous apprendre ? 10. Apprenez-vous à faire du ski ?

v—f—v ; v—f—f ; v—v—v

f—f—v ; v—f—f ; f—v—f

4—2 ; 3—1 ; 4—1

Dictée : *Je déjeune au resto-U.*

____

____

____

____

____

____

____

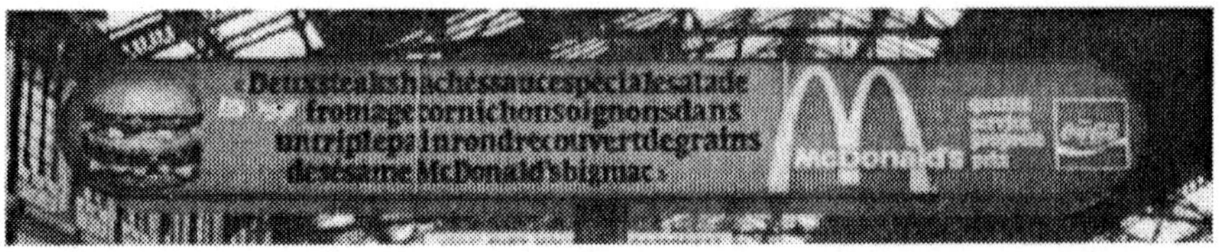
« Deuxsteakshachéssaucespécialesalade
fromagecornichonsoignonsdans
untriplepainrondrecouvertdegrains
desésameMcDonald'sbigmac »
McDonald's

A. Photo : *Vous mangez chez McDonald's de temps en temps, n'est-ce pas ? Aimez-vous le « Big Mac » ? Coupez ce message en mots.*

____

____

____

____

Donnez les équivalents anglais des mots suivants.

haché : ____________________ rond : ____________________

cornichons : ____________________ recouvert : ____________________

oignons : ____________________ grains : ____________________

B. Les menus : Voici les menus sur les trois photos.

L'AMANDIER
MENU 69 F NET
OPEN NON STOP
3 ENTREES AU CHOIX
Oeuf dur Mayonnaise
Salade Mixte
Terrine de Campagne
3 PLATS AU CHOIX
Poulet Frites
Steak Frites
Truite aux Amandes
DESSERT OU FROMAGE
Crème Caramel
Mousse au Chocolat
Tarte du Jour
TOUS LES JOURS
Moules Marinière ____ 42F
Moules à la crème ____ 48F
Gratinés à l'oignon ____ 26F

69 FRS
TTC

- SOUPE A L'OIGNON
- TERRINE AUX PRUNEAUX (MAISON)
- SALADE DU JOUR

- BŒUF BOURGUIGNON
- SPAGHETTI BOLOGNAISE
- OMELETTE AUX FINES HERBES

FORMULE EXPRESS
PRIX NET

BRASSERIE
LEOPOLD
MENU A 75 F
Le Plat du Jour
ou
La tranche de Gigot d'Agneau
accompangée de haricots verts,
pommes frites

Un Dessert du Buffet

Le Café

Carafe d'Eau Offerte
PRIX NETS

Il n'y a pas beaucoup de choix aujourd'hui. Je prends une salade de tomates, puis du poulet avec des frites. Comme légume, des haricots verts. Je bois de l'eau minérale, mais pas de bière. Il y a une table libre près de la fenêtre.

« Deux steaks hachés sauce spéciale salade fromage cornichons oignons dans un triple pain rond recouvert de grains de sésame McDonald's big mac »

ground—pickles—onions—round—covered—seeds

Nom ______________________ Cours ____________ Section ____________ Date ____________

B. Un message du patron : Voici le message de la « carte postale » à la page 153 du manuel.

Chers clients
Il est impossible de dire QUAND une table se libérera, cela dépend uniquement des personnes déjà assises.
Attendre est la seule solution. Nous ne pratiquons aucune réservation.
La dernière commande est à 21 h (exactement au premier coup de la cloche de ST. GERVAIS).
Merci

À tous les Clients
de l'EBOUILLANTE
6, rue des BARRES
75004 PARIS

Indiquez si les commentaires suivants sont vrais ou faux.

1. v f Le restaurant s'appelle l'Ébouillante.
2. v f Le patron peut dire (*say*) quand une table sera libre.
3. v f Cela dépend des clients qui sont déjà à table.
4. v f Le patron demande aux personnes assises d'être patientes.
5. v f Le patron demande aux clients de faire une réservation.
6. v f On ne peut pas commander un repas après neuf heures.
7. v f À neuf heures on entend la cloche de St. Gervais.

C. Parlons de nous

1. À quelle heure prenez-vous votre petit déjeuner ?

____

2. Si vous déjeunez au resto-U, qu'est-ce que vous voulez comme boisson ?

____

3. À votre avis, quels plats sont typiquement américains ? Et quels plats sont typiquement italiens ?

____

____

4. Quelle langue voulez-vous apprendre ? Pourquoi ?

____

5. Qu'est-ce que vous ne pouvez pas faire dans le cours de français ? Mentionnez deux choses.

____

____

6. Qui comprenez-vous bien ? Qui est-ce que vous ne comprenez pas très bien ?

____

____

C. 1. Je prends mon petit déjeuner (à huit heures). 2. [Si je déjeune au resto-U,] Je veux (du lait) comme boisson. 3. [À mon avis,] (Le barbecue et les hamburgers) sont des plats typiquement américains. Les plats typiquement italiens sont (les spaghetti et les pizzas). 4. Je veux apprendre (l'arabe). (Il/Cela peut être une langue utile). 5. [Dans le cours,] Je ne peux pas (parler anglais tout le temps et manger un sandwich). 6. Je comprends bien (mes parents). Je ne comprends pas très bien (mon professeur de français).

v—f—v—f—f—v—v

D. Questions : *Izoumi et Ahmed vont faire un pique-nique. Lisez le paragraphe, puis posez des questions sur les parties soulignées.* (Text p. 154)

1. ______________________________
2. ______________________________
3. ______________________________
4. ______________________________
5. ______________________________
6. ______________________________
7. ______________________________
8. ______________________________
9. ______________________________
10. ______________________________
11. ______________________________
12. ______________________________

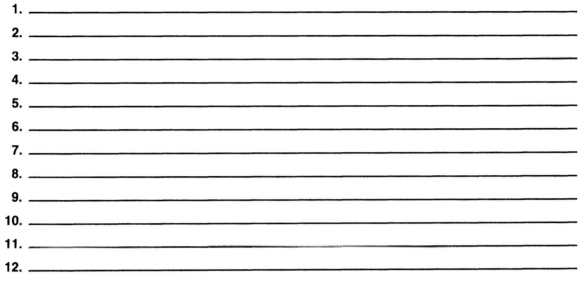

E. Reconstitution orale/écrite : *Jean-Paul et Christine sont au resto-U. Complétez le passage suivant. N'oubliez pas l'article partitif quand il est nécessaire.* (Text p. 154)

Nom ______________________ Cours ____________ Section ____________ Date ____________

UNITÉ 5

Faisons des courses !

PRÉLUDE

BOULANGERIE
BOUCHERIE
CHARCUTERIE
POISSONNERIE
MAISON DE PRESSE
TABAC
PAPETERIE
FRUITS & LÉGUMES

DESSIN 21

Expressions

Food stores (   )

We go [One goes] to . . . and we buy . . .
to the butcher shop: beef, veal, lamb, chicken, turkey
to the bakery: bread, croissants, sweet rolls
to the pork butcher shop: pork, delicatessen food, ham, sliced hard sausage, sausage pâté
to the dairy store: milk, butter, eggs, cheese
to the grocery store: tea, coffee, chocolate, wine, mineral water, salt, sugar, pepper, eggs, canned food(s) [*2 ways*]
to the pastry shop: cakes, pies, cream puffs
to the fruit and vegetable merchant: fruit, vegetables, potatoes

Other stores (   )

It is necessary to go to . . . to buy . . .
to the bookstore: books
to the stationery store: school supplies, office supplies
to the pharmacy: medicine, hygiene products
to the tobacco shop: cigarettes, stamps, newspapers
to the magazine store: newspapers, magazines, weeklies, paperbacks

Certain stores sell an assortment of products.
beef and pork butcher shop
grocery and general food store
bakery and pastry shop
book and stationery store

Compréhension auditive : *Indiquez si les phrases que vous entendez sont logiques et appropriées.*

1.	logique	pas logique	3.	logique	pas logique	5.	logique	pas logique
2.	logique	pas logique	4.	logique	pas logique	6.	logique	pas logique

Compréhension auditive : *Regardez le Dessin 21. Vous êtes à la boulangerie. Vous achetez du pain et maintenant vous quittez le magasin. Indiquez si chaque commentaire est vrai ou faux.*

1.	v	f	4.	v	f	7.	v	f
2.	v	f	5.	v	f	8.	v	f
3.	v	f	6.	v	f	9.	v	f

Conversations

B. Faisons des courses : *Vous êtes à la boucherie-charcuterie.* (   )

The butcher	Hello, ma'am. What would you like [(What do) you desire]?
You	Hello(, sir). I'd like a chicken, please.
The butcher	Very well, ma'am. (And) What else [with this]?
You	250 grams of this sausage, then 200 grams of that salad.
The butcher	There. (And) What else?
You	That's all for today.
The butcher	(Then,) That comes to [makes] 102 francs 25 centimes.
You	There's 110 francs.
The butcher	Thank you, ma'am. (And) There's your change.
You	Thank you, and good-bye.
The butcher	Good-bye, ma'am.

X. *Complétez les phrases suivantes.*

1. Pour acheter des croissants, on va ______________________.
2. Pour acheter des journaux, on va ______________________.
3. Si vous voulez de la moutarde, allez ______________________.
4. Si vous voulez de l'aspirine, allez ______________________.
5. On vend des choux à la crème ______________________.
6. On vend du veau ______________________.
7. Pour faire un sandwich au jambon, il faut ______________________
______________________.

Répondez aux questions.

8. En France, où va-t-on pour acheter de l'aspirine ?

____

pas logique—logique ; pas logique—logique ; pas logique—logique

v—v—f ; v—f—v ; f—v—f

9. Où vend-on du pain ?

____

10. Dans quel magasin peut-on acheter du jambon ?

____

11. Où achète-t-on du fromage ?

____

12. En quelle saison fait-on du camping ?

____

13. Quelles langues parle-t-on au Canada ?

____

14. En général, à quelle heure dîne-t-on en France ?

____

Y. Photo : *Mettez un cercle autour des produits qu'on peut acheter dans ce magasin.*

Charcuterie

baguettes
beurre
brioches
café et thé
choux à la crème
côtes de porc
fromages
hebdomadaires
jambon
œufs en gelée
(*eggs in aspic*)
pâtés
salade de concombre
salade de tomates
saucisses
saucisson
tartes aux pommes

X. 1. à la boulangerie 2. à la maison de la presse/au bureau de tabac 3. à l'épicerie 4. à la pharmacie 5. à la pâtisserie 6. à la boucherie 7. du pain, du jambon, de la mayonnaise/de la moutarde/du beurre 8. En France, on va à la pharmacie pour acheter de l'aspirine. 9. On vend du pain à la boulangerie [en France] 10. On peut acheter du jambon à la charcuterie. 11. On achète du fromage à la crémerie. 12. On fait du camping (en été). 13. On parle anglais et français au Canada. 14. En général, on dîne à huit heures [en France].

Y. côtes de porc, jambon, œufs en gelée, pâtés, salade de concombre, salade de tomates, saucisses, saucisson

Z. Nourritures : *Complétez la grille avec l'équivalent français des mots suivants.* The words are in the alphabetical order of their French equivalents.

3 lettres : water, juice, egg, rice, salt
4 lettres : beef, milk, bread, pork, veal
5 lettres : cream, turkey, fruit, pear, apple, sugar
6 lettres : lamb, banana, butter, cherry, strawberry, french fries, cake, ham, orange, chicken, grape, roast beef, salami, tomato
7 lettres : asparagus, carrot, cheese, fish
8 lettres : omelette, sausage
9 lettres : cucumber

nourritures

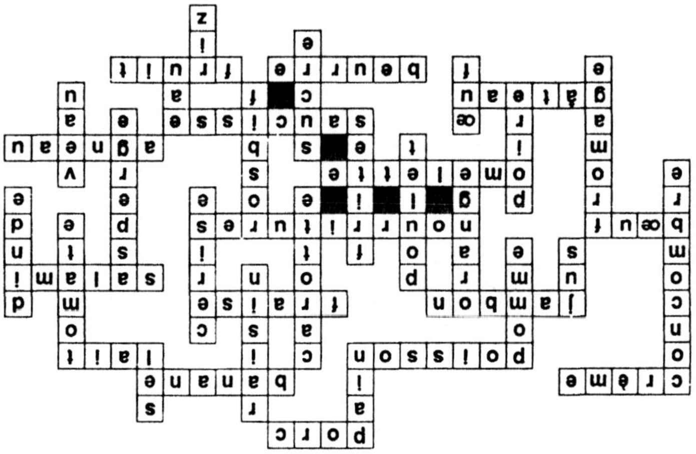

DÉVELOPPEMENT

39 EXPRESSING MORE ACTIVITIES WITH -ER VERBS (2)

A. Je et *nous* : *Donnez la forme* **je** *et la forme* **nous** *de chaque verbe, d'après ce modèle.*

corriger **je corrige, nous corrigeons**

1 2 3 4 5 6 7 8 9 10 11 12

1. payer 2. essayer 3. essuyer 4. employer 5. envoyer 6. répéter 7. espérer 8. préférer 9. acheter 10. nager 11. jeter 12. appeler

Nom ______________________ Cours ____________ Section ____________ Date ____________

B. Pluriel : *Mettez tous les éléments de chaque phrase au singulier, d'après ces modèles.*

Vous payez ces additions. **Tu paies cette addition.**
Nous préférons nos amis. **Je préfère mon ami.**
Ils achètent des cassettes. **Il achète une cassette.**

1 2 3 4 5 6 7 8

Exercice supplémentaire : *Répondez aux questions d'après ces modèles.*

Qu'est-ce que vous traversez ? (cette rue) **Je traverse cette rue.**
À qui parlez-vous ? (mon copain) **Je parle à mon copain.**

1 2 3 4 5 6 7 8

X. *Écrivez des phrases avec les éléments indiqués.*

1. Je/appeler/garçon/et/il/nettoyer/table.

____

2. Nous/envoyer/cadeau/à/Éric,/mais/ils/envoyer/carte.

____

3. Tu/espérer/que/il/aller/neiger ? (*Employez l'inversion.*)

____

4. Je/employer/ce/mots/et/répéter/le/question.

____

5. Comment/on/épeler/ce/mot ? (*Employez l'inversion.*)

____

6. Je/préférer/le/natation,/mais/vous/préférer/le/tennis.

____

7. Elle/acheter/porc,/mais/nous/acheter/bœuf/et/saucisson.

____

8. Je/attendre/le/autobus,/mais/ils/appeler/un/taxi.

____

9. Nous/essayer/blousons/et/elle/essayer/jupes.

____

10. Nous/ranger/notre/chambres/et/Paul/nettoyer/couloir.

____

1. Qu'est-ce que vous nettoyez ? (ma chambre) 2. Qui est-ce que vous préférez ? (Jean-Paul) 3. Combien de pommes achetez-vous ? (trois) 4. Qui est-ce que vous amenez ? (mes copains) 5. Qu'est-ce que vous répétez ? (la phrase) 6. Qu'est-ce que vous payez ? (ce livre) 7. Qui est-ce que vous appelez ? (mon frère) 8. Qu'est-ce que vous essuyez ? (la table)

X. 1. J'appelle le garçon et il nettoie la table. 2. Nous envoyons un cadeau à Éric, mais ils envoient une carte. 3. Espères-tu qu'il va neiger ? 4. J'emploie ces mots et répète la question. 5. Comment épelle-t-on ce mot ? 6. Je préfère la natation, mais vous préférez le tennis. 7. Elle achète du porc, mais nous achetons du bœuf et du saucisson. 8. J'attends l'autobus, mais ils appellent un taxi. 9. Nous essayons des blousons et elle essaie des jupes. 10. Nous rangeons nos chambres et Paul nettoie le couloir.

Y. *Complétez la grille avec les formes appropriées des verbes suivants.*

aller : tu ___, il ___ vous ___, ils ___
avoir : j'___, tu ___, nous ___, elles ___
choisir : ils ___
descendre : je ___
essayer : elle ___
être : je ___, tu ___, il ___, ils ___
faire : nous ___, vous ___, elles ___
finir : ils ___
prendre : je ___, nous ___, elles ___
rentrer : je ___
traverser : il ___
vouloir : elle ___, elles ___

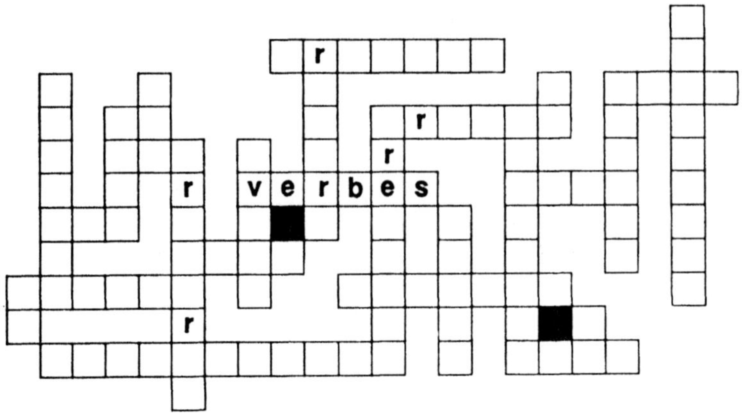
verbes

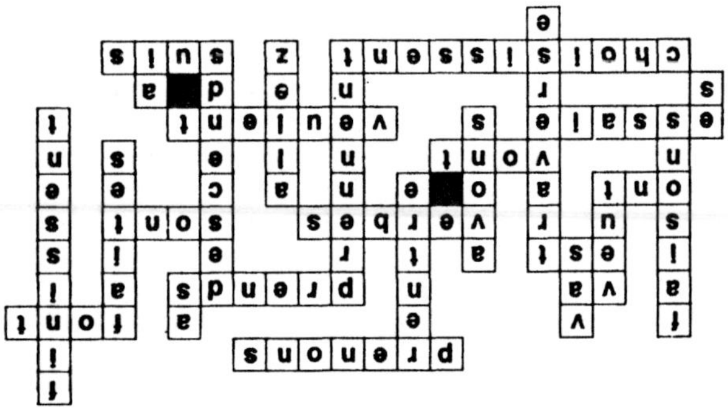

40 EXPRESSING DEFINITE AND INDEFINITE QUANTITY

A. Une surprise-partie : *Vous voulez organiser une surprise-partie. Vous allez faire des courses, mais d'abord vous vérifiez ce que vous avez déjà à la maison.*

Y-a-t-il du Pepsi et des jus de fruits ?
Il y a beaucoup de Pepsi, mais pas assez de jus de fruits.

1 2 3 4 5 6

B. Questions : *Répondez d'après ce modèle.*

Avez-vous de la patience ? (oui, assez) **Oui, j'ai assez de patience.**

1 2 3 4 5 6 7 8 9 10

Dictée : *Écrivez les expressions que vous entendez.*

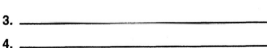

1. ______________________
2. ______________________
3. ______________________
4. ______________________

Nom ______________________ Cours ____________ Section ____________ Date ____________

5. ______________________ 7. ______________________

6. ______________________ 8. ______________________

X. *Répondez aux questions en employant* **trop, beaucoup, quelques, assez, peu, très peu** *ou* **pas.**

1. Avez-vous de l'imagination ?

____

2. Votre professeur a-t-il de l'argent ?

____

3. Avez-vous du travail ce soir ?

____

4. Avez-vous beaucoup d'énergie aujourd'hui ?

____

5. Est-ce que je pose des questions ?

____

6. Avez-vous des amis au Canada ?

____

7. Avez-vous des devoirs chaque jour ?

____

Y. Quantité limitée : *Complétez les expressions suivantes d'après le modèle.*

jus d'orange **un verre de jus d'orange**

8. thé ______________________

9. pain ______________________

10. papier ______________________

11. pommes de terre ______________________

12. vin ______________________

13. bière ______________________

14. viande ______________________

1. un kilo de bœuf 2. deux verres de vin 3. cinq tasses de thé 4. un litre de lait 5. une bouteille d'eau minérale 6. un morceau de pain 7. une tasse de chocolat 8. trois cents grammes de jambon

X. 1. J'ai (beaucoup) d'imagination. 2. Il a (assez) d'argent. 3. J'ai (trop) de travail ce soir. 4. (Je n'ai pas beaucoup) d'énergie aujourd'hui. 5. Vous posez (trop) de questions. 6. J'ai (quelques) amis au Canada. 7. J'ai (trop) de devoirs chaque jour.

Y. 8. une tasse de thé 9. un morceau de pain 10. un morceau/une feuille de papier 11. un kilo de pommes de terre 12. une bouteille/un verre de vin 13. une bouteille/un verre de bière 14. un kilo de viande

41 EXPRESSING SENSATIONS AND NEEDS

A. Questions : *Répondez.* Each item consists of two questions.

1. a b 2. a b 3. a b 4. a b 5. a b 6. a b

B. Interprétation : *Ajoutez des phrases d'après ces modèles.* Use an exclamatory pattern for 6, 7, 9, 11, and 12.

Je veux manger quelque chose. **Ah, vous avez faim ?**
L'été prochain, je vais aller à Tahiti. **Ah, vous avez de la chance !**

1 2 3 4 5 6 7 8 9 10 11 12 13 14

Exercice supplémentaire : *Modifiez les phrases suivantes d'après ce modèle.*

Je veux aller en France. **J'ai besoin d'aller en France.**

1 2 3 4 5 6 7 8

Compréhension auditive : *Écoutez la conversation. Est-ce que la réponse est logique et appropriée ?*

1.	logique	pas logique	4.	logique	pas logique	7.	logique	pas logique
2.	logique	pas logique	5.	logique	pas logique	8.	logique	pas logique
3.	logique	pas logique	6.	logique	pas logique	9.	logique	pas logique

D. *Goldfinger* : Voici ce qu'on peut lire sur la photo.

GOLDFINGER
BIJOUTERIE JOAILLERIE
LE PATRON A
BESOIN D'ARGENT
Profitez-en !!!

PROFITEZ-EN	
SWATCH	210^F
BOUCLES d'OREILLE	400^F
GOURMETTE	500^F
MONTRES	150^F

X. *Répondez aux questions.*

1. Quel âge avez-vous ?

___

2. Quel âge a votre mère ?

___

3. Je veux boire quelque chose. Pourquoi ?

___

4. Votre camarade veut faire la sieste. Pourquoi ?

___

5. Vos camarades veulent manger quelque chose. Pourquoi ?

___

6. Qu'est-ce que vous voulez faire quand vous avez soif ?

___

1. Je veux faire du footing. 2. Michel veut apprendre le russe. 3. Nous voulons faire nos devoirs. 4. Voulez-vous de l'argent ? 5. Veulent-ils de l'eau minérale ? 6. Veux-tu du lait ? 7. Ils ne veulent pas rentrer. 8. Elle ne veut pas de pommes.

pas logique—logique—logique ; pas logique—pas logique—pas logique ; logique—logique—logique

Nom ______________________ Cours ____________ Section ____________ Date ____________

7. Est-ce que vous avez toujours raison ?

Non, ______________________________

8. Qu'est-ce que vous allez faire si vous avez faim ?

____

9. En quelle saison avons-nous froid ?

____

10. De quoi a-t-on besoin pour faire un sandwich au fromage ?

____

11. De quoi avez-vous besoin quand il pleut ?

____

12. Qu'est-ce que vous avez besoin de faire ce soir ?

____

Y. *Remettez les mots de chaque phrase dans le bon ordre. Put the words of each sentence in the right order.*

4 mon	7 matin	1 je	5 frère	2 téléphone	3 à	6 ce

Je téléphone à mon frère ce matin.

13.

la	attends	entre	boutique	dans	vendeur	j'	le	et

____

14.

de	la	et	vous	traversez	autobus	rue	descendez	l'

____

X. 1. J'ai (dix-neuf) ans. 2. Elle a (quarante-cinq) ans. 3. Parce que vous avez soif. 4. Parce qu'il/qu'elle a sommeil/est fatigué(e). 5. Parce qu'ils ont faim. 6. Je veux boire quelque chose [quand j'ai soif]. 7. je n'ai pas toujours raison. 8. Je vais manger quelque chose [si j'ai faim]. 9. Nous avons froid en hiver. 10. On a besoin de pain, de fromage et de mayonnaise/de beurre. 11. J'ai besoin d'un parapluie [quand il pleut]. 12. J'ai besoin (de prendre une douche) ce soir.

15. | | lettre | | répondre | | mère | | pas | | de | | la | | ne | | ma | | vas | | à | | tu |

____

16. | | a | | veut | | très | | eau | | elle | | parce | | de | | Marie | | soif | | qu' | | l' |

____

17. | | j' | | faim | | quelque | | ai | | manger | | et | | veux | | chose | | je |

____

42 DESCRIBING PAST EVENTS AND ACTIONS (1): THE *PASSÉ COMPOSÉ*

A. Contrôle

Répétez : 1 2 3 4 *Répétez :* 1 2 3 4 *Répétez :* 1 2 3 4

B. J'ai déjà fait ça : *Répondez aux questions d'après ce modèle.*

Allez-vous manger bientôt ? **Non, j'ai déjà mangé.**

1 2 3 4 5 6 7

C. Florence achète une voiture : *Florence Didier veut acheter une voiture d'occasion. Elle est avec David, son petit ami. C'est David qui parle. Écoutez et mettez chaque phrase au passé composé.*

1 2 3 4 5 6 7 8 9 10 11 12 13 14 15

D. Qu'est-ce que tu as fait dimanche dernier ? (   )

Ahmed What did you do last Sunday?
Izoumi Minh and I studied [worked] in the library.
Ahmed Really [oh, yes]? And afterward [after]?
Izoumi Afterward, we had dinner in a Vietnamese restaurant.

Y. 13. J'entre dans la boutique et attends le vendeur. 14. Vous descendez de l'autobus et traversez la rue. 15. Tu ne vas pas répondre à la lettre de ma mère. 16. Marie veut de l'eau parce qu'elle a très soif. 17. J'ai faim et je veux manger quelque chose.

J'ai regardé la télé hier soir. 1. Nous. 2. Tu 3. Mon copain 4. Vous *Je n'ai pas fini mon travail.* 1. Vous 2. Le professeur 3. Tu 4. Nous *Est-ce que nous avons fait notre travail ?* 1. tu 2. vous 3. cet étudiant 4. ces étudiants

Nom ______________________ Cours ____________ Section ____________ Date ____________

Compréhension auditive : *Mettez un cercle autour du mot que vous entendez.*

1. fais / faites / fait
2. manger / mangé / mangez
3. fait / fais / faites
4. fini / finis / finit
5. écouter / écouté / écoutez
6. choisis / choisit / choisi
7. mangé / mangez / manger
8. chercher / cherchez / cherché

Compréhension auditive : *Écoutez les questions et les réponses. Indiquez si les réponses sont logiques et appropriées.*

1.	logique	pas logique	4.	logique	pas logique	7.	logique	pas logique
2.	logique	pas logique	5.	logique	pas logique	8.	logique	pas logique
3.	logique	pas logique	6.	logique	pas logique	9.	logique	pas logique

X. *Mettez les verbes suivants au passé composé.*

1. je parle

____

2. nous attendons

____

3. finissez-vous ?

____

4. n'a-t-elle pas ?

____

5. tu prends

____

6. il ne pleut pas

____

7. comprenez-vous ?

____

8. ils sont

____

9. nous ne voulons pas

____

10. il ne peut pas

____

11. ne fait-il pas ?

____

12. choisissez-vous ?

____

13. essaient-ils ?

____

14. préfèrent-elles ?

____

Y. *Parlons d'hier. Répondez aux questions.*

15. À quelle heure avez-vous dîné ?

____

16. Qu'est-ce que vous avez mangé ?

____

1. fait 2. manger 3. fais 4. fini 5. écouter 6. choisi 7. mangé 8. cherché

logique—logique—pas logique ; pas logique—pas logique—pas logique ; pas logique—logique—pas logique

X. 1. j'ai parlé 2. nous avons attendu 3. avez-vous fini ? 4. n'a-t-elle pas eu ? 5. tu as pris 6. il n'a pas plu 7. avez-vous compris ? 8. ils ont été 9. nous n'avons pas voulu 10. il n'a pas pu 11. n'a-t-il pas fait ? 12. avez-vous choisi ? 13. ont-ils essayé ? 14. ont-elles préféré ?

17. Où avez-vous fait votre devoir de français ?

____

18. Qu'est-ce que vous n'avez pas fait ?

____

INTERLUDE

Expressions

In a department store

to go to the / to look for the { shirt/shoe; toy, perfume; men's / women's } clothing; camping / sports / gardening / household } equipment [articles]; home appliance } department

to pay { with (to use) a credit card / cash

The suit fits [becomes, goes well on]/does not fit the customer.

The merchandise is { cheap/cheaper. / on sale [2 *ways*]. / of good/better/bad quality.

The price is { too high (the (shirt) costs too much). / reasonable. / low [2 *ways*]. / unbeatable.

to keep / to ask for / to show } the receipt/the bill [invoice]

to bring back / to exchange } (a shirt) (that has a defect)

Conversations

A. Dans un grand magasin : *Izoumi et sa mère sont aux Galeries Lafayette, près de la place de l'Opéra. Mme Yamada a acheté un sac en cuir et elle veut maintenant choisir un portefeuille comme cadeau pour son mari. Mme Yamada ne parle pas français.* (   )

The salesperson	Would you like anything else(, ma'am)?
Izoumi	Yes, my mother needs a wallet.
The salesperson	There (they are). These leather wallets are of excellent quality. They cost 450 francs. (*Izoumi speaks to her mother . . . .*)
Izoumi	It's a little expensive. What do you have for about two hundred fifty francs?

Y. 15. J'ai dîné à (six heures). 16. J'ai mangé (des spaghetti). 17. J'ai fait mon devoir [de français] (à la bibliothèque). 18. Je n'ai pas (regardé la télé).

The salesperson	Those wallets are on sale right now for two hundred forty francs.
	(*Izoumi interprets for her mother.*)
Izoumi	Er . . . show me that black wallet.
The salesperson	The black one?
Izoumi	Yes, and the brown one, that's on the left. Yes, that's it. Thank you.
	(*Mme Yamada has finished her shopping [purchases].*)
The salesperson	Would you like anything else?
	(*Izoumi speaks for her mother . . . then*)
Izoumi	No, that's all.
The salesperson	[Then], It's 980 francs.
Izoumi	You accept Visa card, don't you?
The salesperson	Visa card? Oh yes, of course.

B. Au Marché aux Puces : *Jean-Paul et Christine sont au Marché aux Puces. C'est un des endroits les plus curieux de Paris et ils aiment flâner dans les ruelles et regarder les gens et les stands, où on vend toutes sortes d'objets d'occasion. Ils s'arrêtent un moment et écoutent une cliente qui cherche un couteau de poche pour son fils.* ( )

The merchant	Look at this knife, ma'am. It's very solid, and in perfect condition [state].
The customer	How much is it?
The merchant	One hundred francs(, ma'am).
The customer	How's that, one hundred francs for this little gizmo? It's too much [expensive]!
The merchant	Oh well . . . . If you prefer something less expensive, take this knife. It has three blades, you see, and also a corkscrew. For you, it's 60 francs.
The customer	You're kidding. It's too much [expensive].
The merchant	But it's a real bargain [given], ma'am. Be reasonable.
The customer	No, it's really too much [expensive] for a little gizmo like that.
The merchant	But it's almost [like] brand new, ma'am. You'd pay [One pays] twice the price [double] at BHV.
The customer	Forty francs. That's all I can give you for it [I can pay].
The merchant	Fifty francs, and that's my last offer [one no longer speaks about it]. Here, I('ll) give you this little compass in addition. Agreed? Is that OK? You('ll) take the knife?
The customer	Fine, then, agreed.

Compréhension auditive : *Voici quelques commentaires au sujet des Conversations de cette leçon. Indiquez s'ils sont vrais ou faux.*

1.	v	f	4.	v	f	7.	v	f
2.	v	f	5.	v	f	8.	v	f
3.	v	f	6.	v	f	9.	v	f

X. Faisons des achats : *Donnez les équivalents des expressions suivantes.*

1. Where is the shoe department, please?

____

2. I'd like to see this watch, please.

____

3. How much does it cost?

____

4. That's a little/too expensive. What do you have for about 200 francs?

____

____

j—∧—∧ ⁝ ∧—∧—j ⁝ j—j—∧

5. That's all I can pay.

____

Y. À quel rayon ? : *Vous allez faire des achats dans un grand magasin. À quels rayons allez-vous ?*

au rayon
- (6) des vêtements pour hommes (   )
- (7) des vêtements pour dames (   )
- (8) des chaussures (   )
- (9) des jouets (   )
- (10) des articles de sport (   )
- (11) des articles de ménage (   )
- (12) électroménager (   )

a. des bottes
b. un complet
c. des skis
d. le jeu de Monopoly
e. un réfrigérateur
f. des cuillères
g. un chemisier
h. le Lego
i. des ballons
j. des sandales
k. des verres
l. un four à micro-ondes
m. une raquette de tennis

DÉVELOPPEMENT

43 ASKING FOR MORE SPECIFIC INFORMATION: *WHO . . . ?, WHAT . . . ?*

A. Pardon ? : *Il y a trop de bruit dans la rue et vous n'entendez pas très bien. Alors, vous posez des questions.*

Ahmed a commandé une pizza. **Pardon ? Qui a commandé une pizza ?**

1 2 3 4 5 6

B. Dans une boutique : *Vous êtes dans une boutique de vêtements. Posez des questions d'après ce modèle.*

Ces robes coûtent cher. **Pardon ? Qu'est-ce qui coûte cher ?**

1 2 3 4 5 6

C. Le président va parler de la grève des étudiants. (   )

Jean-Paul Well, what's going on? Where are all these people going?
David We are [One is] going to listen to Taillefer. He's going to speak about the student strike.
Jean-Paul Who's going to speak about the strike?
David Taillefer, the president of the university.

Exercice supplémentaire : *Posez des questions en employant* **qui** *ou* **qu'est-ce qui**.

1 2 3 4 5 6 7 8 9 10

X. 1. Où est le rayon des chaussures, s'il vous plaît ? 2. Je voudrais voir cette montre, s'il vous plaît. 3. Combien est-ce que ça coûte ?/C'est combien ?/Ça coûte combien ? 4. C'est un peu/trop cher. Qu'est-ce que vous avez pour 200 francs environ ? 5. C'est tout ce que je peux payer.

Y. 6. b 7. g 8. a, j 9. d, h 10. c, i, m 11. f, k 12. e, l

1. Nous allons dans un café. 2. Le café est près du campus. 3. L'autre café n'est pas ouvert. 4. Ces tables sont occupées. 5. Florence trouve une table libre. 6. Je vais commander un thé. 7. Vous commandez une bière. 8. Florence et David veulent un Coca. 9. Le thé n'est pas chaud. 10. Les boissons coûtent cher.

Nom ______________________ Cours ____________ Section ____________ Date ____________

X. *Posez des questions en employant* **qui** *ou* **qu'est-ce qui** *selon le cas.*

1. Nous parlons bien français.

   ____

2. Mon livre est sous la chaise.

   ____

3. Cette leçon n'est pas difficile.

   ____

4. Ces étudiants n'ont pas le cahier d'exercices.

   ____

5. Les restaurants sont à côté du cinéma.

   ____

6. Ce morceau de steak pèse deux kilos.

   ____

7. La voiture de mes parents est devant la maison.

   ____

8. Nous allons au cinéma avec Monique.

   ____

9. Je peux répondre à cette lettre.

   ____

10. Quelqu'un est à la porte.

   ____

44 DESCRIBING PAST EVENTS AND ACTIONS (2) : THE *PASSÉ COMPOSÉ*

A. Un voyage : *Nous allons parler d'un voyage. Mettez chaque phrase au passé composé.*

1 2 3 4 5 6 7 8 9 10 11 12

B. Voyage dans la vallée de la Loire : *L'été dernier M. et Mme Yamada, leur fille Izoumi et leur fils Mikio ont voyagé dans la vallée de la Loire, qui est célèbre pour ses nombreux châteaux. Ils ont passé plusieurs jours à visiter quelques-uns des châteaux. Voici la description de leur première journée dans la région. Mettez chaque verbe au passé composé.* The sentences have been shortened.

1 2 3 4 5 6 7 8 9 10 11 12 13 14 15 16 17 18

X. 1. Qui parle bien français ? 2. Qu'est-ce qui est sous la chaise ? 3. Qu'est-ce qui n'est pas difficile ? 4. Qui n'a pas le cahier d'exercices ? 5. Qu'est-ce qui est à côté du cinéma ? 6. Qu'est-ce qui pèse deux kilos ? 7. Qu'est-ce qui est devant la maison ? 8. Qui va au cinéma avec Monique ? 9. Qui peut répondre à cette lettre ? 10. Qui est à la porte ?

Exercice supplémentaire : *Christine a besoin d'un pantalon. Mettez chaque phrase au passé composé.*

1 2 3 4 5 6 7 8

Exercice supplémentaire : *Maintenant, mettez ces phrases au passé composé.*

1 2 3 4 5 6 7 8 9 10 11 12 13 14

Compréhension auditive : *Mettez un cercle autour du mot que vous entendez.*

1. déjeuner / déjeunez / déjeuné
2. montrer / montrez / montré
3. regarder / regardez / regardé
4. aller / allez / allé
5. rentré / rentrés / rentrées
6. jouer / jouez / joué
7. arriver / arrivé / arrivée
8. acheter / achète / acheté

X. *Mettez les verbes suivants au passé composé.*

1. je vais *m*

____

2. il monte

____

3. elle ne part pas

____

4. on vient

____

5. vous arrivez *m pl*

____

6. descendent-elles ?

____

7. il devient

____

8. je ne sors pas *f*

____

9. restez-vous ? *f s*

____

10. il ne rentre pas

____

11. nous entrons *m*

____

12. revient-elle ?

____

13. je ne tombe pas *f*

____

14. ne ressort-il pas ?

____

1. Christine arrive à la boutique. 2. Elle ne regarde pas les blousons. 3. Entre-t-elle dans la boutique ? 4. Elle cherche la vendeuse. 5. Parle-t-elle à la vendeuse ? 6. N'essaie-t-elle pas le pantalon ? 7. Elle aime le pantalon. 8. Paie-t-elle le pantalon à la vendeuse ?

1. Je vais dans un restaurant. 2. Nous traversons la rue. 3. Nous regardons le menu. 4. Nous entrons dans le restaurant. 5. Nous choisissons la table. 6. Je ne commande pas le repas. 7. Pierre commande le repas. 8. Nous finissons le repas. 9. Pierre demande-t-il l'addition ? 10. Il paie l'addition à la serveuse. 11. Nous sortons du restaurant. 12. Nous attendons l'autobus. 13. Nous montons dans l'autobus. 14. On descend de l'autobus.

1. déjeuné 2. montrer 3. regardez 4. allé 5. rentrés 6. jouer 7. arrivée 8. acheter

X. 1. je suis allé 2. il est monté 3. elle n'est pas partie 4. on est venu 5. vous êtes arrivés 6. sont-elles descendues ? 7. il est devenu 8. je ne suis pas sortie 9. êtes-vous restée ? 10. il n'est pas rentré 11. nous sommes entrés 12. est-elle revenue ? 13. je ne suis pas tombée 14. n'est-il pas ressorti ?

Nom ______________________ Cours ____________ Section ____________ Date ____________

Y. *Jacqueline est allée chez sa tante avec son ami Charles. Mettez les verbes soulignés au passé composé.*

(15) Nous allons chez ma tante. (16) D'abord je téléphone à ma tante, puis (17) nous partons à neuf heures. Pendant le voyage (18) il pleut, puis (19) il neige. (20) Il ne fait pas beau et (21) nous ne faisons pas de bon voyage. (22) Charles ne veut pas continuer. (23) Nous arrivons chez ma tante. (24) Elle sort de la maison quand (25) je stationne la voiture devant le garage. (26) Nous entrons dans la maison. (27) Je monte dans ma chambre. (28) Je prends un bain chaud et (29) je change de vêtements. À sept heures et demie (30) nous dînons ensemble. (31) Je parle de mes parents. (32) Nous finissons notre dîner. (33) Nous jouons aux cartes. Après, (34) nous regardons la télévision.

15. ______________________
16. ______________________
17. ______________________
18. ______________________
19. ______________________
20. ______________________
21. ______________________
22. ______________________
23. ______________________
24. ______________________
25. ______________________
26. ______________________
27. ______________________
28. ______________________
29. ______________________
30. ______________________
31. ______________________
32. ______________________
33. ______________________
34. ______________________

Z. *Trouvez l'infinitif de quatorze verbes qui se conjuguent avec l'auxiliaire* **être**. *Find the infinitive of fourteen verbs that are conjugated with the auxiliary* **être**.

a	v	o	r	s	o	r	t	i	r	e
v	r	e	s	t	e	r	a	v	r	ê
a	r	e	n	t	r	e	r	t	r	t
l	r	m	o	i	n	a	î	e	p	r
l	a	r	o	r	r	a	b	î	a	e
e	n	r	i	s	n	m	p	m	r	v
r	n	r	i	v	o	n	a	o	t	e
m	o	t	m	t	e	r	r	n	i	n
m	o	u	r	i	r	r	t	t	r	l
d	e	s	c	e	n	d	r	e	s	r
t	n	a	i	t	r	e	e	r	r	e

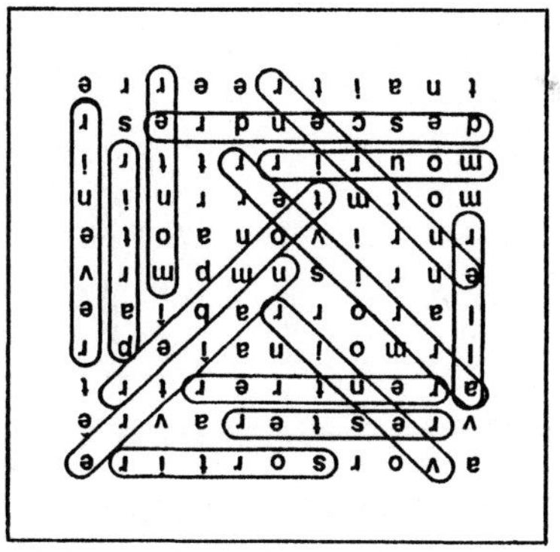

Y. 15. Nous sommes allés 16. j'ai téléphoné 17. nous sommes partis 18. il a plu 19. il a neigé 20. Il n'a pas fait
21. nous n'avons pas fait 22. Charles n'a pas voulu 23. Nous sommes arrivés 24. Elle est sortie 25. j'ai stationné
26. Nous sommes entrés 27. Je suis montée 28. J'ai pris 29. j'ai changé 30. nous avons dîné 31. J'ai parlé
32. Nous avons fini 33. Nous avons joué 34. nous avons regardé

45 EXPRESSIONS OF PAST TIME

A. Dates : *Lisez les phrases suivantes.* (   )

1. Christophe Colomb a découvert l'Amérique en 1492.
2. Le Français Jacques Cartier a exploré l'Amérique en 1534.
3. La date de la déclaration de l'indépendance américaine est le 4 juillet 1776.
4. La date de la prise de la Bastille est le 14 juillet 1789.
5. L'an 1945 marque la fin de la Seconde Guerre mondiale et le début de la « Guerre froide ».
6. Le mur de Berlin est tombé en 1989.
7. Mikhail Gorbatchev a démissionné en décembre 1991.
8. Boris Eltsine est devenu le premier président de la CEI en janvier 1992.

Dictée : *Écrivez la date que vous entendez dans chaque phrase.*

1. ____________	**4.** ____________	**7.** ____________
2. ____________	**5.** ____________	**8.** ____________
3. ____________	**6.** ____________	**9.** ____________

X. Expressions du temps passé : *Donnez le contraire des expressions suivantes.*

1. demain

____

4. samedi prochain

____

2. après-demain

____

5. l'année prochaine

____

3. demain matin

____

6. dans un mois

____

Y. *Répondez aux questions.*

7. En quelle année avez-vous terminé vos études au lycée ?

____

8. Quand-êtes-vous allé(e) au cinéma ?

____

9. Quand est-ce que vous allez terminer vos études universitaires ?

____

10. En quelle année êtes-vous né(e) ?

____

11. Quand avez-vous acheté votre livre de français ?

____

1. 1492 2. 1780 3. 1789 4. 1866 5. 1893 6. 1890 7. 1993 8. 1998 9. 2000

Nom ______________________ Cours ____________ Section ____________ Date ____________

12. Qu'est-ce que vous avez fait samedi dernier ?

____

13. Qu'est-ce que vous avez fait l'été dernier ?

____

14. Et qu'est-ce que vous voulez faire l'été prochain ?

____

15. Quelle est la date de la prise de la Bastille ?

____

16. Quand avez-vous pris votre déjeuner ?

____

Z. Emploi du temps : *Regardez cet emploi du temps d'Izoumi et indiquez si les commentaires sont vrais ou faux.*

17. v f Izoumi a joué au tennis avec Ahmed il y a trois jours.
18. v f Elle a déjeuné avec les Vernin dimanche dernier.
19. v f Elle a eu un examen hier.
20. v f Elle a eu un autre examen avant-hier.
21. v f Aujourd'hui elle déjeune avec Ahmed.
22. v f Demain elle va chez les Vernin.
23. v f Après-demain elle va sortir avec Ahmed.
24. v f Elle va faire du tennis avec lui samedi prochain.
25. v f Elle va déjeuner avec Jean-Paul dimanche prochain.

Samedi	Tennis avec Ahmed
Dimanche	Déjeuner chez les Vernin
Lundi	Examen, civilisation française
Mardi	Examen, histoire de l'art
AUJOURD ' HUI	Déjeuner avec Ahmed
Jeudi	Dîner chez les Moreau
Vendredi	Cinéma avec Ahmed
Samedi	Tennis avec Ahmed
Dimanche	Déjeuner chez les Vernin

X. 1. hier 2. avant-hier 3. hier matin 4. samedi dernier 5. l'année dernière 6. il y a un mois

Y. 7. J'ai terminé mes études au lycée en (1994). 8. Je suis allé(e) au cinéma (samedi dernier/il y a deux jours). 9. Je vais terminer mes études universitaires en (1999). 10. Je suis né(e) en (1975). 11. J'ai acheté mon livre [de français] (il y a deux mois/en septembre). 12. (J'ai travaillé, puis je suis allé(e) au concert.) 13. (J'ai travaillé dans une banque) [l'été dernier]. 14. Je veux/Je voudrais (aller en Europe) [l'été prochain]. 15. C'est/La date [de la prise de la Bastille] est le quatorze juillet 1789. 16. J'ai pris mon déjeuner (il y a deux heures/à midi)/Je n'ai pas encore pris mon déjeuner.

Z. f—v—v ; v—v—f ; v—v—f

46 GETTING MORE SPECIFIC INFORMATION: *WHO(M) . . . ?, WHAT . . . ?*

A. Dans un café : *Posez des questions d'après ce modèle.*

J'attends mon ami. **Qui est-ce que vous attendez ?**

1 2 3 4 5 6

B. Au marché aux puces : *Vous rencontrez Mme Vernin. Elle veut acheter quelque chose. Posez des questions d'après ce modèle.*

Elle veut acheter un vase. **Qu'est-ce qu'elle veut acheter ?**

1 2 3 4 5 6

C. Comment ? : *David cherche Ahmed. La propriétaire, Mme Vaillant, est devant l'immeuble. Elle regarde un gros camion de livraison qui fait beaucoup de bruit.* ( )

David	Excuse me, ma'am. I'm looking for Ahmed Youssef. Does he live here?
Mme Vaillant	What [How]? What are you looking for?
David	I'm looking for Ahmed Youssef. Is he here?
Mme Vaillant	I don't hear very well. Who(m) are you looking for?
David	AH-MED YOUS-SEF. Is he here?
Mme Vaillant	Oh, you're looking for Ahmed. Yes, he lives here, on the third floor.

Exercice supplémentaire : *Izoumi et Christine sont allées dans un magasin de chaussures. Posez des questions en employant* ***qui est-ce que*** *ou* ***qu'est-ce que****.*

1 2 3 4 5 6 7 8

Compréhension auditive : *Écoutez la conversation. Est-ce que la réponse est logique et appropriée ?*

1.	logique	pas logique	4.	logique	pas logique	7.	logique	pas logique
2.	logique	pas logique	5.	logique	pas logique	8.	logique	pas logique
3.	logique	pas logique	6.	logique	pas logique	9.	logique	pas logique

X. *Posez des questions en employant la forme* **vous** *et* **qui est-ce que** *ou* **qu'est-ce que** *selon le cas.*

1. J'attends l'autobus.

____

2. Je paie la montre à la vendeuse.

____

3. Je vais commander un repas.

____

1. J'ai rencontré Izoumi. 2. J'ai dit bonjour à Christine. 3. Nous avons regardé des chaussures. 4. Nous avons attendu la vendeuse. 5. J'ai acheté une paire de sandales. 6. J'ai écouté Christine. 7. Izoumi a essayé des bottes. 8. Izoumi a acheté une paire de bottes.

logique—pas logique—pas logique ; pas logique—logique—logique ; pas logique—logique—logique

Nom ______________________ Cours ____________ Section ____________ Date ____________

4. Je regarde mon livre de français.

____

5. Je finis mes devoirs ce soir.

____

6. Je cherche un de mes amis.

____

7. J'aime beaucoup le tennis.

____

8. Je choisis cet étudiant.

____

9. Je vends ce livre à Jacques.

____

10. Je déteste votre professeur de chimie.

____

FINALE

A. Lecture et conversations : Compréhension auditive : *D'abord lisez le premier paragraphe, ensuite indiquez si chaque commentaire est vrai ou faux.*

1.	v	f	4.	v	f	7.	v	f
2.	v	f	5.	v	f	8.	v	f
3.	v	f	6.	v	f	9.	v	f

Compréhension auditive : *Indiquez où se passe chaque dialogue.*

1. a. À la banque.
   b. Dans un magasin.
   c. Dans un restaurant.
2. a. Dans une boutique.
   b. À la charcuterie.
   c. Au pressing (*cleaner's*).
3. a. À la papeterie.
   b. Au bureau de tabac.
   c. À la librairie.
4. a. Dans un hôtel.
   b. Au bureau de poste.
   c. Dans un grand magasin.
5. a. Dans un café.
   b. Dans une gare.
   c. À la douane.
6. a. Dans une station de métro.
   b. Dans un hôpital.
   c. En ·haut d'une tour.

X. 1. Qu'est-ce que vous attendez ? 2. Qu'est-ce que vous payez à la vendeuse ? 3. Qu'est-ce que vous allez commander ? 4. Qu'est-ce que vous regardez ? 5. Qu'est-ce que vous finissez ce soir ? 6. Qui est-ce que vous cherchez ? 7. Qu'est-ce que vous aimez beaucoup ? 8. Qui est-ce que vous choisissez ? 9. Qu'est-ce que vous vendez à Jacques ? 10. Qui est-ce que vous détestez ?

f—v—f ; v—f—v ; f—v—v

7. a. À la charcuterie.
   b. Dans une boîte de nuit.
   c. Dans un grand magasin.

8. a. À la blanchisserie.
   b. Dans un grand magasin.
   c. À la pharmacie.

Dictée : *J'ai fait des courses.*

____

____

____

____

____

____

____

B. Au supermarché : *Regardez ce reçu et indiquez si les commentaires suivants sont vrais ou faux.*

1. v f Le client est allé à Monoprix en novembre.
2. v f Il est sorti du magasin avant une heure.
3. v f Il a acheté du lait et du café.
4. v f Il n'a pas acheté d'autres boissons.
5. v f Il n'a pas acheté de viande.
6. v f Il a acheté du fromage.
7. v f Il a n'a pas acheté de légumes.
8. v f Il a utilisé la Carte Bleue pour ses achats.

```
        MONOPRIX
     ON PENSE A VOUS
      TOUS LES JOURS
CONCOMBRE P.          6,00
LAITUE PIECE          6,00
VITTEL 6X50          13,90
6RLX TOILETT         15,00
STRASBOURX10          9,50
SAUC.10TR.           13,20
LAIT UHT 1L           3,85
NES.FILT.50G         12,30
6 OEUFS +70G          8,90
CAMEMBERT             6,40
S/TOTAL :            95,05

                  -----------
              95,05
ESPECES             100,00
        RENDU         4,95

NB ART  10
MERCI DE VOTRE VISITE

13.11.91 13:37/  7/ 153.25.
```

v—f—v—f ; f—v—f—f

Hier après-midi je suis allée dans un grand magasin. D'abord, au rayon de chaussures j'ai acheté une paire do bottes. Ensuite, au rayon de vêtements j'ai acheté un chemisier. Après, j'ai acheté plusieurs magazines à la maison de la presse.

b—c—a—c ; a—c—a—b

Nom ______ Cours ______ Section ______ Date ______

D. Parlons de nous

1. Y a-t-il des papeteries près du campus ? Si oui, quelle est la meilleure papeterie ?

2. Quelle est votre librairie préférée ? Pourquoi ?

3. Quel est votre magasin préféré ? Pourquoi ?

4. Avez-vous une carte de crédit ? Laquelle ?

5. Avez-vous jamais acheté des marchandises en solde ? Qu'est-ce que vous avez acheté ?

6. Quelles sont quelques-unes (*some*) des expressions nécessaires pour marchander ?

7. Qu'est-ce que vous avez fait hier soir ? Et qu'est-ce que vous n'avez pas fait ?

E. Questions : *Ahmed a fait des courses ce matin. Posez des questions sur les parties soulignées.*
(Text p. 189)

1. ______
2. ______
3. ______
4. ______
5. ______
6. ______
7. ______
8. ______
9. ______

D. 1. Oui, il y a (deux) papeteries [près du campus]. (Hudson's) est la meilleure papeterie. 2. C'est (Barnes and Noble). (Parce qu'il y a/on a beaucoup de choix/On a le meilleur service.) 3. C'est (Duncan's). (Parce que les prix sont raisonnables/on a beaucoup de choix.) 4. Oui, j'ai la carte (Visa). 5. Oui, j'ai acheté (des chemises) [qui étaient en solde]. 6. (Mais non !/Voyons, c'est [vraiment] trop cher !/Vous vous fichez de moi !/C'est tout ce que je peux payer.) 7. (Je suis allé(e) chez Marianne/J'ai regardé la télé.) (Je n'ai pas fait mon devoir de psychologie.)

10. ______

11. ______

F. Reconstitution orale/écrite : *Isabelle Audemar est guide de tourisme. C'est samedi et elle va préparer un déjeuner. Complétez le passage en employant les mots indiqués. (Écrivez les verbes en italique au passé et employez les formes appropriées des articles et des adjectifs possessifs et descriptifs.)* (Text p. 189)

RÉVISION

X. *Traduisez les phrases suivantes.*

1. Chantal is in her apartment with Mireille. What is she doing? She is waiting for Jean-Louis. What is ringing (*sonner*)? It's the doorbell.

2. *Mireille* I hear the doorbell. It's the mail carrier (*facteur*), perhaps.

3. *Chantal* No, I'm waiting for Jean-Louis. It's probably him.

4. *Mireille* Who are you waiting for?

5. *Chantal* Jean-Louis. I'm going to play tennis with him this afternoon.

6. *Mireille* Aren't you going to answer?

7. *Chantal* Yes, I'm going down right away.

8. Jean-Paul and Sophie are hungry and want to have lunch. He finds a restaurant and they look at the menu posted outside.

9. *Jean-Paul* I'm going to order the 90 franc menu. What about you?

10. *Sophie* Me, too. There are empty tables on the sidewalk.

11. *Waiter* Hello(, sir, miss). Would you like a before-dinner drink?

12. *Jean-Paul* Do you want something? No? Then, bring me (a glass of) beer.

13. *Waiter* Fine, sir. Have you decided [chosen]?

14. *Sophie* Yes, I'm going to have [take] the raw cut-up vegetables, then the chicken.

15. *Jean-Paul* For an appetizer, a tomato salad; then the veal cutlet with french fries and green beans.

16. *Waiter* Very well, sir. And what would you like to drink [for drink]?

17. *Jean-Paul* What do you want to drink, Sophie?

18. *Sophie* Mineral water.

19. *Jean-Paul.* OK. Then a half-liter bottle of Évian and a carafe of red wine.

20. You are at the pork butcher shop. You want to buy enough food for four people.

21. *The butcher* (He greets you and asks what you would like to buy.)

22. *Vous* (You say hello. You want a roast chicken, big enough for four people.)

23. *The butcher* (He asks if you need anything else.)

24. *Vous* (You need 200 grams of cucumber salad.)

25. *The butcher* (He says fine, and shows the weighed salad to you.)

26. *Vous* (It's not enough; you ask for more, and you order another item. You ask how much, and give him a 200 F bill.)

27. *The butcher* (He gives you the change and thanks you.)

28. *Vous* (You thank him and say good-bye.)

Y. *Répondez aux questions.*

29. Qu'est-ce que vous voulez faire quand vous avez soif ?

30. Qu'est-ce que vous n'avez pas pu faire hier soir ?

31. Qu'est-ce que vos camarades veulent faire l'été prochain ?

32. Qu'est-ce que le mot « dessert » veut dire en anglais ?

33. Quand êtes-vous allé(e) au cinéma ?

34. À quelle heure avez-vous fini votre dernier cours lundi dernier ?

35. Quand choisit-on ses cours pour l'automne de l'année prochaine ?

____

36. Qu'est-ce que vous avez envie de faire quand il pleut ?

____

37. Est-ce qu'un végétarien mange de la viande ? Et des légumes ?

____

38. De quoi a-t-on besoin pour faire une omelette au fromage ?

____

39. Vous apprenez le français, n'est-ce pas ? ; quelle autre langue voulez-vous apprendre ?

____

Z. *Écrivez des phrases en employant les éléments indiqués. Employez le passé composé.*

40. Quand/tu/acheter/ton/livre/français ?

____

41. D'abord/je/faire/devoirs,/ensuite/je/prendre/douche.

____

42. Elles/partir/tôt,/mais/elles/arriver/en retard.

____

43. Mon/cousine/avoir/accident/et/on/appeler/le/médecin.

____

44. Qu'est-ce qui/coûter/beaucoup/argent ? Et/qu'est-ce que/vous/pouvoir/acheter/avec/cent/dollar ?

____

____

45. Que/vous/faire/quand/elle/payer/addition ?

____

46. Vous/acheter/beaucoup/chose ;/où/aller ?

____

47. Ils/comprendre/problème ? Ils/répondre/questions ? (*Employez l'inversion.*)

____

____

48. Pourquoi/elle/essayer/ce/robes/et/pourquoi/elle/ne pas/acheter/robe ?

____

____

UNITÉ **6**

Quelle belle maison !

PRÉLUDE

DESSIN 22

Expressions

The house

The house has
- a roof.
- an attic.
- two floors.
- a basement [2 *ways*].

The rooms:
- a living room [2 *ways*]
- a kitchen
- a dining room
- a bathroom
- a study
- a bedroom
- the toilet [2 *ways*]

There is	a garage a garden a lawn	behind in front of next to	the house.

Nom ______________________ Cours ____________ Section ____________ Date ____________

The bedroom is { at the end / in the back / on the left / on the right } { of the hallway. / of the stairs. }

This room is above the kitchen.
The basement is below the house.
The kitchen is on the first [ground] floor.
The bedrooms are on the second floor.

Compréhension auditive : *Parlons des maisons. Indiquez le mot qui n'appartient pas à chaque série.*

a.	1	2	3	4	c.	1	2	3	4	e.	1	2	3	4
b.	1	2	3	4	d.	1	2	3	4	f.	1	2	3	4

Conversations

Compréhension auditive : *Regardez le Dessin 22. Vous êtes à l'entrée de la maison. Indiquez si les commentaires suivants sont vrais ou faux.*

1.	v	f	4.	v	f	7.	v	f
2.	v	f	5.	v	f	8.	v	f
3.	v	f	6.	v	f	9.	v	f

X. *Regardez le Dessin 22 et répondez aux questions.*

1. À quel étage est la salle de bains ?

____

2. Regardoz la cuioino. Quellc pièce y a-t-il au-dessus de la cuisine ?

____

3. À quel étage est la salle à manger ?

____

4. Où est le grenier ?

____

5. Quelles pièces y a-t-il au rez-de-chaussée ?

____

6. Où peut-on prendre une douche ?

____

7. Où prépare-t-on les repas ?

____

8. Où prend-on le déjeuner du dimanche ?

____

v—v—f ; f—v—f ; v—f—v

2—4 ; 3—1 ; 4—1

9. Comment s'appelle l'étage qui est au niveau de la rue ?

____

Y. Un appartement : *Regardez le plan de cet appartement et indiquez si les commentaires sont vrais ou faux.*

10. v f La cuisine est à gauche de l'entrée.
11. v f L'appartement a deux chambres à coucher.
12. v f Les w.-c. sont à côté de la salle de bains.
13. v f Les chambres ont la même dimension.
14. v f Chaque chambre a une penderie.
15. v f La cuisine a un accès direct au séjour.
16. v f Chaque chambre a un accès au balcon.

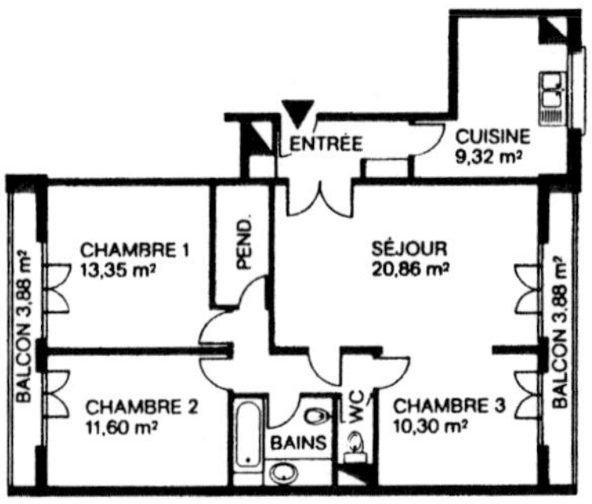

ENTRÉE
CUISINE 9,32 m²
CHAMBRE 1 13,35 m²
PEND.
SÉJOUR 20,86 m²
BALCON 3,88 m²
BALCON 3,88 m²
CHAMBRE 2 11,60 m²
BAINS
WC
CHAMBRE 3 10,30 m²

Z. Une petite annonce (*Want ad*) **:** *Voici ce qu'on a trouvé dans un journal. Pouvez-vous l'interpréter ?*

> Tr. beau studio, impec. et mblé., c. cuis., bns, w.-c., balcon, park. 6ᵉ ét. 2500 F. Visites mardi et merc. de 14 h à 18 h. Mme BERNARD 74 32 68 11

studio *efficiency apartment*
mblé. meublé, avec des meubles
c. cuis. coin cuisine, *kitchenette*

____

____

____

____

____

____

DÉVELOPPEMENT

47 TO KNOW OR NOT TO KNOW: TWO VERBS MEANING *TO KNOW*

A. Contrôle

Répétez : 1 2 3 4 *Répétez :* 1 2 3 4 *Répétez :* 1 2 3 4

Je connais bien Jean-Paul. 1. Nous 2. On 3. Vous 4. Paul *Je ne sais pas toujours la réponse.* 1. Les étudiants 2. On 3. Nous 4. Vous *Savez-vous faire du ski ?* 1. tu 2. nous 3. Paul et Monique 4. Jean

Z. Très beau studio, impeccable et meublé avec un coin cuisine, une salle de bains, les w.-c., un balcon, parking. Au sixième étage. 2500 francs per mois. On peut visiter le studio mardi et mercredi de 14 h à 18 h. Mme BERNARD, téléphone : 74 32 68 11.

Y. v—f—v—f ; f—f—v

X. 1. Elle/La salle de bains est au premier [étage]. 2. Il y a une chambre au-dessus de la cuisine. 3. Elle/La salle à manger est au rez-de-chaussée. 4. Il/Le grenier est au-dessus des chambres/au deuxième [étage]. 5. Il y a un séjour, une salle à manger et une cuisine. 6. On peut prendre une douche dans la salle de bains. 7. On prépare les repas dans la cuisine. 8. On prend le déjeuner du dimanche dans la salle à manger. 9. Il s'appelle le rez-de-chaussée.

Nom ______________________ Cours ____________ Section ____________ Date ____________

Dictée : *Écrivez le sujet et le verbe de chaque phrase.*

1. ______________________ 5. ______________________
2. ______________________ 6. ______________________
3. ______________________ 7. ______________________
4. ______________________ 8. ______________________

X. *Mettez la forme appropriée de* **savoir, savoir que** *ou* **connaître** *dans chaque tiret.*

1. Nous ______________ le président de l'université.
2. Vous ______________ Paul ne ______________ pas nager.
3. Ce petit enfant ______________ compter jusqu'à cent.
4. Elle ______________ je suis très occupé.
5. ______________-vous ce journal ?
6. Les étudiants ______________ l'adresse du professeur.
7. Il ne ______________ pas cette famille.

Y. *Répondez aux questions.*

8. Connaissez-vous bien Marseille ?
   Non, ______________________________
9. Votre professeur connaît-il vos parents ?
   Non, ______________________________
10. Est-ce que je connais bien Paris ?
    Oui, ______________________________
11. Quel restaurant connaissez-vous très bien ?
    ____
12. Vos parents connaissent-ils vos professeurs ?
    Non, ______________________________
13. Savez-vous quel âge j'ai ?
    Non, ______________________________
14. Vos parents savent-ils que vous apprenez le français ?
    Oui, ______________________________
15. Votre père sait-il jouer au bridge ?
    Non, ______________________________

1. Savent-ils 2. Elles prennent 3. Il connaît 4. Je ne peux pas 5. Nous apprenons 6. Vous ne connaissez pas 7. Il sait 8. Ne peuvent-ils pas

X. 1. connaissons 2. savez que, sait 3. sait 4. sait que 5. Connaissez 6. savent 7. connaît

16. Savons-nous toujours la vérité ?

Non, ______________________________

48 USING OBJECT PRONOUNS: *ME*, *US*, *THEM*, ETC.

A. Questions : *Répondez aux questions d'après ces modèles.* Note that **voici** and **voilà** can take direct object pronouns.

Avez-vous votre cahier ? (oui) **Mon cahier ? Oui, je l'ai ; le voici.**
Avez-vous votre cahier ? (non) **Mon cahier ? Non, je ne l'ai pas ici.**

1 2 3 4 5 6 7 8

Exercice supplémentaire : *Écoutez bien et dites le contraire. Ajoutez des phrases négatives ou affirmatives d'après ces modèles.*

Je prends mon petit déjeuner en classe.
Mais non, vous ne le prenez pas en classe !
Je ne vous comprends pas.
Mais si, vous me comprenez !

1 2 3 4 5 6 7 8

Compréhension auditive : *Écoutez les questions et les réponses. Indiquez si les réponses sont logiques et appropriées.*

1.	logique	pas logique	4.	logique	pas logique	7.	logique	pas logique
2.	logique	pas logique	5.	logique	pas logique	8.	logique	pas logique
3.	logique	pas logique	6.	logique	pas logique	9.	logique	pas logique

X. *Répondez aux questions en employant des pronoms appropriés.*

1. Est-ce que vous connaissez Marie-Claire ?

Non, ______________________________

2. Quand allez-vous regarder la télé ?

____

3. Où prenez-vous votre déjeuner ?

____

4. Est-ce que vous pouvez m'aider ?

Non, ______________________________

5. Est-ce que le président de l'université vous connaît ?

Non, ______________________________

logique—pas logique—logique ; logique—pas logique—pas logique ; logique—logique—logique

1. Je prends mon petit déjeuner maintenant. 2. Je ne vous connais pas. 3. Je ne comprends pas mes étudiants. 4. Je sais à quelle heure vous allez dîner. 5. Vous connaissez mes parents. 6. Vous m'attendez. 7. Vous ne pouvez pas me comprendre. 8. Vous ne voulez pas apprendre le français.

Y. 8. je ne connais pas bien Marseille. 9. il/elle ne connaît pas mes parents. 10. vous connaissez bien Paris. 11. Je connais très bien (Sloppy Joe's). 12. ils ne connaissent pas mes professeurs. 13. je ne sais pas quel âge vous avez. 14. ils savent que j'apprends le français. 15. il ne sait pas jouer au bridge. 16. nous ne savons pas toujours la vérité.

6. Est-ce que je vous comprends quand vous parlez français ?
   Oui, ______
7. À qui montrez-vous votre devoir de français ?
   ______
8. À quelle heure prenez-vous votre dîner ?
   ______
9. Vos parents me connaissent-ils ?
   Non, ______
10. Allez-vous visiter la France l'été prochain ?
   Non, ______

49 DIRECT OBJECT IN THE *PASSÉ COMPOSÉ*

A. Remplaçons : *Employez les pronoms appropriés. Dites ensuite si le participe passé est au masculin ou au féminin, au singulier ou au pluriel, d'après ce modèle.*

J'ai posé cette question. **Je l'ai posée : féminin, singulier**

1 2 3 4 5 6 7 8 9 10

B. Vanessa cherche ses clés. Les clés sont dans la cuisine. ( )

Mme Moreau	Are you looking for something?
Vanessa	Yes, my keys.
Mme Moreau	I'm going to help you. (*a few minutes later*) There [they are]. I found them. They're in the kitchen.
Vanessa	Oh yes, it's true. I left them on the table this morning. Thanks, Mom.

Compréhension auditive : *Répondez aux questions en employant les pronoms appropriés.*

1. Oui, ______
2. Non, ______
3. Oui, ______
4. Non, ______
5. Oui, ______
6. Non, ______

X. *Répondez aux questions en employant des pronoms appropriés.*

1. Avez-vous regardé la télé ce matin ?
   Non, ______

X. 1. je ne la connais pas. 2. Je vais la regarder (ce soir). 3. Je le prends (au restaurant universitaire). 4. je ne peux pas vous aider. 5. il ne me connaît pas. 6. vous me comprenez quand je le parle. 7. Je le montre (à mon professeur). 8. Je le prends (à sept heures). 9. ils ne vous connaissent pas. 10. je ne vais pas la visiter [l'été prochain].

1. je l'ai faite. 2. je ne l'ai pas corrigée. 3. je l'ai apprise. 4. il ne l'a pas regardée. 5. je les ai entendues. 6. ils ne les ont pas comprises.

2. Avez-vous vous compris vos voisines ?

Oui, ____

3. Avez-vous fait votre lit ce matin ?

Non, ____

4. En quel mois avez-vous acheté votre livre de français ?

____

5. Avez-vous pris votre montre ce matin ?

Oui, ____

6. Avez-vous compris mes questions ?

Oui, ____

7. Où avez-vous mis la lettre de vos parents ?

____

8. A-t-on fait les exercices oraux hier ?

Oui, ____

9. Avez-vous corrigé vos réponses ?

Non, ____

10. Avez-vous appris cette leçon ?

Oui, ____

50 ASKING FOR MORE SPECIFIC INFORMATION: *TO WHOM, ABOUT WHAT*

A. À qui ? De quoi ? : *Posez des questions sur la dernière partie de chaque phrase, d'après ces modèles.*

Je déjeune avec un ami. **Avec qui déjeunez-vous ?**
Je travaille avec un ordinateur. **Avec quoi travaillez-vous ?**

1 2 3 4 5 6 7 8 9 10

B. Révision : *Regardez le Dessin 20 à la page 100. Posez une question sur les mots que vous entendez, d'après ces modèles. Gardez le même sujet* ***il.***

1 : la rue **Que traverse-t-il ?**
10 : dans l'autobus **Dans quoi monte-t-il ?**

1 2 3 4 5 6 7 8 9 10 11 12

Compréhension auditive : *Écoutez ces questions et ces réponses. Indiquez si les réponses sont logiques et appropriées.*

1.	logique	pas logique	5.	logique	pas logique	9.	logique	pas logique
2.	logique	pas logique	6.	logique	pas logique	10.	logique	pas logique
3.	logique	pas logique	7.	logique	pas logique	11.	logique	pas logique
4.	logique	pas logique	8.	logique	pas logique	12.	logique	pas logique

X. 1. je ne l'ai pas regardée ce matin. **2.** je les ai comprises. **3.** je ne l'ai pas fait [ce matin]. **4.** Je l'ai acheté en (septembre). **5.** je l'ai prise [ce matin]. **6.** je les ai comprises. **7.** Je l'ai mise (sur la table). **8.** on les a faits [hier]. **9.** je ne les ai pas corrigées. **10.** je l'ai apprise.

logique—pas logique—pas logique—logique ; pas logique—logique—pas logique—pas logique ; logique—logique—logique—pas logique

Nom ________________ Cours ________ Section ________ Date ________

X. *Posez une question sur la partie soulignée de chaque phrase en employant la forme* **vous** *et l'inversion, d'après ce modèle.*

Je vais au restaurant. **Où allez-vous ?**

1. Je pense à mes vacances.
2. J'obéis aux agents.
3. Je vais téléphoner à mon ami.
4. Je réponds aux questions de mon professeur.
5. Je parle souvent de mon ami.
6. Je travaille avec ces livres.
7. Je paie ce blouson à la vendeuse.
8. Je travaille pour M. Raymond.
9. J'ai besoin d'argent.
10. Je vais au laboratoire de langues.
11. Je vais très bien ce matin.
12. Je travaille une heure au laboratoire.
13. Je prends mon repas à huit heures.
14. J'arrive à Paris demain matin.
15. Je viens de Chicago.
16. J'ai trois cours aujourd'hui.

17. J'aime ce livre parce qu'il est très intéressant.

____

18. Je suis dans le jardin.

____

Y. *Complétez la grille avec des mots interrogatifs qui correspondent aux parties soulignées des phrases suivantes.*

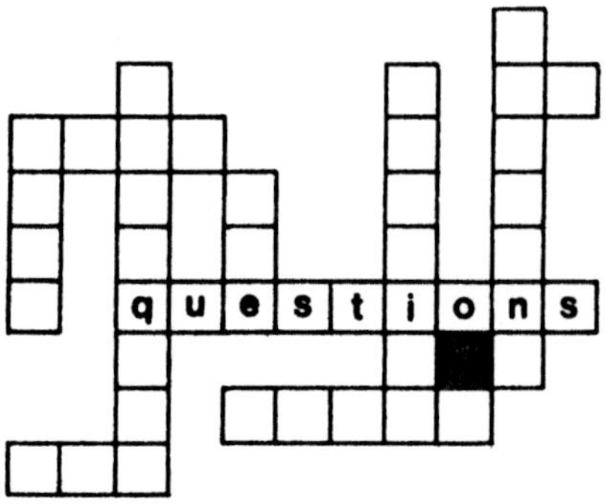
questions

Elle va très bien.
Elle a deux frères.
Elle fait son lit.
Parce qu'elle est là.
Elle lit mon livre.
Elle parle de son cours.
Elle cherche son ami.
Elle arrive ce soir.
Elle est à la maison.

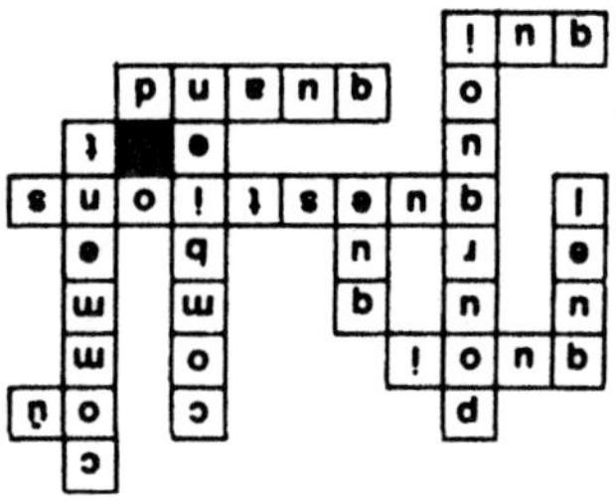

X. 1. À quoi pensez-vous ? 2. À qui obéissez-vous ? 3. À qui allez-vous téléphoner ? 4. À quoi répondez-vous ? 5. De qui parlez-vous souvent ? 6. Avec quoi travaillez-vous ? 7. À qui payez-vous ce blouson ? 8. Pour qui travaillez-vous ? 9. De quoi avez-vous besoin ? 10. Où allez-vous ? 11. Comment allez-vous ce matin ? 12. Combien de temps travaillez-vous au laboratoire ? 13. À quelle heure prenez-vous votre repas ? 14. Quand arrivez-vous à Paris ? 15. D'où venez-vous ? 16. Combien de cours avez-vous aujourd'hui ? 17. Pourquoi aimez-vous ce livre ? 18. Où êtes-vous ?

Nom ______________________ Cours ____________ Section ____________ Date ____________

INTERLUDE

1
2
3
4
5
6
7
8
9
10
11
12
13
14
15
16
17
18

DESSIN 23

Expressions

The bedroom (   )

1. a poster [*2 ways*]
2. a wardrobe
3. a desk and a chair
4. a dresser (with drawers)
5. a shelving unit
6. an armchair
7. a (French) door
8. a mirror [*2 ways*]
9. a lamp
10. a bed
11. a computer
12. a printer
13. a tennis racket
14. an alarm clock
15. curtains
16. a stereo set
17. a night table
18. a TV set

In a hotel

to reserve { a room / a room with two beds } for two persons

a room { with / without } { a shower / a bathroom / washroom }

a room that opens to, faces { the street/the courtyard / the sea/the lake/the mountains }

The breakfast / The service charge } is (not) included.

The heating / The air conditioning / The radio/the television / The cold/hot water faucet / The shutters } doesn't/don't work.

Conversations

Compréhension auditive : *Regardez le Dessin 23 et indiquez si les commentaires que vous entendez sont vrais ou faux.*

1.	v	f	5.	v	f	9.	v	f
2.	v	f	6.	v	f	10.	v	f
3.	v	f	7.	v	f	11.	v	f
4.	v	f	8.	v	f	12.	v	f

C. Dans un hôtel : *Ahmed est à Rouen. Il y a un grand festival dans la ville et presque tous les hôtels sont complets. Il trouve enfin un petit hôtel loin du centre ville.* ( )

Receptionist Good evening, sir.
Ahmed Good evening(, ma'am). Do you have a room with a bathroom for one night?
Receptionist Oh no, I'm sorry. We have only one room with a bathroom on the (same) floor.
Ahmed (And) How much is it?
Receptionist 180 francs a night.
Ahmed Fine, I('ll) take it.
Receptionist Here's your key. Please fill out this card.
Ahmed OK. The room [It] is on what floor [the room]?
Receptionist On the fourth floor, sir. The stairway is at the end of the hallway.

X. *Regardez le Dessin 23 et répondez aux questions.*

1. Où est la table de nuit ? *(à côté de...)*

____

2. Qu'est-ce qu'il y a sur la table de nuit ?

____

3. Où est la stéréo ? *(sur...)*

____

4. Entre quels meubles est l'étagère ?

____

5. Combien d'affiches y a-t-il ? Où est-elle ?

____

6. En général, dans quelles pièces met-on les objets suivants ?

Un lit dans la chambre	Un frigo ________
Un sofa ________	Un lavabo ________
Un buffet ________	Une armoire ________
Un évier ________	Un fauteuil ________
Une douche ________	Un réveil ________

f—v—v—f ; v—v—f—f ; f—v—f—f

X. 1. Elle est à côté du lit. **2.** Il y a un réveil et une lampe sur la table de nuit. **3.** Elle est sur l'étagère. **4.** Elle est entre l'armoire et la commode. **5.** Il y a une affiche. Elle est au/sur le mur. **6.** dans le séjour ; dans la salle à manger ; dans la cuisine ; dans la salle de bains ; dans la cuisine ; dans la salle de bains ; dans la chambre ; dans le séjour/la chambre ; dans la chambre

Nom ______________________ Cours ____________ Section ____________ Date ____________

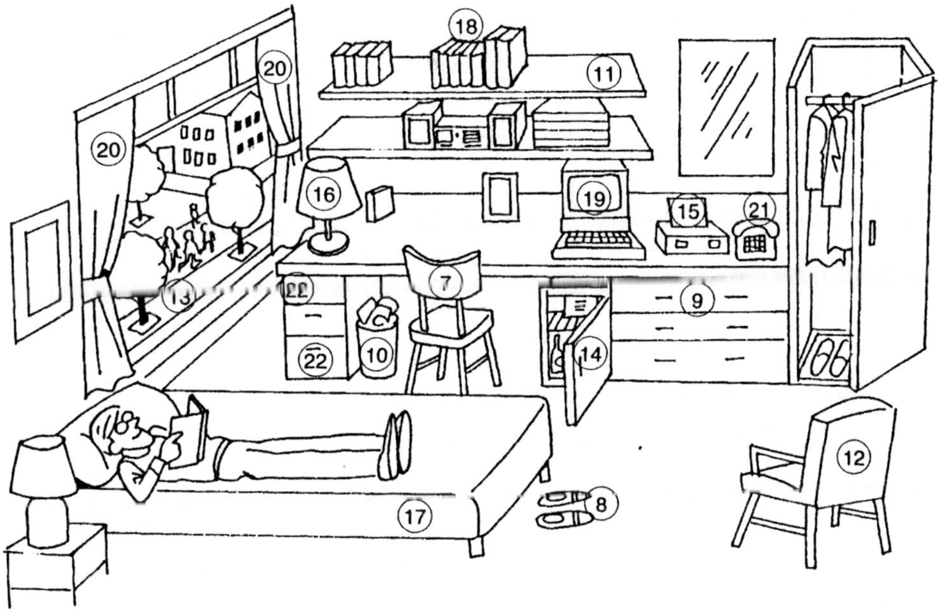

7
8
9
10
11
12
13
14
15
16
17
18
19
20
21
22

DESSIN 24

Y. *Regardez cette chambre. Pouvez-vous donner le nom de chaque objet indiqué ? C'est une liste alphabétique.*

7. une chaise
8. ____________
9. ____________
10. ____________
11. ____________
12. ____________
13. ____________
14. ____________
15. ____________
16. ____________
17. ____________
18. ____________
19. ____________
20. ____________
21. ____________
22. ____________

Z. Anagramme : *On peut trouver ces objets dans une maison. Remettez les lettres dans le bon ordre à l'aide des descriptions.*

23. On utilise une MAPLE quand il fait nuit. _ _ _ _ _
24. On met de la viande, du lait, etc. dans le GORFI. _ _ _ _ _
25. On ferme les TOLVES la nuit. _ _ _ _ _ _
26. On utilise la SÉROTÉ pour écouter de la musique. _ _ _ _ _ _
27. On met des vêtements et des chaussures dans l'OMARIER. _ _ _ _ _ _ _
28. On peut utiliser le RELIVÉ le matin. _ _ _ _ _ _

Y. 7. une chaise 8. des chaussures 9. une commode 10. une corbeille 11. une étagère 12. un fauteuil 13. une fenêtre 14. un (petit) frigo/réfrigérateur 15. une imprimante 16. une lampe 17. un lit 18. des livres 19. un ordinateur 20. des rideaux 21. un téléphone 22. des tiroirs

29. On prépare les repas dans la SINUCIE. _ _ _ _ _ _ _

30. On met des sous-vêtements dans la MEMODOC. _ _ _ _ _ _ _

31. On met des livres sur l'ÉGARÈTE. _ _ _ _ _ _ _

32. On emprunte (utilise) l'AILESCRE pour monter. _ _ _ _ _ _ _ _

DÉVELOPPEMENT

51 *TO READ, TO WRITE, TO SAY*

A. Contrôle

Répétez : 1 2 3 4   *Répétez :* 1 2 3 4
Répétez : 1 2 3   *Répétez :* 1 2 3

B. Questions : *Répondez d'après ce modèle.* Only selected questions are recorded.

Est-ce que Paul lit ce journal? (non) **Non, il ne lit pas ce journal.**

1 2 3 4 5 6 7

Compréhension auditive : *Indiquez si le sujet de chaque phrase est au singulier ou au pluriel.*

1.	s	p	?	5.	s	p	?	9.	s	p	?
2.	s	p	?	6.	s	p	?	10.	s	p	?
3.	s	p	?	7.	s	p	?	11.	s	p	?
4.	s	p	?	8.	s	p	?	12.	s	p	?

X. *Répondez aux questions.*

1. Écrivez-vous des lettres en classe ?

____

2. Qu'est-ce que nous écrivons dans le cahier ?

____

3. À qui dites-vous « tu » ?

____

4. Est-ce que je dis « tu » aux animaux ?

____

Z. 23. LAMPE 24. FRIGO 25. VOLETS 26. STÉRÉO 27. ARMOIRE 28. RÉVEIL 29. CUISINE 30. COMMODE 31. ÉTAGÈRE 32. ESCALIER

Je ne lis pas ce journal. 1. Les étudiants 2. Tu 3. Nous 4. Vous *J'écris deux lettres par semaine.* 1. Tu 2. Mes camarades 3. Ma voisine *Je lis et j'écris assez.* 1. Vous 2. Tu 3. Nous 4. Mes voisins *Je dis bonjour à mes voisins.* 1. Nous 2. Paul et Marie 3. Tu

1. Lisez-vous des quotidiens ? (non) 2. Combien de livres avez-vous lus l'année dernière ? (Je ne sais pas combien) 3. Écrivez-vous souvent des lettres ? (non) 4. Qu'est-ce que nous disons quand nous arrivons dans la classe ? (bonjour) 5. Qu'est-ce qu'on dit quand on quitte la classe ? (au revoir) 6. Qu'est-ce que vous dites à votre camarade de chambre de faire ? (faire son lit) 7. Demandez à Alice si elle dit souvent des bêtises.

s—p—p—p ; s—p—s—p ; p—s—s—p

5. Qu'est-ce que votre professeur dit aux étudiants de faire ?

______

6. Vos amis disent-ils toujours la vérité ?

______

7. Quel journal lisez-vous souvent ?

______

8. Qu'est-ce que vous avez lu hier soir ?

______

Y. *Remplissez les tirets avec les formes appropriées de* ***parler, dire*** *ou* ***raconter.***

9. Jacques a ______ de son nouvel appartement.

10. Je vais ______ l'incident qui est arrivé ce matin.

11. Jeannine ne m'a pas ______ bonjour.

12. Qu'est-ce que ce mot veut ______ ?

13. Pourquoi ne veux-tu pas ______ à tes copains ?

14. Qu'est-ce que l'assistant a ______ aux étudiants de faire ?

15. Je ne vais pas ______ mes ennuis à ces gens.

52 NARRATING PAST EVENTS

A. Contrôle

Répétez :	1	2	3	4	*Répétez :*	1	2	3	4
Répétez :	1	2	3		*Répétez :*	1	2	3	

B. Quel changement ! : *Bill Novak est un étudiant américain. Il compare cette année scolaire et l'année dernière. Qu'est-ce qu'il dit ? Ajoutez des phrases à l'imparfait, d'après ce modèle.*

J'habite dans un studio maintenant.
L'année dernière je n'habitais pas dans un studio.

1 2 3 4 5 6 7 8

X. 1. Non, je n'écris pas de lettres en classe. 2. Nous écrivons (des réponses) dans le cahier. 3. Je dis « tu » (à mes copains). 4. Oui, vous dites « tu » aux animaux. 5. Il/Elle dit aux étudiants (d'aller au labo). 6. Oui/Non, ils (ne) disent (pas) toujours la vérité. 7. Je lis souvent (le *New York Times*). 8. J'ai lu (mon livre de chimie) [hier soir].
Y. 9. parlé 10. raconter 11. dit 12. dire 13. parler 14. dit 15. raconter

Je ne parlais pas français quand j'avais dix ans. 1. Nous 2. Vous 3. Tu 4. Mes camarades *Nous habitions dans une grande ville quand nous étions petits.* 1. Mon copain 2. Vous 3. Nous *J'avais soif et je voulais boire quelque chose.* 1. Les touristes 2. Nous 3. Tu 4. Vous *Qu'est-ce que tu faisais hier soir, vers neuf heures ?* 1. Marie 2. vous 3. on

Exercice supplémentaire : *Mettez chaque phrase d'abord au passé composé, ensuite à l'imparfait, d'après ce modèle.*

Je pense à Marie. **J'ai pensé à Marie ; je pensais à Marie.**

1 2 3 4 5 6 7 8 9 10

Compréhension auditive : *Mettez un cercle autour du mot que vous entendez.*

1. parler / parlais / parlé / parlez
2. manger / mangé / mangeais / mangeait
3. chercher / cherchait / cherché / cherchez
4. connaissait / connaissaient / connaissez
5. aller / allez / allais / allait
6. étudier / étudiez / étudié / étudiait
7. poser / posé / posait / posez
8. répéter / répété / répétais / répétez

X. *Répondez aux questions.*

1. Dans quelle ville ou près de quelle ville habitiez-vous quand vous aviez dix ans ? (Utilisez **à** ou **près de** dans votre réponse : **à Chicago, près de Chicago**.)

____

2. Combien de cours aviez-vous le semestre (trimestre *quarter*) dernier ?

____

3. Quelle heure était-il il y a cinq minutes ?

____

4. Où étiez-vous hier soir à neuf heures ?

____

5. Aviez-vous beaucoup de travail l'année dernière ?

____

6. Compreniez-vous vos parents quand vous étiez petit(e) ?

____

7. Demandez-moi quelle langue je parlais quand j'étais petit.

____

8. Votre professeur vous connaissait-il l'année dernière ?

____

9. Combien de fois par mois alliez-vous au cinéma quand vous aviez quinze ans ?

____

1. Je cherche un taxi. 2. Je n'attends pas l'autobus. 3. Elle descend de la voiture. 4. Tu finis ton repas. 5. Elle mange une pomme. 6. Nous connaissons Jean-Paul. 7. Je veux téléphoner à Monique. 8. Vous n'allez pas à Paris. 9. Ils disent des bêtises. 10. Elles écrivent à leurs amis.

1. parlé 2. mangeais 3. chercher 4. connaissait 5. allais 6. étudié 7. posait 8. répété

Nom ______________________ Cours ____________ Section ____________ Date ____________

10. Quel temps faisait-il hier à midi ?

____

Y. *Trouvez la forme de l'imparfait des verbes suivants.*

je suis allé	j'ai écrit	j'ai lu	j'ai pu
j'ai aimé	j'ai été	j'ai mis	j'ai su
j'ai dit	j'ai fait	j'ai parlé	j'ai vendu
j'ai eu	j'ai fini	j'ai pris	j'ai voulu

v	m	a	p	p	r	e	n	a	i	s
d	e	a	a	v	l	i	s	a	i	s
é	t	l	r	p	o	a	i	s	é	n
c	t	l	l	m	f	u	i	a	ç	s
r	a	a	a	i	s	a	l	s	i	l
i	l	l	i	d	s	s	i	a	a	d
v	s	s	s	s	i	a	d	v	i	i
a	i	s	i	a	s	n	a	a	i	s
i	e	n	m	i	e	t	a	i	s	a
s	i	l	a	v	a	i	s	s	s	i
f	a	f	é	p	o	u	v	a	i	s

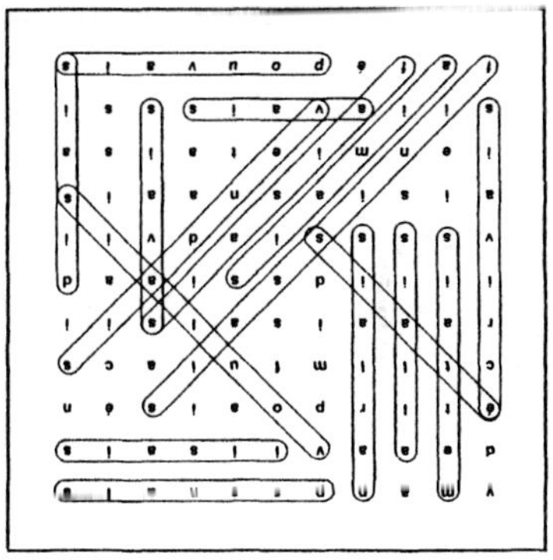

53 DESCRIBING PAST EVENTS AND ACTIONS (1)

A. Contrôle

Répétez : 1 2 3 4 *Répétez :* 1 2 3 4 *Répétez :* 1 2 3 4

X. 1. J'habitais à/près de (Boston) quand j'avais dix ans. 2. J'avais (cinq) cours le semestre/trimestre dernier. 3. Il était (quatre heures dix) [il y a cinq minutes]. 4. J'étais (dans ma chambre) [hier soir à neuf heures]. 5. (Non, mais j'avais assez) de travail l'année dernière. 6. (Oui, je les comprenais assez bien) quand j'étais petit(e). 7. Quelle langue parliez-vous quand vous étiez petit ? 8. Non, il ne me connaissait pas [l'année dernière]. 9. J'allais au cinéma [une ou deux] fois par mois quand j'avais quinze ans. 10. Il (faisait mauvais) hier à midi.

J'étais fatigué(e) quand je suis rentré(e). 1. Vous 2. Tu 3. Les étudiants 4. Nous *Je travaillais pendant que Robert jouait.* 1. Vous 2. Tu 3. Nous 4. On *J'écoutais la radio quand le téléphone a sonné.* 1. Vous 2. Tu 3. Nous 4. Mon camarade

Exercice supplémentaire : *Répondez aux questions d'après ce modèle.*

Qu'est-ce que tu faisais quand j'ai téléphoné ? (regarder la télé)
Je regardais la télé quand tu as téléphoné.

1 2 3 4 5 6 7 8

Compréhension auditive : *Identifiez le temps* (tense) *du verbe dans chaque phrase* (**prés.** = *présent*, **p.c.** = *passé composé*, **imp.** = *imparfait*).

1.	prés.	p.c.	imp.	6.	prés.	p.c.	imp.	11.	prés.	p.c.	imp.
2.	prés.	p.c.	imp.	7.	prés.	p.c.	imp.	12.	prés.	p.c.	imp.
3.	prés.	p.c.	imp.	8.	prés.	p.c.	imp.	13.	prés.	p.c.	imp.
4.	prés.	p.c.	imp.	9.	prés.	p.c.	imp.	14.	prés.	p.c.	imp.
5.	prés.	p.c.	imp.	10.	prés.	p.c.	imp.	15.	prés.	p.c.	imp.

X. *Répondez aux questions.*

1. Quel temps faisait-il hier quand vous êtes rentré(e) ?

____

2. Que faisait votre professeur quand vous êtes entré(e) dans la classe ?

____

3. A-t-il dit bonjour quand vous êtes entré(e) ?

____

4. Quelle heure était-il quand vous êtes sorti(e) hier matin ?

____

5. Étiez-vous à la maison quand votre camarade est venu ?

Non, ______________________________

6. Qu'est-ce que vous faisiez hier soir vers neuf heures ?

____

7. Aviez-vous faim vers dix heures ?

____

8. Saviez-vous que j'étais en France l'année dernière ?

Non, ______________________________

9. Demandez-moi où j'étais quand mon frère a téléphoné.

____

10. Demandez-moi à qui je parlais quand il m'a vu.

____

imp.—prés.—p.c.—p.c.—imp. ; p.c.—imp.—prés.—imp.—imp. ; p.c.—imp.—prés.—prés.—p.c.

1. Qu'est-ce que tu faisais quand je suis arrivé(e) ? (travailler) 2. Qu'est-ce que tu faisais pendant que je travaillais ? (regarder la télé) 3. Où étais-tu quand j'ai téléphoné ? (dans ma chambre) 4. Quel temps faisait-il quand tu es rentré ? (pleuvoir) 5. Qu'est-ce qu'il a dit quand tu as répondu ? (« Bon ! ») 6. Qu'est-ce que tes camarades faisaient quand tu es arrivé ? (manger une pizza) 7. Où étais-tu pendant que je travaillais ? (au cinéma) 8. Qu'est-ce que tu as dit quand j'ai frappé à la porte ? (« Entrez ! »)

Nom ______________ Cours ______________ Section ______________ Date ______________

54 DESCRIBING PAST EVENTS AND ACTIONS (2)

A. Elles sont sorties : *Écoutez cette histoire. Une étudiante raconte comment elle a passé une soirée. Mettez chaque phrase au passé.* The text is provided here since it constitutes a story. You might circle the verbs that you did not put into the correct tense.

(1) Mon dernier cours finit à quatre heures. (2) J'ai froid quand je quitte mon cours. (3) Il fait du vent et il fait frais. (4) Je rentre tout de suite à la résidence. (5) Je suis fatiguée et je ne veux pas travailler. (6) Je décide de faire la sieste. (7) Quelqu'un frappe à la porte quand je suis au lit. (8) C'est Suzanne. Elle demande si je vais bien. (9) Elle veut savoir si je suis libre ce soir. (10) Je suis libre, mais je demande pourquoi. (11) Elle dit qu'il y a un bon film en ville. (12) Nous dînons ensemble à sept heures. (13) Nous quittons la résidence après le dîner. (14) Nous arrivons au cinéma vers huit heures. (15) Il y a une longue queue devant le guichet. (16) Le film est bon, et la salle est bondée. (17) Il pleut quand nous quittons le cinéma. (18) Nous allons dans un café, car nous avons froid. (19) Nous prenons quelque chose à boire. (20) Il est presque minuit quand nous rentrons.

Compréhension auditive : *Écoutez ces conversations. Indiquez si les réponses sont logiques et appropriées.*

1.	logique	pas logique	4.	logique	pas logique	7.	logique	pas logique
2.	logique	pas logique	5.	logique	pas logique	8.	logique	pas logique
3.	logique	pas logique	6.	logique	pas logique	9.	logique	pas logique

X. Allons en ville : *Lisez rapidement le paragraphe suivant (c'est Robert qui parle), puis mettez les parties soulignées au temps passé.*

(1) Il fait beau cet après-midi. (2) Je rentre à la résidence à trois heures. (3) Je finis mon devoir de psycho vers quatre heures. (4) J'ai un peu sommeil, et (5) je décide de faire une promenade. (6) Je ferme la porte de ma chambre quand le téléphone (7) sonne. (8) C'est Dawn. (9) Elle veut savoir si (10) j'ai une de ses disquettes. (11) Je cherche, puis (12) je dis à Dawn que (13) je ne l'ai pas. (14) Puisque je vais sortir, (15) je demande à Dawn si (16) elle a envie de faire une promenade avec moi. (17) Elle accepte mon invitation. (18) Je vais à sa résidence. (19) Elle m'attend quand (20) j'arrive à sa résidence. (21) Nous allons en ville. (22) Elle fait des achats et (23) nous prenons du Coca dans un café (24) qui est près d'un cinéma. (25) Il est presque six heures quand (26) nous rentrons à la cité.

1. ______________ 8. ______________
2. ______________ 9. ______________
3. ______________ 10. ______________
4. ______________ 11. ______________
5. ______________ 12. ______________
6. ______________ 13. ______________
7. ______________ 14. ______________

logique—pas logique—pas logique ; pas logique—logique—pas logique ; logique—pas logique—pas logique

X. 1. Il (faisait froid) quand je suis rentré(e) [hier]. 2. Il (parlait à un étudiant) quand je suis entré(e) [dans la classe]. 3. Oui, il a dit/Non, il n'a pas dit bonjour [quand je suis entré(e)]. 4. Il était (neuf heures) quand je suis sorti(e) [hier matin]. 5. je n'étais pas à la maison [quand il est venu]. 6. (Je faisais mes devoirs) [hier soir vers neuf heures]. 7. Oui, j'avais/Non, je n'avais pas faim [vers dix heures]. 8. je ne le savais pas/je ne savais pas que vous étiez en France [l'année dernière]. 9. Où etiez-vous quand votre frère a téléphoné ? 10. À qui parliez-vous quand il vous a vu ?

15. ______________________ 21. ______________________

16. ______________________ 22. ______________________

17. ______________________ 23. ______________________

18. ______________________ 24. ______________________

19. ______________________ 25. ______________________

20. ______________________ 26. ______________________

Y. Un voyage à Montréal : *Barbara parle de son voyage à Montréal. Mettez les verbes soulignés au temps passé.*

(27) Bill et moi nous partons pour Montréal à sept heures. D'abord (28) nous allons au vieux Montréal. (29) Il fait froid et (30) nous avons faim. (31) Nous déjeunons dans un restaurant près de la place Jacques Cartier. Le restaurant (32) est bondé et (33) nous attendons notre tour presque dix minutes. Après le déjeuner (34) je montre à mon frère le parc Maisonneuve, site des Jeux Olympiques de 1976. Ensuite (35) nous visitons beaucoup de boutiques. (36) Il est presque six heures quand (37) nous décidons de rentrer. Le voyage (38) est pénible. (39) Il pleut, la route (40) est glissante et (41) il y a beaucoup de voitures. Ma mère nous (42) attend quand (43) nous rentrons à onze heures. (44) Nous ne sommes pas trop fatigués et (45) nous n'avons pas sommeil. (46) Nous regardons la télévision jusqu'à deux heures du matin.

27. ______________________ 37. ______________________

28. ______________________ 38. ______________________

29. ______________________ 39. ______________________

30. ______________________ 40. ______________________

31. ______________________ 41. ______________________

32. ______________________ 42. ______________________

33. ______________________ 43. ______________________

34. ______________________ 44. ______________________

35. ______________________ 45. ______________________

36. ______________________ 46. ______________________

FINALE

A. Lecture et conversations : Compréhension auditive : *D'abord lisez les deux premiers paragraphes, puis indiquez si les commentaires suivants sont vrais ou faux.*

1.	v	f	4.	v	f	7.	v	f
2.	v	f	5.	v	f	8.	v	f
3.	v	f	6.	v	f	9.	v	f

f—v—f ; v—v—v ; f—v—v

Y. 27. nous sommes partis 28. nous sommes allés 29. Il faisait 30. nous avions 31. Nous avons déjeuné 32. était 33. nous avons attendu 34. j'ai montré 35. nous avons visité 36. Il était 37. nous avons décidé 38. était/a été 39. Il pleuvait 40. était 41. il y avait 42. attendait 43. nous sommes rentrés 44. Nous n'étions pas 45. nous n'avions pas 46. Nous avons regardé

X. 1. Il faisait 2. Je suis rentré 3. J'ai fini 4. J'avais 5. j'ai décidé 6. Je fermais 7. a sonné 8. C'était 9. Elle voulait 10. j'avais 11. J'ai cherché 12. j'ai dit 13. je ne l'avais pas 14. j'allais 15. j'ai demandé 16. elle avait envie 17. Elle a accepté 18. Je suis allé 19. Elle m'attendait 20. je suis arrivé 21. Nous sommes allés 22. Elle a fait 23. nous avons pris 24. qui était 25. Il était 26. nous sommes rentrés

Nom ______________________ Cours __________ Section __________ Date __________

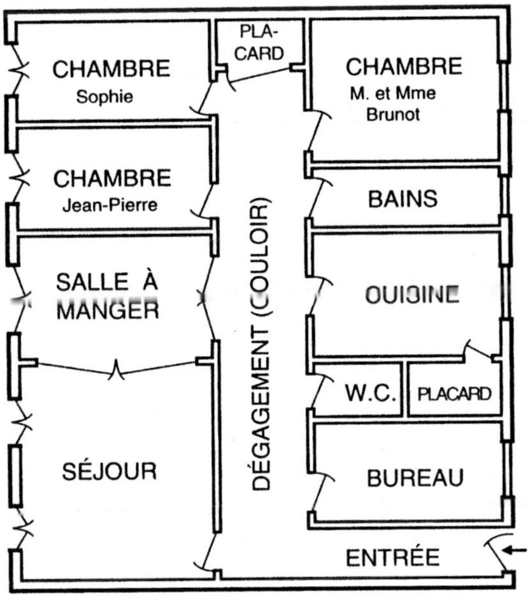

PLA-CARD
CHAMBRE
Sophie
CHAMBRE
M. et Mme Brunot
CHAMBRE
Jean-Pierre
BAINS
SALLE À MANGER
DÉGAGEMENT (COULOIR)
CUISINE
W.C.
PLACARD
SÉJOUR
BUREAU
ENTRÉE

DESSIN 25

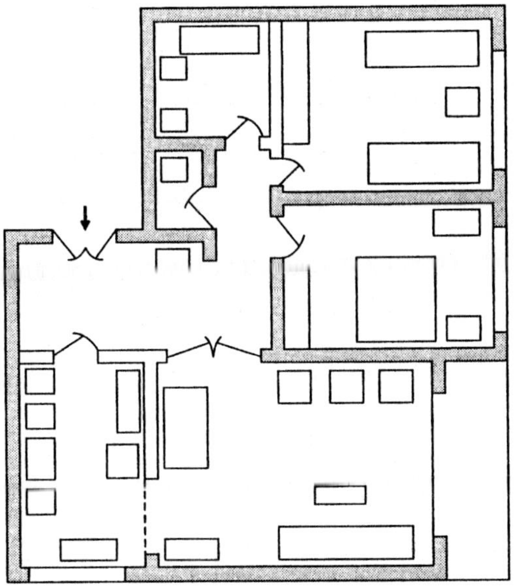

DESSIN 26

Compréhension auditive : *Regardez le Dessin 25. C'est le plan de l'appartement des Brunot. Mettez-vous à l'entrée. Indiquez maintenant si chaque commentaire est vrai ou faux.*

1.	v	f	4.	v	f	7.	v	f
2.	v	f	5.	v	f	8.	v	f
3.	v	f	6.	v	f	9.	v	f

Compréhension auditive : *Regardez le Dessin 26. C'est le plan d'un autre appartement. Étudiez la liste de mots. Indiquez où se trouve chaque pièce ou chaque objet en employant le nombre approprié. Écoutez d'abord.* The passage is recorded twice, the second time with brief pauses.

1. le vestibule
   2. le téléphone
3. la cuisine
   4. la cuisinière (*stove*)
   5. le lave-vaisselle
   6. l'évier
   7. la machine à laver
   8. l'étagère
   9. le frigo

10. la salle de séjour
    11. le buffet
    12. le canapé
    13. la grande table
    14. les fauteuils
    15. le poste de télévision
16. le balcon
17. le couloir

18. les chambres
    19. le grand lit
    20. deux lits
    21. le placard
22. les w.-c.
23. la salle de bains
24. la baignoire
25. le lavabo
26. le chauffe-eau (*water heater*)

Ouvrez la porte et entrez dans l'appartement. Il y a un vestibule juste après l'entrée. Dans le vestibule, il y a une petite table et, sur la table, un téléphone. De l'autre côté du vestibule il y a deux portes, une grande et une petite. La petite porte mène à la cuisine. Entrez dans la cuisine. À droite, on voit d'abord une cuisinière, un lave-vaisselle, un évier et une machine à laver. À gauche il y a une étagère et un frigo. Au fond de la cuisine est une petite table. La cuisine communique avec la salle de séjour. Dans la salle de séjour, il y a un buffet et un canapé à droite. À gauche, contre le mur qui sépare la cuisine et la salle de séjour, il y a une grande table. Il y a aussi deux fauteuils. Entre les fauteuils il y a un poste de télévision. Au fond du séjour il y a un petit balcon. Maintenant, allez dans le couloir. Il y a deux chambres à droite. Dans une des chambres il y a un grand lit, et dans l'autre, deux lits. Il y a un placard dans chaque chambre. Les w.-c. sont à gauche du couloir. La salle de bains est au bout du couloir. Dans la salle de bains il y a une baignoire au fond. Le lavabo est près de la baignoire et le chauffe-eau est dans un coin.

Dictée : *Un voyage pénible*

____

____

____

____

____

____

B. Hôtel Formule 1 : *Lisez la fiche ci-dessous et indiquez si les commentaires suivants en anglais sont vrais ou faux.* First do as much guessing as you can without looking up the meaning; then go over the comments after looking up the glossed words.

1. v f The arrangement described here is typical of the Hôtel Formule 1 chain.
2. v f It is a combination of a service station for cars and a hotel.
3. v f The same person manages both the station and the hotel.
4. v f The customers are offered the same service as at any other hotels in the chain.
5. v f To check in, the customer pulls into any area in the service station.
6. v f The "front desk" is open continuously for more than 18 hours a day.
7. v f The customers take breakfast from food and drink dispensers in the cafeteria.
8. v f The station-hotel combinations are marked in a special way in the hotel chain guide.

** HOTELS - STATIONS elf

FORMULE 1 DÉVELOPPE SUR DES SITES
DE STATIONS SERVICES ELF FRANCE,
DES HOTELS DONT L'ACCUEIL
EST ASSURÉ
PAR DES GERANTS COMMUNS
A LA STATION ET A L'HOTEL

Les services apportés à la clientèle sont identiques aux autres hôtels de la chaîne, à l'exception des deux points suivants :

Réception sans interruption de 6 h 30 à 22 h assurée dans l'îlot Formule 1 de la station service.

Petit déjeuner à la carte dans la cafétéria de l'hôtel en distributeur automatique.
Les hôtels figurent dans le guide au classement des villes avec le signe distinctif: elf

elf

accueil *reception, welcome*
gérants *managers*
îlot *island, zone*

C. Parlons de nous

1. Êtes-vous sorti(e) hier soir ? Si oui, quelle heure était-il quand vous êtes rentré(e) ?

____

____

2. Qu'est-ce que vous n'avez pas fait hier soir ?

____

3. Quand êtes-vous entré(e) à l'université ?

____

4. Comment est votre chambre ? (claire/sombre/grande/petite/propre [*clean*] ?)

____

B. f—v—v—f ; f—f—v—v

Il était tard quand nous avons quitté la ville. Il faisait froid et il neigeait. Nous avions faim et nous voulions manger quelque chose. Mais nous n'avons pas trouvé de restaurant ouvert. Nous sommes rentrés à minuit.

Nom ______________________ Cours ____________ Section ____________ Date ____________

5. Qu'est-ce que vous avez dans votre chambre ? Nommez quatre objets.

____

6. Qu'est-ce qu'il y a au-dessus de votre chambre ?

____

7. Préparez une question à poser à votre professeur au sujet de son enfance.

____

D. Fiche d'étranger : *Si on voyage en France et va dans un hôtel, on remplit parfois une « fiche d'étranger ». Posez une question qui correspond à chaque numéro. (Par exemple :* 1. Quel est votre nom ? 6. Quel est votre domicile habituel ? ou Où habitez-vous ?*)*

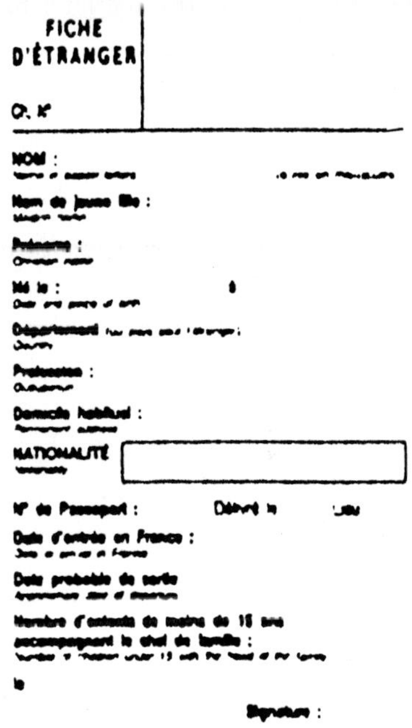
FICHE D'ÉTRANGER

Ch. N°

NOM :

Nom de jeune fille :

Prénoms :

Né le :

Département

Profession :

Domicile habituel :

NATIONALITÉ

N° de Passeport : Délivré le

Date d'entrée en France :

Date probable de sortie

Nombre d'enfants de moins de 15 ans accompagnant le chef de famille :

le

Signature :

1. Nom (écrire en majuscules) :

____

2. Prénom :

____

3. a. Né le ________ (date) b. à ________ (lieu)

a. ____

b. ____

4. Pays :

____

5. Profession :

____

6. Domicile habituel :

____

C. 1. Oui, je suis/Non, je ne suis pas sorti(e) hier soir. Il était (dix) heures [quand je suis rentré(e)]. 2. Je (n'ai pas téléphoné à mes parents). 3. Je suis entré(e) à l'université (en 1994/il y a deux ans). 4. (Elle est claire mais petite ; elle n'est pas très propre.) 5. Il y a (un lit, deux lampes, une table et une chaise). 6. Il y a (un autre étage/le toit, un grenier, etc.) au-dessus de ma chambre. 7. (Où habitiez-vous quand vous aviez dix ans ?)

7. Nationalité :

____

8. a. Passeport : Numéro ________ b. délivré le ________ (date) c. à ________ (lieu)

a. ____

b. ____

c. ____

9. Date d'entrée en France :

____

10. Date probable de sortie :

____

11. Nombre d'enfants de moins de 15 ans : ________________________

12. Le ____

E. Reconstitution orale/écrite : *Christine et Izoumi ont passé leur dernier jour de vacances à Bourges, chez le frère de M. Vernin. Complétez la description de leur séjour (décrivez la maison dans les phrases (8)–(10).* (Text p. 225)

____

____

____

____

____

____

____

____

____

____

____

____

F. Composition : Voici le texte de la photo pour le deuxième subjet.

CHERCHE Etudiant, Etudiante
pour partager un appartement très agréable de $75m^{2*}$ situé dans un quartier très tranquille, non loin du centre ville à Marseille (1er arrondissement). Le prix du Loyer revenant à 1450^{Fr} chacun (charges comprises).
Toute personne intéressée pour la visite de l'appartement peut me contacter en téléphonant soit au : 91/08/86/15
soit au : 75/53/54/65.
Adresse : Emmanuel Royaaros
150, rue Consolat (3eme Etage).
13001 Marseille.

*T 3 (2 pièces + salon + cuisine et salle de bains)

Nom ______________________ Cours __________ Section __________ Date __________

UNITÉ 7

Qu'est-ce qui ne va pas ?

PRÉLUDE

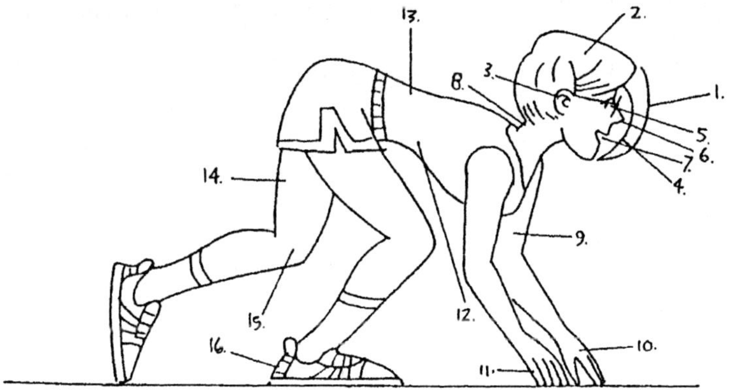

13.
2.
3.
8.
1.
5.
6.
7.
4.
14.
9.
15.
12.
16.
10.
11.

DESSIN 27

Expressions

The human body: The numbered items are recorded. (   )

1. the head
2. the hair
3. the (left/right) ear
4. the face
5. the eye [*s* and *pl*]
6. the nose
7. the mouth
8. the neck
9. the (left/right) arm
10. the (left/right) hand
11. the finger
12. the stomach [belly]
13. the back
14. the (left/right) leg
15. the knee [*s* and *pl*]
16. the (left/right) foot

Other expressions

the heart
the brain
the teeth
the shoulder
the stomach
the throat
the tongue
the lips
the (finger)nail
the lungs

Compréhension auditive : *Regardez le Dessin 27 et indiquez si chaque phrase est vraie ou fausse.*

a.	v	f	d.	v	f	g.	v	f
b.	v	f	e.	v	f	h.	v	f
c.	v	f	f.	v	f	i.	v	f

Conversations

Compréhension auditive : *Indiquez si chaque commentaire est vrai ou faux.*

1.	v	f	5.	v	f	9.	v	f
2.	v	f	6.	v	f	10.	v	f
3.	v	f	7.	v	f	11.	v	f
4.	v	f	8.	v	f	12.	v	f

X. Les parties du corps : *Qu'est-ce qu'on fait avec les parties de son corps ? Complétez les phrases.*

1. On sent (*smells*) avec...

____

2. On voit (*sees*) avec...

____

3. On goûte avec...

____

4. On pense avec...

____

5. On joue du piano avec...

____

6. On ... avec les oreilles.

____

7. On ... avec les jambes.

____

8. On ... avec la bouche.

____

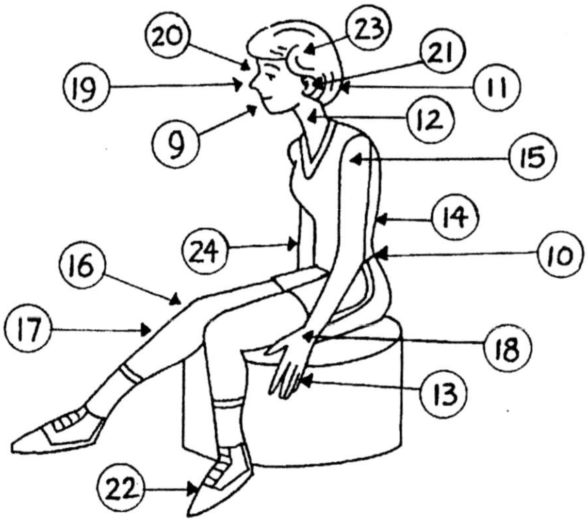
20
23
21
19
11
9
12
15
14
24
10
16
17
18
13
22

DESSIN 28

Nom ______________ Cours ______________ Section ______________ Date ______________

Y. Dessin 28 : *Pouvez-vous identifier les parties du corps humain ?* Hint: the words are in alphabetical order.

9. la bouche	**17.** ______________
10. ______________	**18.** ______________
11. ______________	**19.** ______________
12. ______________	**20.** ______________
13. ______________	**21.** ______________
14. ______________	**22.** ______________
15. ______________	**23.** ______________
16. ______________	**24.** ______________

Z. *Avec quelle partie du corps associez-vous chaque mot ?*

l'amour ( )
la bague ( )
le casque ( )
le chapeau ( )
les chaussures ( )
le collier ( )
« Crest » ( )
les gants ( )
l'intelligence ( )
les lunettes ( )
le masque ( )
le shampooing /ʃɑ̃pwɛ̃/ ( )
la stéréo ( )
« Scope » ( )

a. la bouche
b. le bras
c. le cerveau
d. les cheveux
e. le dœur
f. le cœur
g. les dents
h. le doigt
i. le dos
j. les épaules
k. les genoux
l. les jambes
m. les mains
n. les oreilles
o. les pieds
p. les poumons
q. la tête
r. le ventre
s. le visage
t. les yeux

DÉVELOPPEMENT

55 USING THE DEFINITE ARTICLE WHERE ENGLISH DOES NOT

C. Il y a du poisson et des pizzas : *Jean-Paul et Christine sont au resto-U. Ils regardent le menu.* ( )

Jean-Paul	So, what's on the menu today?
Christine	Fish.
Jean-Paul	Fish again? I hate fish!
Christine	*I* love fish. But there's also pizza [*pl*].
Jean-Paul	That's better already. *I* prefer pizza.

Exercice supplémentaire : *Répondez aux questions d'après ce modèle.*

Voulez-vous une banane ? **Non, merci. Je n'aime pas les bananes.**

1 2 3 4

X. 1. le nez 2. les yeux 3. la langue 4. la tête 5. les doigts 6. entend/écoute 7. marche/danse 8. parle/mange
Y. 10. le bras 11. les cheveux 12. le cou 13. le doigt 14. le dos 15. l'épaule 16. le genou 17. la jambe 18. la main 19. le nez 20. l'œil 21. l'oreille 22. le pied 23. la tête 24. le ventre
Z. e—h—q—o ; f—g—m—c/q—t ; s/t—d—n—a

Maintenant, répondez d'après ce modèle.

Voulez-vous une pomme ? **Oui, merci. J'aime beaucoup les pommes.**

5 6 7 8

X. *Remplissez les tirets par l'article défini, indéfini ou partitif.* Be careful, not all the blanks require an article!

1. ________ français n'est pas trop difficile ; j'apprends ________ français et maintenant je parle un peu ________ français.
2. Je ne mange pas ________ carottes parce que je déteste ________ carottes ; par contre (*on the other hand*), j'aime beaucoup ________ petits pois et je mange souvent ________ petits pois.
3. Marie-Claire ne prend pas ________ bière ; elle n'aime pas ________ boissons alcoolisées.
4. Aimez-vous ________ lait ? Je vais acheter ________ lait parce qu'il est bon pour ________ santé.
5. Je vais étudier ________ biologie ; c'est ________ science très intéressante et utile.
6. Est-ce que ________ lions sont ________ animaux domestiques ? Non, ________ lions ne sont pas ________ animaux domestiques.
7. Je suis dans un cours de ________ chimie. Je trouve que ________ chimie n'est pas facile.
8. ________ enfants adorent ________ bonbons ; ils aiment aussi regarder ________ télévision.
9. J'ai soif. Je cherche ________ eau parce que j'ai besoin ________ eau. Non, je ne veux pas cela. Ce n'est pas ________ eau, c'est ________ vin !
10. Vous avez besoin ________ bœuf ? On vend ________ bœuf à ________ boucherie.

Y. *Répondez aux questions.*

11. Quelle langue apprenez-vous ?

____

12. Avez-vous étudié la chimie ? Est-ce une matière facile ?

____

13. De quelle couleur sont vos yeux et vos cheveux ?

____

14. Quels légumes détestez-vous ?

____

15. Où est-ce qu'on a mal quand on a trop mangé ?

____

1. Voulez-vous une pomme ? 2. Mangez-vous des épinards ? 3. Buvez-vous de la bière ? 4. Prenez-vous du vin ? 5. Voulez-vous un café ? 6. Voulez-vous une bière ? 7. Mangez-vous des carottes ? 8. Prenez-vous des haricots verts ?

X. 1. Le, le, (none) 2. de, les, les, des 3. de, les 4. le, du, la 5. la, une 6. les, des, les, des 7. (none), la 8. Les, les, la 9. de l', d', de l', du 10. de, du, la

Nom ______________ Cours ______________ Section ______________ Date ______________

16. Où a-t-on mal quand on a regardé trop de cassettes vidéo ?

____

17. Dites-moi de lever la main droite.

____

56 EXPRESSING DAILY ROUTINES WITH REFLEXIVE VERBS

A. Contrôle

Répétez : 1 2 3 4 *Répétez :* 1 2 3 4 *Répétez :* 1 2 3 4

B. Mais non ! : *Vous allez entendre des choses bêtes. Donnez des phrases négatives d'après ces modèles.*

Je me repose en classe.
Mais non, vous ne vous reposez pas en classe !
Je me lave dans le séjour.
Mais non, vous ne vous lavez pas dans le séjour !

1 2 3 4 5 6 7 8

C. Réveille-toi ! : *Jean-Paul a beaucoup de mal à se lever le matin parce qu'il se couche trop tard. Il est déjà ·huit heures.*

Sophie What [How]! You are still in bed? Wake up!
Jean-Paul Huh? . . . OK, OK, I'm getting up. What time is it?
Sophie It's already eight. You go to bed too late.
Jean-Paul Yes, yes, I know. (*He yawns.*)

Exercice supplémentaire : *Répondez aux questions d'après ce modèle.*

Vous habillez-vous dans la rue ? (dans ma chambre)
Non, je ne m'habille pas dans la rue ; je m'habille dans ma chambre !

1 2 3 4 5 6

Compréhension auditive : *Indiquez si chaque phrase est logique et appropriée.*

1.	logique	pas logique	4.	logique	pas logique	7.	logique	pas logique
2.	logique	pas logique	5.	logique	pas logique	8.	logique	pas logique
3.	logique	pas logique	6.	logique	pas logique	9.	logique	pas logique

Y. 11. J'apprends le français. 12. Oui, j'ai étudié/Non, je n'ai pas étudié la chimie. C'est une matière/Ce n'est pas une matière (facile). 13. J'ai les cheveux (bruns) et les yeux (bleus). 14. Je déteste (les épinards et les petits pois). 15. On a mal à l'estomac [quand on a trop mangé]. 16. On a mal (à la tête et aux yeux) [quand on a regardé trop de cassettes vidéo]. 17. Levez la main droite.

Je me couche très tôt. 1. Mes camarades 2. Tu 3. Nous 4. Vous *Je ne me lève pas très tard.* 1. Nous 2. Tu 3. On 4. Vous *Je me repose quand je suis fatigué(e).* 1. Tu 2. Vous 3. On 4. Nous

1. Vous levez-vous à midi ? (·huit heures) 2. Vous appelez-vous Jean-Paul ? (Michel) 3. Vous couchez-vous à ·huit heures ? (minuit) 4. Vous déshabillez-vous au labo ? (dans ma chambre) 5. Vous reposez-vous à la bibliothèque ? (à la maison) 6. Vous promenez-vous dans la classe ? (dans le jardin)

pas logique—logique—logique ; logique—logique—pas logique ; pas logique—logique—pas logique

X. *Donnez la forme appropriée de chaque verbe.*

1. (s'habiller) je ______________________
2. (s'appeler) ils ______________________
3. (se dépêcher) tu ______________________
4. (s'ennuyer) elle ______________________
5. (se lever) je ______________________
6. (se peigner) vous ______________________
7. (s'amuser) nous ______________________
8. (se reposer) ils ______________________

Y. *Répondez aux questions.*

9. À quelle heure vous réveillez-vous le dimanche ?

____

10. Où est-ce que vous vous habillez ?

____

11. Où est-ce que vous vous lavez ?

____

12. Où aimez-vous vous promener ?

____

13. À quelle heure vous couchez-vous ?

____

14. Que faisons-nous quand nous sommes fatigués ?

____

15. Que faisons-nous quand nous sommes en retard ?

____

16. Pourquoi va-t-on au cinéma ?

____

57 ACTIONS WITH PARTS OF THE BODY

A. Contrôle

Répétez : 1 2 3 4
Répétez : 1 2 3

Répétez : 1 2 3
Répétez : 1 2 3

X. 1. m'habille 2. s'appellent 3. te dépêches 4. s'ennuie 5. me lève 6. vous peignez 7. nous amusons 8. se reposent

Y. 9. [Le dimanche] Je me réveille à (dix heures). 10. Je m'habille (dans ma chambre). 11. Je me lave (dans la salle de bains). 12. J'aime me promener (au/dans le jardin botanique). 13. Je me couche (à onze heures et demie). 14. Nous nous reposons [quand nous sommes fatigués]. 15. Nous nous dépêchons [quand nous sommes en retard]. 16. On va au cinéma [pour s'amuser].

Je me brosse les dents après le petit déjeuner. 1. Nous 2. Tu 3. Vous 4. On *Je me lave le visage, puis je me peigne.* 1. Vous 2. Tu 3. Nous *Aïe ! Tu vas me faire mal au dos.* 1. pied 2. cou 3. bras *Pouvez-vous me laver les cheveux ?* 1. couper les cheveux 2. brosser les cheveux 3. gratter le dos

Nom ____________________ Cours __________ Section __________ Date __________

X. *Répondez aux questions.*

1. Combien de fois par jour est-ce que vous vous brossez les dents ?

____

2. Où est-ce que que vous vous lavez le visage ?

____

3. Pouvez-vous vous réveiller sans le réveil ?

____

4. Quand est-ce que vous vous bouchez les oreilles ?

____

5. Quand est-ce qu'on a besoin d'une brosse ?

____

6. Quand est-ce qu'on utilise le dentifrice ?

____

7. Quand a-t-on besoin de savon ?

____

8. Comment peut-on se blesser au genou ?

____

9. Comment peut-on se casser la jambe ?

____

10. Comment peut-on se faire mal au dos ?

____

X. 1. Je me brosse les dents (deux fois par jour). 2. Je me lave le visage dans la salle de bains. 3. Oui, je peux/Non, je ne peux pas me réveiller sans le réveil. 4. Je me bouche les oreilles (quand j'entend quelque chose de fort/un bruit fort/quand je ne veux pas entendre quelque chose). 5. On a besoin d'une brosse quand on se brosse [les cheveux]. 6. On utilise le dentifrice quand on se brosse les dents. 7. On a besoin de savon quand on (se lave [les mains]/prend une douche/un bain). 8. On peut se blesser au genou (quand on tombe [d'un vélo]). 9. On peut se casser la jambe quand/si (on fait du ski). 10. On peut se faire mal au dos quand on (porte/soulève un objet très lourd).

11/16
12/17
13/18
14/18
15/20
16/21
17/22
18/23
19/24
20/25
21/26
22/27
23/28
24/29
25/30

DESSIN 29

Y. La journée de Christine : *Regardez le Dessin 29. C'est une journée typique de Christine. Décrivez chaque scène. Indiquez l'heure quand vous voyez un cadran* (clock face).

11. ______________________________

12. ______________________________ **13.** ______________________________

14. ______________________________ **15.** ______________________________

16. ______________________________

17. ______________________________

18. ______________________________

19. ______________________________

20. ______________________________

21. ______________________________ **22.** ______________________________

23. ______________________________

24. ______________________________

25. ______________________________

Y. 11. Elle se réveille à sept heures et demie. 12. Elle prend une douche. 13. Elle se brosse les cheveux. 14. Elle s'habille. 15. Elle prend le petit déjeuner. 16. Elle se brosse les dents. 17. Elle sort de/quitte la maison à neuf heures. 18. Elle va/arrive à son cours. 19. Elle déjeune/prend le déjeuner à une heure. 20. Elle travaille à la bibliothèque. 21. Elle nage/fait de la natation. 22. Elle rentre à six heures. 23. Elle dîne/prend le dîner à huit heures. 24. Elle lit un livre. 25. Elle se couche à onze heures et demie.

Nom ______________________ Cours ____________ Section ____________ Date ____________

58 *TO LEAVE, TO GO OUT, TO SLEEP, TO SERVE, TO FEEL*

A. Contrôle

Répétez : 1 2 3 4 *Répétez :* 1 2 3 4
Répétez : 1 2 3 *Répétez :* 1 2 3

D. Izoumi a mal à la tête : *Mme Vernin entre dans la chambre d'Izoumi.* (   )

Mme Vernin	Are you in bed? What's wrong?
Izoumi	I don't feel well. I have a headache.
Mme Vernin	Indeed, you don't look well.
Izoumi	I slept very poorly, besides.
Mme Vernin	Rest well. I'm going to bring you herbal tea later.
Izoumi	Thank you(, ma'am).

Compréhension auditive : *Indiquez si le sujet de chaque phrase est au singulier ou au pluriel.*

1.	s	p	?	5.	s	p	?	9.	s	p	?
2.	s	p	?	6.	s	p	?	10.	s	p	?
3.	s	p	?	7.	s	p	?	11.	s	p	?
4.	s	p	?	8.	s	p	?	12.	s	p	?

Dictée : *Écrivez le sujet et le verbe de chaque phrase.*

1. ______________________ **6.** ______________________
2. ______________________ **7.** ______________________
3. ______________________ **8.** ______________________
4. ______________________ **9.** ______________________
5. ______________________ **10.** ______________________

X. *Répondez aux questions.*

1. Sortez-vous demain soir ?

____

2. En général, combien de temps dormez-vous par jour ?

____

3. Comment avez-vous dormi hier ?

____

4. Quand partez-vous en vacances ?

____

1. Elle est sortie 2. J'ai servi 3. vous dormiez 4. On ne pouvait pas sortir. 5. Je me sentais 6. On ne sert pas 7. Je mets 8. Je les ai écrites. 9. Ils partent 10. Je connaissais

p—p—s—p ; p—p—s—p ; s—p—s—s

Je pars bientôt en vacances. 1. Tu 2. Vous 3. On 4. Les étudiants *Je ne sors pas ce soir.* 1. Nous 2. Tu 3. Les étudiants *Je dors bien et je me sens bien.* 1. Tu 2. Les étudiants 3. Vous 4. Nous *Il sert le petit déjeuner.* 1. On 2. Nous 3. Je

5. Quand est-ce que vous vous sentez déprimé(e) ?

____

6. Quand est-ce que vous sortez d'un restaurant ?

____

7. Qu'est-ce qu'on sert comme boisson au resto-U ? Nommez deux choses.

____

8. Quand est-ce que les étudiants se sentent stressés ?

____

9. Comment sentent les croissants chauds ?

____

10. Demandez à un camarade s'il sort souvent avec son amie.

____

INTERLUDE

Expressions

Health

to be in (good) condition/to be well

to be / to become [fall] } sick: { to be / to feel } { well, better / bad, worse

to go { [and] see a doctor / to the doctor's office/to the clinic/to the hospital

the doctor / the nurse } : { to examine / to take care of / to cure } the patient [2 *ways, both genders*]

to have a pain in one's / to hurt one's } head, knee, leg, throat, stomach, back

to give / to need } a prescription
to take medicine

to break one's leg, arm, etc. / to sprain one's ankle / to wound one's knee, arm, etc. } { to have one's leg in a cast / to walk with a crutch

Conversations

A. Chez le médecin : *David peut à peine parler. Il va à la clinique près de chez lui.* (   )

The doctor What's wrong?
David I cough all the time, I have a fever, I can hardly speak, and I don't have any appetite.

X. 1. Oui, je sors/Non, je ne sors pas [demain soir]. 2. [En général,] Je dors (sept heures) chaque jour. 3. (J'ai bien dormi) [hier]. 4. Je pars en vacances (le vingt-deux novembre). 5. Je me sens déprimé(e) (quand j'ai une mauvaise note). 6. Je sors d'un restaurant quand (je finis mon repas). 7. On sert (du lait et du café) au resto-U. 8. Ils se sentent stressés quand (ils ont trop de travail). 9. Ils sentent bon. 10. Sors-tu souvent avec ton amie ?

The doctor How long [Since how much time] have you had [do you have] these symptoms?
David For three days.
The doctor Please take off your shirt. I'm going to examine you.

B. Chez le dentiste : *Jean-Paul a mal aux dents.* ( )

The dentist So where does it hurt [do you have pain]?
Jean-Paul There, in the lower part, on the left.
The dentist Open your mouth. Does that hurt you?
Jean-Paul Ouch, yes!
The dentist Close (your mouth). I'm going to take an X ray. I think you have a cavity.

C. Elle a très mal au ventre : *Izoumi ne se sent pas bien depuis hier soir. Mme Vernin, chez qui elle habite, vient dans sa chambre.* ( )

Mme Vernin You don't look well. Do you still have a headache?
Izoumi Yes, I also have a stomachache [bellyache].
Mme Vernin I'm going to phone the doctor, OK?
Izoumi Yes, thank you(, ma'am).

Mme Vernin téléphone au cabinet du Docteur Lévine. ( )

The voice Docteur Lévine's office.
Mme Vernin Hello(, ma'am). I have a friend who has a bad stomachache.
The voice Can she come to the office?
Mme Vernin I don't think so. She can hardly walk. Can the doctor come here?
The voice What's her address?
Mme Vernin 23, rue des Moines.
The voice (Please) wait. . . . Yes, he can be there around 11 o'clock.
Mme Vernin Very good [well]. Thank you(, ma'am).
The voice You're welcome(, ma'am).

C'est l'appendicite. ( )

The doctor Let's see . . . what's wrong?
Izoumi I have a very bad stomachache.
The doctor Where does it hurt, exactly? Here?
Izoumi Ouch! Yes, it hurts (me).
The doctor Do you have fever?
Izoumi Yes, a little, and I also feel nauseous.
The doctor How long [Since when] have you had these symptoms?
Izoumi Since last night.
The doctor I'm going to take your temperature. . . . 38.5°. I think (that) it is appendicitis. I'm going to call an ambulance. Don't worry.

Compréhension auditive : *Écoutez d'abord cette histoire. Indiquez ensuite si chaque commentaire est vrai ou faux.*

1.	v	f	4.	v	f	7.	v	f
2.	v	f	5.	v	f	8.	v	f
3.	v	f	6.	v	f	9.	v	f

X. Elle est malade : *Mettez les phrases suivantes en français.*

1. I called Anne-Marie this morning. She was coughing.

____

2. I asked if she was feeling well.

____

ʌ—ʌ—ʌ ⁝ ʌ—ɟ—ɟ ⁝ ɟ—ʌ—ɟ

3. She said she had a fever.

4. She had a headache and could hardly (*à peine*) speak.

5. She said she was going to see the doctor before noon.

6. I hope it isn't serious. I'm going to bring (*apporter*) some oranges to Anne-Marie this evening.

Y. Faites attention ! : *Traduisez les phrases suivantes.*

7. They danced until midnight. Their legs hurt.

8. I ate too many pizzas and I have a stomachache.

9. We watched too many video cassettes and our eyes hurt.

10. This suitcase is heavy; you are going to hurt your back.

11. I feel depressed; I would like to see a psychologist.

12. I'm going to the hospital because I feel nauseous.

Z. Ça ne va pas ! : *Avec quelle partie du corps associez-vous chaque mot ?*

13. l'appendicite ______
14. l'astigmatisme ______
15. les caries ______
16. la crise cardiaque ______
17. la diarrhée ______
18. l'indigestion ______
19. la laryngite ______
20. le migraine ______
21. la pneumonie ______
22. la tuberculose ______

X. 1. J'ai téléphoné à Anne-Marie ce matin. Elle toussait. 2. J'ai demandé si elle se sentait/allait bien. 3. Elle a dit qu'elle avait de la fièvre. 4. Elle avait mal à la tête et (elle) pouvait à peine parler. 5. Elle a dit qu'elle allait voir le médecin avant midi. 6. J'espère que ce n'est pas grave/sérieux. Je vais apporter des oranges à Anne-Marie ce soir.
Y. 7. Ils ont dansé jusqu'à minuit. Ils ont mal aux jambes. 8. J'ai mangé trop de pizzas et j'ai mal à l'estomac/au ventre. 9. Nous avons regardé trop de cassettes vidéo et nous avons mal aux yeux. 10. Cette valise est lourde ; vous allez vous faire mal au dos. 11. Je me sens déprimé(e) ; je voudrais voir un(e) psychologue. 12. Je vais à l'hôpital parce que j'ai des nausées.
Z. 13. le ventre/l'appendice 14. les yeux/l'œil 15. les dents 16. le cœur 17. le ventre 18. l'estomac/le ventre 19. la gorge 20. la tête 21. les poumons 22. les poumons

Nom ______________________ Cours ____________ Section ____________ Date ____________

DÉVELOPPEMENT

59 DESCRIBING ACTIONS THAT BEGAN IN THE PAST

A. Il y a : *Répondez aux questions en employant **il y a**. Utilisez les pronoms appropriés quand c'est possible.*

Quand avez-vous quitté la maison ? (deux heures)
Je l'ai quittée il y a deux heures.

1 2 3 4 5 6

B. Depuis : *Répondez aux questions d'après ces modèles.*

a. Connaissez-vous Guy ? **Oui, je le connais.**
b. Depuis quand ? (janvier) **Je le connais depuis janvier.** *ou*
Depuis combien de temps? (deux mois) **Je le connais depuis deux mois.**

1. a b 2. a b 3. a b 4. a b 5. a b

C. Jean-Claude est à Tahiti. ( )

Daniel	Do you know that Jean-Claude has been in Tahiti for two weeks?
Maryse	No kidding! When did he leave?
Daniel	He left three weeks ago.
Maryse	And how long is he going to stay (over) there?
Daniel	One month.
Maryse	He's lucky!

Compréhension auditive : *Écoutez les phrases, puis lisez rapidement les commentaires écrits qui les accompagnent. Indiquez si les commentaires sont logiques et appropriés.*

1. logique pas logique Je sais que vous apprenez le français depuis sept mois.
2. logique pas logique Vraiment ? Vous avez regardé la télévision pendant quatre heures ?
3. logique pas logique Oh ! là ! là ! Vous avez passé presque toute la journée à la bibliothèque !
4. logique pas logique Mon Dieu ! Votre femme est déjà partie.
5. logique pas logique Ah oui ? Vous le connaissez depuis septembre ?
6. logique pas logique Alors, vous savez conduire (*drive*) depuis trois ans.
7. logique pas logique Vous l'avez donc depuis trois jours.
8. logique pas logique Ah oui ? Pendant combien de temps ?

X. *Répondez aux questions en employant **il y a, depuis** et **pendant**. Employez des pronoms compléments d'objet quand c'est possible.*

1. Quand êtes-vous entré(e) à l'université ?

____

1. a. Connaissez-vous Marianne ? b. Depuis quand ? (année dernière) 2. a. Vous me connaissez. b. Depuis combien de temps me connaissez-vous ? (trois mois) 3. a. Avez-vous votre livre de français ? b. Depuis quand ? (septembre) 4. a. Avez-vous votre montre ? b. Depuis combien de temps ? (deux ans) 5. a. À quelle heure vous levez-vous ? (huit heures) b. Depuis combien de temps vous levez-vous à huit heures ? (longtemps)

logique—pas logique—logique—pas logique ; logique—pas logique—pas logique—pas logique

2. Depuis quand êtes-vous dans le cours de français ?

3. Depuis combien de temps apprenez-vous le français ?

4. Avez-vous une stéréo ? Si oui, depuis combien de temps ?

5. Pendant combien de temps avez-vous regardé la télé le week-end dernier ?

6. Quel temps fait-il, et depuis quand ?

7. Depuis combien de temps faites-vous ce devoir de français ?

8. Depuis quelle année êtes-vous à l'université ?

9. Habitez-vous à la cité ? Depuis quand ?

10. J'ai pris mon petit déjeuner il y a six heures. Quand avez-vous pris votre petit déjeuner ?

60 TALKING ABOUT PAST ACTIONS WITH REFLEXIVE VERBS

A. Contrôle

Répétez : 1 2 3 4 *Répétez :* 1 2 3 4 *Répétez :* 1 2 3 4

B. Une journée de Philippe : *C'est Philippe qui parle dans le passage suivant. Mettez chaque phrase au passé composé.*

1 2 3 4 5 6 7 8 9 10 11 12

Exercice supplémentaire : *Mettez chaque verbe au passé composé.*

1 2 3 4 5 6 7 8 9 10 11 12 13 14 15 16

X. 1. Je suis entré(e) à l'université il y a (deux ans). 2. Je suis dans le cours [de français] depuis (janvier). 3. Je l'apprends depuis (un an). 4. Oui, j'ai une stéréo depuis (six mois)/Non, je n'ai pas de stéréo. 5. Je l'ai regardée (pendant quatre heures) [le week-end dernier]. 6. (Il fait très froid) depuis (lundi dernier). 7. Je le fais depuis (un quart d'heure). 8. Je suis à l'université depuis (1994). 9. J'habite (à la cité) depuis (septembre). 10. Je l'ai pris il y a (trois) heures.

Je me suis couché(e) tard. 1. Nous 2. Tu 3. Vous 4. Les étudiants *Je ne me suis pas levé(e) très tôt.* 1. Vous 2. Nous 3. Tu 4. Les étudiants *Je me suis dépêché(e) parce que j'étais en retard.* 1. Nous 2. On 3. Vous 4. Les étudiants

1. Nous parlons. 2. Vous vous levez. 3. Elle sort. 4. Tu te dépêches. 5. Ils partent. 6. Je me promène. 7. Je ne la comprends pas. 8. Elle sent les fleurs. 9. Nous nous reposons. 10. Il les connaît. 11. Vous ne vous amusez pas. 12. Vous n'entrez pas. 13. Apprenez-vous le français ? 14. Je ne me couche pas. 15. Ne dort-elle pas ? 16. Nous ne le faisons pas.

Nom ______________________ Cours ____________ Section ____________ Date ____________

Compréhension auditive : *Monsieur Dubois parle à Marie. Indiquez si les réponses de Marie sont logiques et appropriées.*

1.	logique	pas logique	4.	logique	pas logique	7.	logique	pas logique
2.	logique	pas logique	5.	logique	pas logique	8.	logique	pas logique
3.	logique	pas logique	6.	logique	pas logique	9.	logique	pas logique

X. *Donnez le passé composé des verbes suivants. Indiquez la terminaison de chaque verbe d'après ces modèles quand c'est nécessaire.*

se promener (je) **je me suis promené(e)**
se lever (nous) **nous nous sommes levé(e)s**

1. se dépêcher (ils)

____

4. se coucher (tu)

____

2. se reposer (je)

____

5. s'amuser (elle)

____

3. s'habiller (vous)

____

6. se laver (nous)

____

7. ne pas se promener (nous)

____

8. ne pas s'ennuyer (vous)

____

Répondez aux questions.

9. À quelle heure vous êtes-vous couché(e) hier soir ?

____

10. Et à quelle heure vous êtes-vous levé(e) ce matin ?

____

11. Combien de temps avez-vous dormi ?

____

12. Où est-ce que vous vous êtes lavé le visage ?

____

13. Vous êtes-vous dépêché(e) ce matin ?

____

14. Demandez-moi si je me suis jamais (*ever*) cassé le bras.

____

logique—pas logique—pas logique ; logique—pas logique—pas logique ; logique—logique—logique

15. Demandez à votre copain s'il s'est foulé le doigt.

____

Y. La journée de Christine : *Regardez le Dessin 29 à la page 164. C'est ce que Christine a fait hier. Décrivez chaque action en employant le passé composé. Écrivez seulement le sujet et le verbe.*

16. ______________ 24. ______________
17. ______________ 25. ______________
18. ______________ 26. ______________
19. ______________ 27. ______________
20. ______________ 28. ______________
21. ______________ 29. ______________
22. ______________ 30. ______________
23. ______________

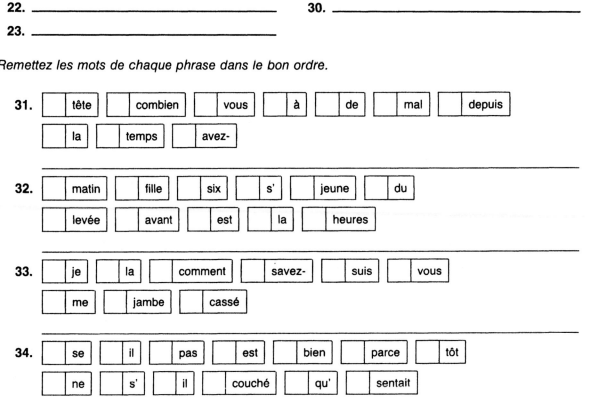

Z. *Remettez les mots de chaque phrase dans le bon ordre.*

31. [ ] tête [ ] combien [ ] vous [ ] à [ ] de [ ] mal [ ] depuis [ ] la [ ] temps [ ] avez-

____

32. [ ] matin [ ] fille [ ] six [ ] s' [ ] jeune [ ] du [ ] levée [ ] avant [ ] est [ ] la [ ] heures

____

33. [ ] je [ ] la [ ] comment [ ] savez- [ ] suis [ ] vous [ ] me [ ] jambe [ ] cassé

____

34. [ ] se [ ] il [ ] pas [ ] est [ ] bien [ ] parce [ ] tôt [ ] ne [ ] s' [ ] il [ ] couché [ ] qu' [ ] sentait

____

X. 1. ils se sont dépêchés 2. je me suis reposé(e) 3. vous vous êtes habillé(e)(s) 4. tu t'es couché(e) 5. elle s'est amusée 6. nous nous sommes lavé(e)s 7. nous ne nous sommes pas promené(e)s 8. vous ne vous êtes pas ennuyé(e)(s) 9. Je me suis couché(e) à (onze heures) [hier soir]. 10. Je me suis levé(e) à (sept heures) [ce matin]. 11. J'ai dormi (huit heures). 12. Je me suis lavé le visage dans la salle de bains. 13. Non, je ne me suis pas dépêché(e) [ce matin]. 14. Est-ce que vous vous êtes jamais/Vous êtes-vous jamais cassé le bras ? 15. Est-ce que tu t'es foulé le doigt ?
Y. 16. Elle s'est réveillée 17. Elle a pris 18. Elle s'est brossé 19. Elle s'est habillée 20. Elle a pris 21. Elle s'est brossé 22. Elle est sortie/a quitté 23. Elle est allée/arrivée 24. Elle a déjeuné/pris le déjeuner 25. Elle a travaillé 26. Elle a nagé/fait de la natation 27. Elle est rentrée 28. Elle a dîné/pris le dîner 29. Elle a lu 30. Elle s'est couchée
Z. 31. Depuis combien de temps avez-vous mal à la tête ? 32. La jeune fille s'est levée avant six heures du matin. 33. Savez-vous comment je me suis cassé la jambe ? 34. Il s'est couché tôt parce qu'il ne se sentait pas bien.

Nom ______________________ Cours __________ Section __________ Date __________

61 USING MORE OBJECT PRONOUNS: *TO HIM*, *TO THEM*, *TO ME*, ETC.

A. Questions : *Répondez d'après ces modèles.*

Avez-vous parlé à Jacques ? (oui)
Oui, je lui ai parlé.
M'avez-vous montré votre composition ? (non)
Non, je ne vous ai pas montré ma composition.

1 2 3 4 5 6 7 8 9 10 11

B. Questions : *Répondez aux questions en employant **le, la, les, lui** ou **leur**.*

1 2 3 4 5 6 7 8

C. Une visite à l'hôpital : *David ne se sentait pas bien et il est allé voir le médecin. Modifiez les phrases en remplaçant la dernière partie par le pronom approprié et en mettant chaque phrase au passé composé.*

Il téléphone à l'infirmière. **Il lui a téléphoné.**

1 2 3 4 5 6 7 8 9 10

X. *Répondez aux questions en employant des pronoms appropriés.*

1. Disiez-vous toujours la vérité quand vous étiez petit(e) ?

____

2. Avez-vous écrit à vos parents le mois dernier ?

____

3. Vos parents vous envoient-ils de l'argent ?

____

4. Ressemblez-vous à votre père ?

____

5. Voulez-vous rendre visite au président des États-Unis ?

____

6. À qui est le cahier que vous utilisez ?

____

7. Répondez-vous à vos professeurs quand ils vous posent une question ?

____

8. Qu'est-ce que vous dites à votre ami(e) quand vous le/la quittez ?

____

9. Pensez-vous souvent à votre ami(e) ?

___

10. Téléphonez-vous souvent à votre ami(e) ?

___

62 *TO SEE, TO BELIEVE, TO DRINK*

A. Contrôle

Répétez : 1 2 3 4 *Répétez :* 1 2 3 4 *Répétez :* 1 2 3 4

X. *Répondez aux questions.*

1. Croyez-vous à l'astrologie ?

___

2. Qui voyez-vous souvent ?

___

3. Qu'est-ce qu'on peut voir par la fenêtre de votre chambre ?

___

4. Qui n'avez-vous pas vu hier soir ?

___

5. Qui est-ce que vous ne croyez pas toujours ?

___

6. Est-ce que je vous vois et je vous crois ?

___

7. Demandez-moi si je croyais au père Noël quand j'étais petit.

___

8. Qu'est-ce que vous buvez au petit déjeuner ?

___

9. Demandez à une camarade si elle boit de la bière.

___

10. Que boit-on quand on a chaud ?

___

X. 1. Oui, je la disais toujours/Non, je ne la disais pas toujours [quand j'étais petit(e)]. 2. Oui, je leur ai/Non, je ne leur ai pas écrit [le mois dernier]. 3. Oui, ils m'envoient de l'argent/Non, ils ne m'envoient pas d'argent. 4. Oui, je lui ressemble/Non, je ne lui ressemble pas. 5. Oui, je veux/Non, je ne veux pas lui rendre visite. 6. Il est à moi. 7. Oui, je leur réponds [quand ils me posent une question]. 8. Je lui dis (« au revoir ») quand je le/la quitte. 9. Oui, je pense souvent à lui/à elle. 10. Oui, je lui téléphone souvent.

Nous voyons que Robert est occupé. 1. Je 2. On 3. Vous 4. Tout le monde *Je crois que j'ai déjà vu ce film.* 1. Nous 2. Tu 3. Vous 4. Ces enfants *Je bois du jus d'orange au petit déjeuner.* 1. Nous 2. On 3. Vous 4. Les étudiants

11. Demandez-moi si je bois du café.

____

12. Demandez-moi qui je vois souvent et qui je crois.

____

Y. Au café : *Regardez le Dessin 18 (p. 84) et dites ce que font les gens indiqués.*

13. ______________________________

14. ______________________________

15. ______________________________

16. ______________________________

17. ______________________________

18. ______________________________

Z. *Trouvez le participe passé des verbes suivants.*

on a	on dit	on met	il pleut	on va
on boit	on est	on naît	on prend	on vend
on choisit	on fait	on obéit	on sait	on veut
on connaît	on finit	on part	on sort	on vient
on croit	on lit	on peut	on tient	on voit

p	e	u	d	i	c	t	f	l	u
r	a	b	i	c	h	e	a	s	é
e	v	r	t	r	o	n	i	u	i
n	é	e	t	u	i	u	t	n	u
d	v	t	n	i	s	é	i	n	m
u	o	e	é	d	i	f	n	u	u
m	i	s	n	i	u	o	l	l	p
a	l	l	é	u	c	p	u	é	r
n	a	b	t	t	s	o	r	t	i
e	o	u	e	s	v	u	n	i	s

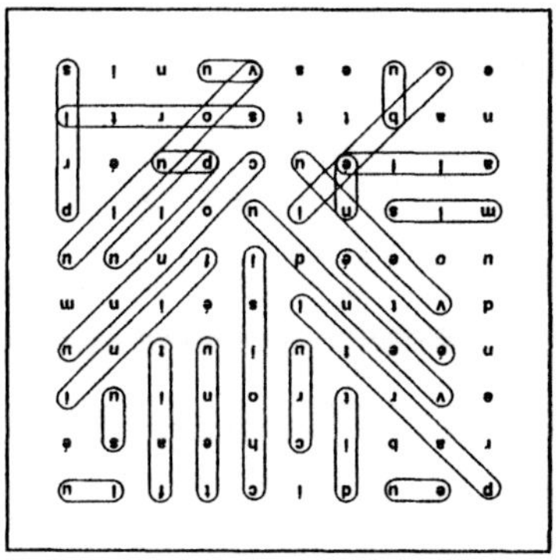

X. 1. Oui, je crois/Non, je ne crois pas à l'astrologie. 2. Je vois souvent (mon amie). 3. On peut voir (le campus) [par la fenêtre de ma chambre]. 4. Je n'ai pas vu (mon copain Charles) [hier soir]. 5. Je ne crois pas toujours (le président des États-Unis). 6. (Non, vous ne me voyez pas mais vous me croyez.) 7. Croyiez-vous au père Noël quand vous étiez petit ? 8. Je bois (du jus d'orange) [au petit déjeuner]. 9. Bois-tu de la bière ? 10. On boit (quelque chose de rafraîchissant) quand on a chaud. 11. Buvez-vous du café ? 12. Qui voyez-vous souvent et qui croyez-vous ?
Y. 13. Il écrit une lettre. 14. (Le couple/Ahmed commande/Ils commandent des boissons et le garçon les écoute.) 15. (Ils prennent leur boisson.) 16. (Il fume et lit un journal.) 17. (Elle écrit quelque chose.) 18. Ils parlent.

FINALE

A. Lecture et conversations : Compréhension auditive : *Lisez rapidement le deuxième paragraphe, puis indiquez si les commentaires que vous entendez sont vrais ou faux.*

1.	v	f	4.	v	f	7.	v	f
2.	v	f	5.	v	f	8.	v	f
3.	v	f	6.	v	f	9.	v	f

DESSIN 30

Compréhension auditive : *Regardez le Dessin 30 et indiquez si les commentaires suivants sont vrais ou faux.*

1.	v	f	4.	v	f	7.	v	f
2.	v	f	5.	v	f	8.	v	f
3.	v	f	6.	v	f	9.	v	f

A. f—v—v ; v—v—v ; f—v—v

f—v—v ; v—v—v ; f—v—v

Nom ______________________ Cours __________ Section __________ Date __________

Dictée : *Laurence est malade.*

____

____

____

____

____

____

____

____

____

B. Cabinets médicaux : Voici les mots importants sur la photo.

LABORATOIRE D'ANALYSES MEDICALES
LIONEL ALBOUZE
PHARMACIEN BIOLOGISTE

CLABO CONSEIL MEDITERRANEE
laboratoire de contrôle alimentaire
ANALYSE - CONSEILS - FORMATION

DOCTEUR Patricia CROSNIER-LECOMTE MEDICINE GENERALE GERONTOLOGIE GERIATRIE	DOCTEUR Olivier LATIL MEDICINE GENERALE VERTEBROTHERAPIE	DOCTEUR Laurent BRECY CHIRURGIEN DENTISTE	DOCTEUR François DURANTE CHIRURGIEN DENTISTE
MADAME Pierrette HAMELIN INFIRMIERE	DOCTEUR Serge BESSES PSYCHIATRIE - PSYCHOTHERAPIE SEXOLOGIE CLINIQUE	DOCTEUR Marie-Christine ROBERT-MOSNIER GYNECOLOGIE - OBSTETRIQUE	DOCTEUR Patrick HELYNCK PHLEBOLOGIE ECHO - DOPPLER VASCULAIRE

C. Parlons de nous

1. À quelle heure vous levez-vous et à quelle heure vous couchez-vous ? Combien de temps dormez-vous en général ?

____

____

2. À quelle heure vous êtes-vous couché(e) hier soir ? À quelle heure vous êtes-vous levé(e) ce matin ? Combien de temps avez-vous dormi ?

____

____

Laurence ne se sentait pas bien quand elle s'est levée ce matin. Elle avait de la fièvre et elle avait mal au ventre. Elle a pris de l'aspirine. Elle n'est pas allée à ses cours. Elle est allée chez le médecin vers midi. Le médecin l'a examinée et lui a dit qu'elle avait la grippe. Elle va passer tout le week-end à la maison.

3. Depuis combien de temps êtes-vous à l'université ?

____

4. Comment vous sentez-vous aujourd'hui ? Vous êtes-vous bien reposé(e) ?

____

5. Où est-ce que vous avez pris votre petit déjeuner ce matin ?

____

D. Questions : *Pauvre Isabelle ! Elle s'est cassé la jambe. Elle a la jambe dans le plâtre depuis deux semaines. Lisez d'abord le paragraphe, ensuite posez des questions sur les parties soulignées.* (Text p. 263)

1. ______________________________

2. ______________________________

3. ______________________________

4. ______________________________

5. ______________________________

6. ______________________________

7. ______________________________

8. ______________________________

9. ______________________________

10. ______________________________

11. ______________________________

12. ______________________________

13. ______________________________

14. ______________________________

E. Reconstitution orale/écrite : *Mireille a la grippe :* *Complétez le passage en employant les mots indiqués.* (Text p. 263)

____

____

____

____

____

____

____

____

C. 1. Je me lève à (sept heures) et je me couche à (onze heures). En général, je dors (huit) heures. **2.** Je me suis couché(e) à (onze heures) et je me suis levé(e) à (sept heures). J'ai dormi (huit) heures. **3.** Je suis à l'université depuis (un an). **4.** Je me sens (bien) aujourd'hui. Je me suis/ne me suis pas bien reposé(e). **5.** J'ai pris mon petit déjeuner (dans la salle à manger de ma résidence) [ce matin].

RÉVISION

X. *Traduisez les dialogues suivants.*

1. Christine and Izoumi arrived in Sarlat around six. Here is the dialogue that took place at the first hotel.

2. *Christine* Good evening. Do you have a room with two beds and a bathroom?

3. *The clerk* I'm sorry, but we're full.

4. Here is what (*ce qui*) took place at the third hotel.

5. *The clerk* Yes, we still have one room with two beds. It faces the garden.

6. *Izoumi* We're going to take it. It's for two nights.

7. Daniel knocks at Ahmed's door. They were going to play tennis.

8. *Daniel* Hi, Ahmed. Excuse me for arriving (*d'arriver*) late.

9. *Ahmed* Hi. Say, you don't look good. Are you sick?

10. *Daniel* Yes, I've had a headache since this morning. Can I cancel (*annuler*) our game?

11. *Ahmed* Of course. Lie down on my bed. I'm going to bring you some aspirin.

---

12. *Daniel* I went to bed very late. I slept very poorly (badly) and I think I caught a cold.

---

13. Sophie was working with her brother's computer. She found that his software was not easy. He returned around four.

---

14. *Sophie* Where were you this afternoon? I needed your help.

---

15. *Jean-Paul* I was at Florence's. Didn't you know it?

---

16. *Sophie* Yes, I phoned her, but there was no answer.

---

17. *Jean-Paul* We took a walk in the park because the weather was so nice.

Y. *Posez une question sur la partie soulignée de chaque phrase en employant la forme* **vous** *d'après ce modèle.*

J'ai déjeuné <u>à midi et demi</u>. **À quelle heure avez-vous déjeuné ?**

18. Je suis arrivé <u>ce matin</u>.

---

19. Je ne lui ai pas parlé <u>parce que je ne le connaissais pas</u>.

---

20. J'avais besoin <u>de votre logiciel</u>.

---

21. <u>Ma chambre</u> était au-dessus de votre garage.

---

22. J'avais <u>vingt et un ans</u> en novembre.

---

23. Je parlais <u>à mon frère</u> quand vous m'avez téléphoné.

---

24. J'ai vu <u>plusieurs voitures</u> dans ce garage.

---

25. Les dessins animés m'intéressaient quand j'étais petite.

26. Je me sentais déprimée après cet examen.

27. Je parlais russe quand j'avais dix ans.

28. Je me suis levée à six heures et demie.

29. J'ai écrit ces deux lettres.

30. Il pleuvait à verse quand je suis sortie.

Z. *Écrivez des phrases en employant les éléments indiqués. Utilisez le passé composé et/ou l'imparfait, sauf dans les phrases 33 et 34.*

31. Je/commander/bière/parce que/je/avoir/soif.

32. Nous/demander/lui/si/il/vouloir/appeler/médecin.

33. Je/savoir/vous/connaître/ce/étudiant/depuis/5/an.

34. Tigres/être/animal ;/roses/ne pas/être/animal ;/ce/être/fleur.

35. Je/se laver/mains/quand/je/rentrer.

36. Elle/lever/doigt/parce que/elle/avoir/question.

37. Elle/aller/hôpital/hier/parce que/elle/avoir/mal/jambe.

38. Quand/Melissa/arriver/cours,/professeur/parler/de/son/vacances/France.

39. Il/demander/me/si/je/vouloir/appeler/taxi ;/je/dire/lui/que/non/parce que/je/ne pas/être/fatigué(e).

40. Nous/avoir froid/et/nous/vouloir/manger,/mais/il y a/ne pas/restaurant/et/nous/décider de/aller/à/gare.

Nom ______________________ Cours __________ Section __________ Date __________

UNITÉ 8

Allons à Paris !

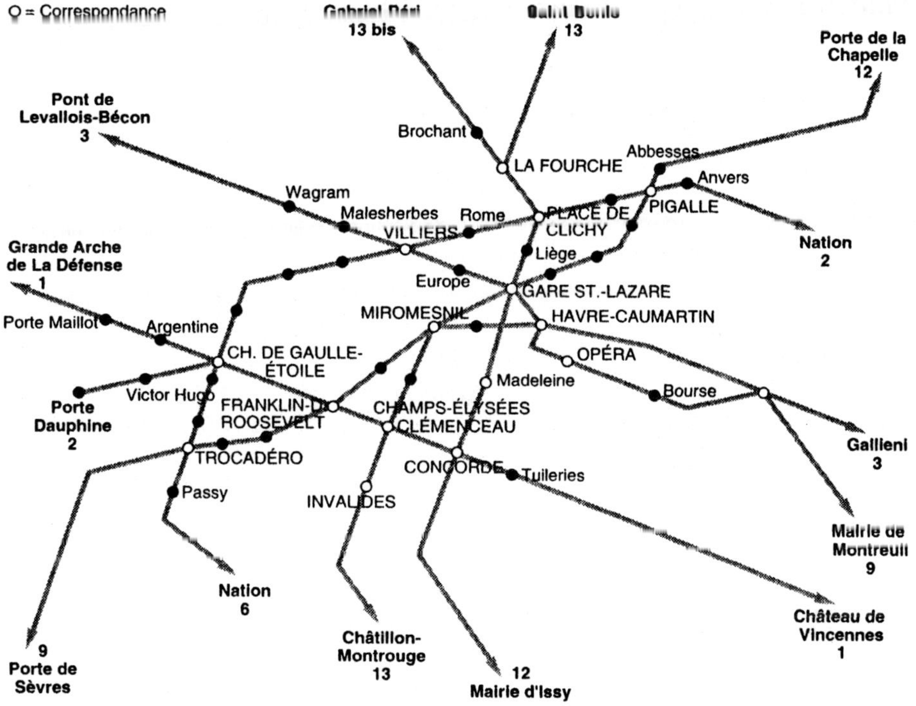

○ = Correspondance
13 bis
13
Porte de la Chapelle 12
Pont de Levallois-Bécon 3
Brochant
LA FOURCHE
Abbesses
Anvers
Wagram
Malesherbes
Rome
PLACE DE CLICHY
PIGALLE
VILLIERS
Nation 2
Grande Arche de La Défense 1
Liège
Europe
GARE ST.-LAZARE
MIROMESNIL
HAVRE-CAUMARTIN
Porte Maillot
Argentine
OPÉRA
CH. DE GAULLE-ÉTOILE
Madeleine
Bourse
Victor Hugo
FRANKLIN-D. ROOSEVELT
CHAMPS-ÉLYSÉES CLÉMENCEAU
Porte Dauphine 2
Gallieni 3
TROCADÉRO
CONCORDE
Tuileries
Passy
INVALIDES
Mairie de Montreuil 9
Nation 6
Château de Vincennes 1
Châtillon-Montrouge 13
9 Porte de Sèvres
12 Mairie d'Issy

DESSIN 31

PRÉLUDE

Expressions

A subway station

to consult } a map of the subway; to use SITU
to look at }

to buy { a ticket / a book of tickets } at the window

to go through [pass] the gate/the automatic ticket-puncher

to take { the direction (for) Nation / line 1

to arrive { on the platform / at the end of the line / at the (transfer) station

to make a transfer } at Madeleine
to change trains/lines }

to go out of the subway street entrance

A bus stop

to look for } line 14
to take }

to punch the ticket (to put the ticket in the puncher, which is on the bus)

to use } { one ticket for each section
to punch } { two tickets for the trip

The bus is (not) crowded/full.

Conversations

Compréhension auditive : *Regardez le Dessin 31. C'est une très petite partie du plan du métro de Paris. Vous avez une chambre dans un hôtel près de la station Wagram. Aujourd'hui vous allez visiter quelques grands monuments de Paris.*

D'abord vous voulez voir la Tour Eiffel, qui est près de la station Trocadéro. Vous prenez donc la direction Gallieni et vous changez de ligne à Villiers. Vous prenez la direction Porte Dauphine, et vous changez encore une fois de ligne à l'Étoile. Là, vous prenez la ligne Étoile-Nation et vous descendez à la troisième station. Maintenant, écoutez chaque commentaire et dites s'il est vrai ou faux.

1.	v	f	4.	v	f	7.	v	f
2.	v	f	5.	v	f	8.	v	f
3.	v	f	6.	v	f	9.	v	f

C. Comment faire ou accepter des excuses : *Jean-Paul est dans le métro. C'est le début des heures de pointe et le métro est absolument bondé. Il veut descendre à la prochaine station.* (   )

Jean-Paul	Excuse me, please. Excuse me(, ma'am). Please let me through.
An old lady	Ouch! You stepped on my foot!
Jean-Paul	I'm [very] sorry(, ma'am). I didn't do it intentionally.
The old lady	It's OK [isn't serious].
A (gentle)man	Don't push [jostle] me.
Jean-Paul	Excuse me. Are you getting off at the next station?
The (gentle)man	No.
Jean-Paul	Then, please let me through.
The (gentle)man	OK, OK. Go on.

X. *Vous êtes à Paris et vous prenez le métro. Répondez aux questions.*

1. Pour aller à la station, qu'est-ce que vous cherchez d'abord ?

____

2. Où peut-on acheter les tickets de métro ?

____

3. Où est-ce qu'on descend pour attendre le train ?

____

4. Comment s'appellent les stations où on change de ligne ?

____

5. Que font les passagers quand ils arrivent au terminus ?

____

Nom ______________________ Cours ____________ Section ____________ Date ____________

6. Que font-ils quand ils descendent du train ?

____

7. À quelle station descendez-vous pour aller voir le tombeau de Napoléon ?

____

8. Et pour aller voir la Tour Eiffel ?

____

9. Comparez le plan du métro à la page 183 du *Cahier* et l'autre à la page 209 de votre manuel de français. Dans le plan du *Cahier*, il y a une ligne qui manque. Laquelle ?

____

Y. Dialogues : *Lisez chaque phrase et trouvez une réplique* (rejoinder) *appropriée.*

10. Aïe ! Vous allez me faire mal au dos ! ( )
11. Prenons quelque chose de chaud. C'est moi qui invite. ( )
12. Qu'est-ce que vous pensez de ce tableau ? ( )
13. Je suis tombée et je peux à peine marcher. ( )
14. On m'a volé 500 F ce matin. ( )
15. J'ai très mal à la tête depuis ce matin. ( )
16. Ah, vous voilà, enfin ! ( )
17. J'ai acheté une voiture. La voilà. ( )
18. Ah, excuse-moi. Je ne t'ai pas fait mal, j'espère. ( )

a. Enlevez votre pantalon ; je vais vous examiner.
b. Je suis désolé d'arriver en retard.
c. Excusez-moi, je ne l'ai pas fait exprès.
d. Non, non, ce n'est pas grave.
e. D'accord, et merci.
f. Ah, le pauvre ! Veux-tu de l'aspirine ?
g. Moi, je trouve qu'il est très intéressant.
h. Ah, comme elle est belle !
i. Quelle horreur ! Où est-ce que cela s'est passé ?

Z. *La plupart des stations de métro portent le nom de l'endroit où se trouvent leurs sorties* ***(Concorde, Invalides, Gare du Nord, Place d'Italie)****. Il y a aussi d'autres stations qui représentent les noms de certains personnages. Pouvez-vous classer les noms suivants selon ces quatre catégories ?*

a. hommes politiques, rois
b. écrivains
c. artistes
d. savants

CLÉMENCEAU ( )	VICTOR HUGO ( )	FRANKLIN D. ROOSEVELT ( )
PIERRE CURIE ( )	LAMARCK ( )	VOLTAIRE ( )
CHARLES DE GAULLE ( )	MICHEL-ANGE ( )	ÉMILE ZOLA ( )
ALEXANDRE DUMAS ( )	PASTEUR ( )	ROBESPIERRE ( )

X. 1. Je cherche [d'abord] la bouche de métro. 2. On peut les acheter au guichet. 3. On descend sur le quai. 4. Elles s'appellent les stations de correspondance. 5. Ils descendent du train. 6. Ils cherchent la sortie/Ils se dirigent à/vers la sortie. 7. Je descends aux Invalides/à la station Invalides. 8. Je descends au Trocadéro/à la station Trocadéro. 9. La ligne 8 [Balard–Créteil Préfecture] manque dans le plan du *Cahier*.
Y. c—e—g—a—i ; f—b—h—d
Z. a—d—a—b ; b—d—c—d ; a—b—b—a

DÉVELOPPEMENT

63 USING MORE NEGATIVE PATTERNS: *NO LONGER, NEVER*

A. Il a changé : *Je vais parler d'un de mes amis. Autrefois, il faisait certaines choses. Maintenant, il ne les fait plus. Ajoutez des phrases d'après ce modèle.* Attention : les articles indéfinis et partitifs deviennent **de** dans une phrase négative.

Autrefois, il mangeait beaucoup de viande.
Maintenant, il ne mange plus de viande.

1 2 3 4 5 6

B. Elle a déménagé : *Autrefois, Michel sortait souvent avec Frédérique. Mais ils ne sortent plus ensemble.* ( )

Jean-Paul	I saw you with Solange in front of the movie theater yesterday. Don't you go out with Frédérique anymore?
Michel	No, she moved to Rouen.
Jean-Paul	Do you phone her often?
Michel	No, she never gave me her new number [n]or her address!

X. *Répondez aux questions en employant* **ne ... plus** *ou* **ne ... jamais.**

1. Allez-vous encore à l'école secondaire ?

____

2. Avez-vous voyagé dans un avion supersonique ?

Non, ______________________________

3. Qu'est-ce qu'on ne fait jamais en classe ?

____

4. Qu'est-ce que vous n'avez jamais mangé ?

____

5. Qu'est-ce que vous ne voulez plus faire ?

____

6. Quelle émission à la télévision ne regardez-vous plus ?

____

7. Et quelle émission ne voulez-vous jamais regarder ?

____

8. À qui n'avez-vous jamais parlé ?

____

9. Avec qui ne sortez-vous plus ?

____

10. Regardez-vous encore des dessins animés à la télé ?

____

X. 1. Non, je ne vais plus à l'école secondaire. 2. je n'ai jamais voyagé dans un avion supersonique. 3. On ne (mange) jamais en classe. 4. Je n'ai jamais mangé (d'escargots). 5. Je ne veux plus (aller au labo). 6. Je ne regarde plus (*Sesame Street*). 7. Je ne veux jamais regarder (*Santa Barbara*). 8. Je n'ai jamais parlé (au président de l'université). 9. Je ne sors plus avec (Carol). 10. Oui, je regarde des dessins animés de temps en temps/Non, je ne regarde plus de dessins animés.

Nom ____________ Cours ____________ Section ____________ Date ____________

64 DESCRIBING HOW SOMETHING IS DONE

A. Contrôle : *Donnez l'adverbe qui correspond à chaque adjectif.*

1 2 3 4 5 6 7 8 9 10 11 12

B. Comment ? : *Répondez aux questions d'après ce modèle.*

Monique est gracieuse. Comment danse-t-elle ?
Elle danse gracieusement.

1 2 3 4 5 6 7 8 9 10

C. Le métro : *Vous aimez prendre le métro pour vous déplacer. Mettez le verbe de chaque phrase au passé composé d'après ce modèle. Faites attention à la place de chaque adverbe.*

Je prends souvent le métro. **J'ai souvent pris le métro.**

1 2 3 4 5 6 7 8

Compréhension auditive : *Donnez l'adverbe qui correspond à l'adjectif que vous entendez. Exemple : Si vous entendez « heureux, heureuse », vous écrivez « heureusement ».*

1. ____________ **5.** ____________

2. ____________ **6.** ____________

3. ____________ **7.** ____________

4. ____________ **8.** ____________

X. *Donnez l'adverbe qui correspond à chaque adjectif.*

1. (élégant) ____________ **5.** (seul) ____________

2. (excessif) ____________ **6.** (absolu) ____________

3. (naturel) ____________ **7.** (oral) ____________

4. (récent) ____________ **8.** (exact) ____________

Y. *Répondez aux questions d'après ce modèle. Employez des pronoms quand c'est possible.*

Regardez-vous la télé le lundi matin ? (rarement)
Non, je la regarde rarement le lundi matin.

9. Téléphonez-vous à votre ami(e) ? (assez fréquent)

Oui, ____________

10. Comment avez-vous répondu à la question précédente ? (affirmatif)

____

1. vrai 2. lisible 3. élégant 4. franc 5. gracieux 6. patient 7. ponctuel 8. frugal 9. constant 10. fréquent 11. rapide 12. seul

1. sérieusement 2. patiemment 3. absolument 4. vraiment 5. franchement 6. longuement 7. lentement 8. constamment

11. Comment parlez-vous à votre ami(e) ? (franc)

____

12. Avez-vous raconté vos ennuis à votre ami(e) ? (souvent)

Oui, ____

13. A-t-il(elle) compris vos ennuis ? (enfin)

Oui, ____

14. En général, comment écrivez-vous vos réponses dans ce cahier ? (lisible)

____

Z. *Complétez la grille avec les adverbes qui correspondent aux adjectifs suivants.*

absolu	évident	heureux	malheureux	vrai
affirmatif	excessif	indiscret	naturel	
constant	franc	indiscutable	rare	
discret	gentil	intelligent	récent	

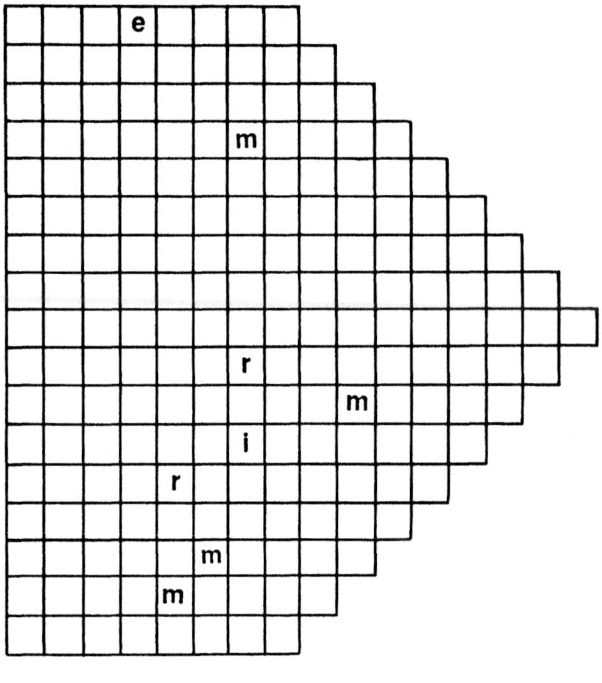

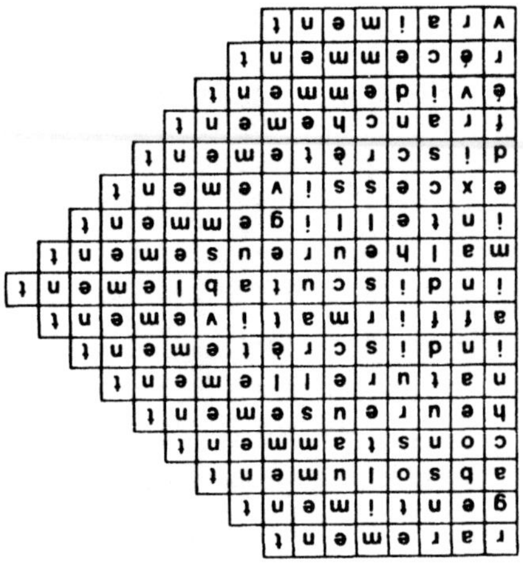

X. 1. élégamment 2. excessivement 3. naturellement 4. récemment 5. seulement 6. absolument 7. oralement 8. exactement

Y. 9. je lui téléphone assez fréquemment. 10. J'ai répondu affirmativement [à cette question]. 11. Je lui parle franchement. 12. je les ai souvent racontés à mon ami(e)/je lui ai souvent raconté mes ennuis. 13. il/elle les a enfin compris. 14. Je les écris/Je ne les écris pas lisiblement.

Nom ______________________ Cours ____________ Section ____________ Date ____________

65 COMPARING HOW AN ACTION IS PERFORMED

B. Après un match de tennis : *David et Florence ont joué au tennis.* (   )

David Say, Florence. You play very well!
Florence But *you* play much better than me.
David A little better than you, perhaps. It's Christine who plays the best.
Florence You're right. She's [It's she who is] the best player.

Exercice supplémentaire : *Répondez aux questions d'après ce modèle.*

Est-ce que Marie est une étudiante sérieuse ?
Ah oui, c'est l'étudiante la plus sérieuse du monde !
Alors, comment travaille-t-elle ?
Elle travaille le plus sérieusement du monde.

1 2 3 4 5 6 7 8 9 10

Compréhension auditive : *Écoutez ces commentaires et indiquez si chaque commentaire est logique et approprié.*

1.	logique	pas logique	4.	logique	pas logique	7.	logique	pas logique
2.	logique	pas logique	5.	logique	pas logique	8.	logique	pas logique
3.	logique	pas logique	6.	logique	pas logique	9.	logique	pas logique

X. *Répondez aux questions.*

1. Que savez-vous faire beaucoup mieux que certains de vos camarades ?

____

2. Parlez-vous aussi intelligemment que le président des États-Unis ?

____

3. Écrivez-vous plus lisiblement que votre professeur ?

____

4. À votre avis, qui travaille plus patiemment que vous ?

____

5. Je me lève à neuf heures. Est-ce que vous vous levez plus tôt que moi ?

____

1. Est-ce que Marie est une étudiante intelligente ? 2. Alors, comment répond-elle aux questions ? 3. Est-ce que Marie est une jeune fille gracieuse ? 4. Alors, comment danse-t-elle ? 5. Est-ce que Mme Vernin est une dame élégante ? 6. Alors, comment s'habille-t-elle ? 7. Est-ce que Philippe est un jeune homme sérieux ? 8. Alors, comment parle-t-il ? 9. Est-ce que M. Dubois est un professeur patient ? 10. Alors, comment enseigne-t-il ?

logique—pas logique—pas logique ; logique—pas logique—logique ; pas logique—logique—logique

6. Hier je me suis couché à minuit. Vous êtes-vous couché(e) plus tard que moi ?

____

7. Qui parle français plus vite que vous ?

____

8. Qui écrit des lettres le moins souvent, vous, votre père ou votre mère ?

____

9. Aimez-vous le jus de tomate mieux que le jus d'orange ?

____

10. Est-ce que vous aimez mieux le citron pressé que le Coca ?

____

11. Dans quel restaurant de votre ville mange-t-on le mieux ?

____

12. Est-ce qu'on se déplace moins rapidement en taxi qu'en autobus ?

____

66 TALKING ABOUT FUTURE EVENTS (1)

A. Contrôle

Répétez : 1 2 3 4 *Répétez :* 1 2 3 4 *Répétez :* 1 2 3 4

B. Le passé, le présent et le futur : *Faites des phrases d'après ce modèle.*

je : regarder la télé a. hier **J'ai regardé la télé.**
b. aujourd'hui **Je regarde la télé.**
c. demain **Je regarderai la télé.**

1. a b c 2. a b c 3. a b c 4. a b c
5. a b c 6. a b c 7. a b c 8. a b c

C. Je n'oublierai pas : *Jean a promis à Pierre de l'aider.* ( )

Pierre Then, you will help me repair my horn?
Jean Yes, I'll bring my tools this afternoon.
Pierre Don't forget. I'm counting on you.
Jean OK. I'll give you a ring before leaving the [my] house.

Je vendrai ma bicyclette et j'achèterai une moto. 1. Nous 2. Tu 3. L'étudiant 4. Vous *Je mangerai d'abord, ensuite je finirai mon travail.* 1. Vous 2. On 3. Nous 4. Les étudiants *Je lirai la lettre et j'écrirai la réponse.* 1. Les étudiants 2. Tu 3. Nous 4. L'étudiant

X. 1. Je sais (jouer au tennis) beaucoup mieux que certains de mes camarades/mieux qu'eux. 2. Je parle (aussi/moins/plus) intelligemment que lui. 3. Oui, j'écris plus lisiblement/Non, j'écris moins lisiblement que lui/qu'elle. 4. [À mon avis,] (Mon/Ma camarade de chambre) travaille plus patiemment que moi. 5. Oui, je me lève plus tôt/Non, je me lève plus tard/à la même heure que vous. 6. Oui, je me suis couché(e) plus tard/Non, je me suis couché(e) plus tôt/à la même heure que vous. 7. (Mon professeur) le parle plus vite que moi. 8. (Mon père écrit) le moins souvent. 9. J'aime (le jus d'orange) mieux que (le jus de tomate). 10. J'aime mieux (le citron pressé) que (le Coca). 11. On mange le mieux à « (Wagon Trail) ». 12. On se déplace plus rapidement en taxi [qu'en autobus].

Nom ______________________ Cours ____________ Section ____________ Date ____________

Exercice supplémentaire : *Mettez chaque verbe au futur.*

1 2 3 4 5 6 7 8 9 10 11 12

Exercice supplémentaire : *Deux étudiants vont inviter quelques copains chez eux. Mettez toutes les phrases au futur, d'après ce modèle.*

Nous allons dîner ensemble. **Nous dînerons ensemble.**

1 2 3 4 5 6 7 8 9 10 11 12

X. *Deux étudiants vont inviter quelques copains chez eux. Mettez tous les verbes soulignés au futur.*

(1) Nous invitons des copains. (2) Je nettoie la salle de séjour. (3) Nous préparons un bon dîner. (4) J'achète des steaks et des légumes. (5) Michel apporte le dessert. (6) Il arrive vers six heures. (7) Nous mangeons à sept heures. (8) Tu sers de la bière. (9) Michel offre son dessert. Après le dîner, (10) nous jouons aux cartes. Toi et Michel, (11) vous gagnez comme d'habitude. (12) Les invités partent vers minuit.

1. ______________________ 7. ______________________
2. ______________________ 8. ______________________
3. ______________________ 9. ______________________
4. ______________________ 10. ______________________
5. ______________________ 11. ______________________
6. ______________________ 12. ______________________

Y. *Répondez aux questions. Employez le futur et, quand c'est possible, les pronoms appropriés.*

13. À quelle heure allez-vous vous lever demain ?

____

14. Qu'est-ce que vous allez prendre comme boisson au petit déjeuner ?

____

15. À quelle heure allez-vous déjeuner ?

____

16. À quelle heure allez-vous rentrer demain ?

____

1. nous finissons 2. vous achetez 3. il appelle 4. nous buvons 5. je sers 6. ils prennent 7. elles sortent 8. nous lisons 9. je connais 10. vous dites 11. elle dort 12. tu crois

1. Nous allons inviter des copains. 2. Je vais nettoyer le séjour. 3. Robert, tu vas nettoyer la salle de bains. 4. Nous allons préparer un bon repas. 5. Je vais acheter des steaks. 6. Michel va apporter le dessert. 7. Il va arriver vers six heures. 8. Nous allons dîner vers sept heures. 9. Tu vas servir du café. 10. Après le dîner, nous allons jouer aux cartes. 11. Nous allons aussi regarder la télé. 12. Nos invités vont partir vers minuit.

X. 1. Nous inviterons 2. Je nettoierai 3. Nous préparerons 4. J'achèterai 5. Michel apportera 6. Il arrivera 7. Nous mangerons 8. Tu serviras 9. Michel offrira 10. nous jouerons 11. vous gagnerez 12. Les invités partiront

17. Allez-vous écouter la radio demain soir ?

____

18. En quelle mois allons-nous partir en vacances ?

____

INTERLUDE

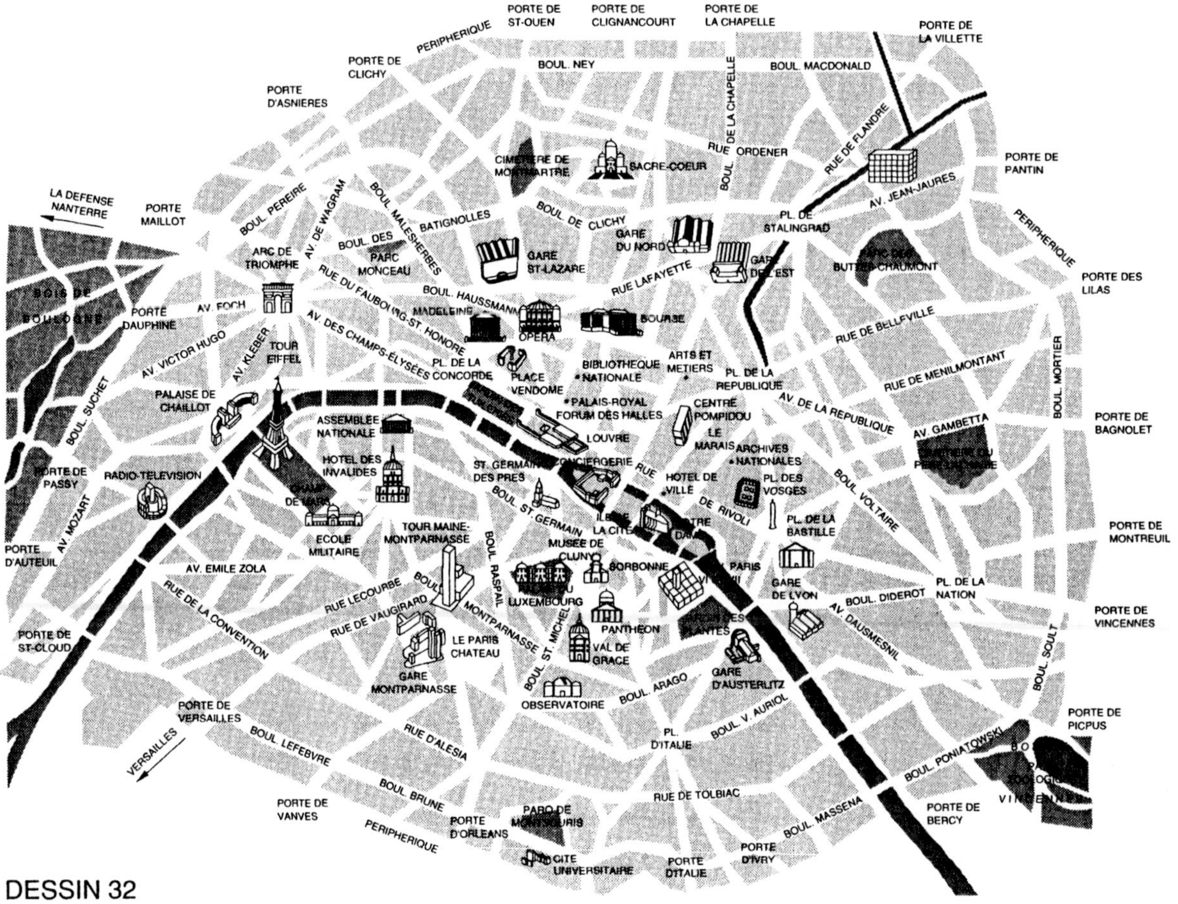

PORTE DE ST-OUEN
PORTE DE CLIGNANCOURT
PORTE DE LA CHAPELLE
PORTE DE LA VILLETTE
PERIPHERIQUE
PORTE DE CLICHY
PORTE D'ASNIERES
BOUL. NEY
BOUL. MACDONALD
RUE DE LA CHAPELLE
RUE DE FLANDRE
RUE ORDENER
SACRE-COEUR
PORTE DE PANTIN
LA DEFENSE NANTERRE
PORTE MAILLOT
BOUL. PEREIRE
AV. DE WAGRAM
BOUL. MALESHERBES
BATIGNOLLES
BOUL. DE CLICHY
GARE DU NORD
PL. DE STALINGRAD
AV. JEAN-JAURES
ARC DE TRIOMPHE
BOUL. DES
PARC MONCEAU
GARE ST-LAZARE
RUE LAFAYETTE
GARE DE L'EST
PORTE DES LILAS
PORTE DAUPHINE
AV. FOCH
BOUL. HAUSSMANN
MADELEINE
OPERA
BOURSE
RUE DE BELLEVILLE
AV. VICTOR HUGO
AV. KLEBER
TOUR EIFFEL
AV. DES CHAMPS-ELYSEES
PL. DE LA CONCORDE
PLACE VENDOME
BIBLIOTHEQUE NATIONALE
ARTS ET METIERS
PL. DE LA REPUBLIQUE
RUE DE MENILMONTANT
BOUL. MORTIER
PALAISE DE CHAILLOT
BOUL. SUCHET
ASSEMBLEE NATIONALE
PALAIS-ROYAL
FORUM DES HALLES
CENTRE POMPIDOU
AV. DE LA REPUBLIQUE
AV. GAMBETTA
PORTE DE BAGNOLET
LOUVRE
LE MARAIS
ARCHIVES NATIONALES
HOTEL DES INVALIDES
ST. GERMAIN DES PRES
CONCIERGERIE
HOTEL DE VILLE
PL. DES VOSGES
BOUL. VOLTAIRE
PORTE DE PASSY
RADIO-TELEVISION
RUE DE RIVOLI
BOUL. ST GERMAIN
LA CITE
PL. DE LA BASTILLE
PORTE DE MONTREUIL
AV. MOZART
ECOLE MILITAIRE
TOUR MAINE-MONTPARNASSE
BOUL. RASPAIL
MUSEE DE CLUNY
SORBONNE
PORTE D'AUTEUIL
AV. EMILE ZOLA
RUE LECOURBE
RUE DE VAUGIRARD
LUXEMBOURG
GARE DE LYON
BOUL. DIDEROT
PL. DE LA NATION
PORTE DE VINCENNES
RUE DE LA CONVENTION
BOUL. MONTPARNASSE
PANTHEON
AV. DAUSMESNIL
PORTE DE ST-CLOUD
LE PARIS CHATEAU
BOUL. ST. MICHEL
VAL DE GRACE
GARE D'AUSTERLITZ
BOUL. SOULT
GARE MONTPARNASSE
OBSERVATOIRE
BOUL. ARAGO
BOUL. V. AURIOL
PORTE DE VERSAILLES
PL. D'ITALIE
PORTE DE PICPUS
VERSAILLES
BOUL. LEFEBVRE
RUE D'ALESIA
BOUL. PONIATOWSKI
BOUL. BRUNE
RUE DE TOLBIAC
PORTE DE VANVES
PORTE D'ORLEANS
BOUL. MASSENA
PORTE DE BERCY
PERIPHERIQUE
CITE UNIVERSITAIRE
PORTE D'ITALIE
PORTE D'IVRY

DESSIN 32

Expressions

The city (1)

to get [take] / to ask for	information / a concert ticket / a city map / a list of monuments	at the tourist information office [*2 ways*]

to reserve a hotel room

to do / to participate in	an excursion / a guided tour	of the city / of the surroundings of the city

Y. 13. Je me lèverai (à sept heures et demie) [demain]. 14. Je prendrai/boirai (du jus d'orange et du lait) [au petit déjeuner]. 15. Je déjeunerai (à midi). 16. Je rentrerai (vers cinq heures) [demain]. 17. Oui, je l'écouterai/Non, je ne l'écouterai pas [demain soir]. 18. Nous partirons/On partira en vacances (en juin).

Nom ______________________ Cours ____________ Section ____________ Date ____________

to visit / to see:
- a palace/a castle/a museum/an exhibit
- a monument/a site
- a cathedral/a basilica/a church
- the Old Town [2 *ways*]
- the downtown
- a touristic/a colorful / a residential/a commercial/an industrial area

to go up in / to go down in / to take — an/the elevator

to go up to the top / to take pictures from the top — of — a tower/a bell (clock) tower / a skyscraper

The building [2 *ways*] — was / is — constructed / destroyed / restored / reconstructed — at the beginning / in the middle / toward the end — of the 19th century.

Conversations

Compréhension auditive : *Vous allez entendre une série de descriptions de monuments et de sites à Paris. Écrivez le numéro qui correspond à chaque monument décrit.*

L'Arc de Triomphe ______	L'Hôtel des Invalides ______
La basilique du Sacré-Cœur ______	Le Louvre ______
La cathédrale Notre-Dame ______	La place Charles de Gaulle ______
Le Forum des ·Halles ______	Le Quartier Latin ______

Compréhension auditive : *Vous allez entendre une série de commentaires sur les monuments et les endroits célèbres de Paris. Indiquez si chaque commentaire est vrai ou faux.*

1.	v	f	4.	v	f	7.	v	f
2.	v	f	5.	v	f	8.	v	f
3.	v	f	6.	v	f	9.	v	f

X. Les monuments de Paris : *Complétez les phrases suivantes.*

1. La basilique du Sacré-Cœur se trouve sur la butte ______________________.
2. Au Moyen Âge on parlait latin dans ______________________.
3. Il faut aller sur l'Île de la Cité pour voir ______________________ ______________________.
4. Le musée le plus célèbre de Paris s'appelle ______________________.
5. Pour visiter le musée de l'Armée et le tombeau de Napoléon, il faut aller ______________________.
6. ______________________ se trouve au milieu de la place Charles de Gaulle.

v—f—f ; v—f—f ; v—v—v

1. Le Louvre 2. L'Hôtel des Invalides 3. La cathédrale Notre-Dame 4. Le Forum des ·Halles 5. La place Charles de Gaulle 6. l'Arc de Triomphe 7. La basilique du Sacré-Cœur 8. Le Quartier Latin

7. L'église Saint-Germain-des-Prés date ______________________.

8. Le Quartier Latin se trouve sur ______________ gauche de Paris .

9. On trouve la meilleure collection de tableaux impressionnistes

______________________.

10. Il y a beaucoup ______________ dans un quartier industriel.

11. Il y a beaucoup de magasins et de boutiques dans un centre ______________.

12

14

15

13

X. 1. Montmartre 2. le Quartier Latin 3. la cathédrale Notre-Dame 4. le Louvre 5. à l'Hôtel des Invalides 6. L'Arc de Triomphe 7. du Moyen Âge 8. la rive 9. au musée d'Orsay 10. d'usines 11. commercial

Nom ______________ Cours ______________ Section ______________ Date ______________

Y. Photos : *Pouvez-vous identifiez où on a pris ces photos ?*

12. C'est le tombeau du Soldat Inconnu, où on voit la flamme éternelle... ______________
13. C'est une sorte de musée ; ce qu'on cache d'habitude à l'intérieur d'un bâtiment est exposé à l'extérieur. Il abrite une cinémathèque. ______________
14. Oui, c'est un vignoble (*vineyard*), le seul qui reste encore à Paris, sur une colline qui domine la ville. ______________
15. C'est une très grande place ; au centre, il y a un obelisque ; c'est là qu'on a guillotiné les victimes de la Révolution. ______________

Z. Les musées de Paris : *Vous entendez un groupe de touristes américains qui disent ce qu'ils veulent voir. Où vont-ils ?*

16. "I want to see *Mona Lisa* and *Venus of Milo*." ( )
17. "I must see Monet, Renoir, Cézanne, Van Gogh." ( )
18. "I love things from the Middle Ages." ( )
19. "I collect old coins." ( )
20. "I like old guns, cannons, uniforms." ( )
21. "I want to see all kinds of posters." ( )
22. "I love to see models of ships of all kinds." ( )
23. "I want to see letters written by French kings." ( )
24. "All kinds of fake works and imitations? Let's go there." ( )
25. "I'm interested in keys and locks from Antiquity to the present." ( )
26. "I collect stamps." ( )
27. "I've read *Les Misérables* and many other works of his." ( )
28. "I've seen copies of his *Thinker*, I want to see the works of that sculptor." ( )
29. "I want to know how they explore caves." ( )

a. Musée de l'Armée
b. Musée de l'affiche
c. Musée Cluny
d. Musée de la contrefaçon
e. Musée de l'Histoire de France
f. Musée du Louvre
g. Musée de la Marine
h. Musée de la Monnaie
i. Musée d'Orsay
j. Musée Postal
k. Musée Victor Hugo
l. Musée Rodin
m. Musée de la Serrurerie
n. Musée de la Spéléologie française.

DÉVELOPPEMENT

67 TALKING ABOUT FUTURE EVENTS (2): IRREGULAR STEMS

A. Contrôle : *Mettez chaque phrase au futur.*

1 2 3 4 5 6 7 8 9 10 11 12 13 14 15 16 17 18

Y. 12. la place Charles de Gaulle/l'Arc de Triomphe 13. le centre Pompidou 14. Montmartre 15. la place de la Concorde

Z. 16. f 17. i 18. c 19. h 20. a 21. b 22. g 23. e 24. d 25. m 26. j 27. k 28. l 29. n

1. je mange 2. nous faisons 3. elle veut 4. j'ai 5. vous faites 6. nous buvons 7. vous venez 8. tu dors 9. nous voyons 10. elle sait 11. ils ont 12. je peux 13. il pleut 14. je sors 15. je lis 16. j'envoie 17. tu vas 18. vous savez

B. Mieux vaut tard que jamais : *Mettez les phrases suivantes au futur d'après ce modèle.*

Comment ! Tu n'es pas encore allé au musée ?
Non, mais j'irai au musée demain.

1 2 3 4 5

Exercice supplémentaire : *Écrivez le futur de chaque verbe, d'après ce modèle.*

Elles sont à la maison. **Elles seront**

1. ______________________ 6. ______________________
2. ______________________ 7. ______________________
3. ______________________ 8. ______________________
4. ______________________ 9. ______________________
5. ______________________ 10. ______________________

Compréhension auditive : *Voici une conversation entre Stéphanie et Bill. Indiquez si les réponses de Bill sont logiques et appropriées.*

1.	logique	pas logique	4.	logique	pas logique	7.	logique	pas logique
2.	logique	pas logique	5.	logique	pas logique	8.	logique	pas logique
3.	logique	pas logique	6.	logique	pas logique	9.	logique	pas logique

X. Les projets d'été : *Lisa parle à son professeur. Mettez les verbes soulignés au futur.*

(1) J'ai un mois de vacances après les examens et (2) je peux aller en France. D'abord, (3) je rentre chez moi avec Martine, ma camarade française, quand les cours (4) sont terminés. Ensuite (5) nous allons à New York, d'où (6) nous partons pour Paris. (7) Je loge chez les parents de Martine, et (8) ils veulent me montrer Paris. (9) Je vous envoie une lettre dès que (10) j'arrive à Paris. (11) Vous me répondez, n'est-ce pas ? (12) Je prends beaucoup de photos et (13) je connais bien Paris. (14) Je fais beaucoup de progrès en français, car (15) je ne parle pas anglais quand (16) je suis en France.

1. ______________________ 9. ______________________
2. ______________________ 10. ______________________
3. ______________________ 11. ______________________
4. ______________________ 12. ______________________
5. ______________________ 13. ______________________
6. ______________________ 14. ______________________
7. ______________________ 15. ______________________
8. ______________________ 16. ______________________

1. Elles sortent ce week-end. 2. Allez-vous à la soirée ? 3. Tu ne fais pas de fautes. 4. Venez-vous demain ? 5. Je ne peux pas vous aider. 6. Il envoie une lettre. 7. Il faut partir avant midi. 8. Nous employons cette machine. 9. Il ne sait jamais les réponses. 10. Il pleut, peut-être.

pas logique—logique—logique ; logique—pas logique—pas logique ; logique—pas logique—pas logique

Nom ______________________ Cours ____________ Section ____________ Date ____________

Y. *Maintenant, répondez aux questions en employant le futur et, quand c'est possible, les pronoms appropriés.*

17. Va-t-il pleuvoir demain ?

Non, ______________________________

18. Est-ce que je vais vous voir ce week-end ?

Non, ______________________________

19. Où allez-vous ce week-end ?

____

20. Demandez-moi si je vous envoie des cartes quand je suis en France.

____

21. Allez-vous savoir la vérité si je la dis ?

Oui, ______________________________

22. Allez-vous voir la Tour Eiffel quand vous allez à Paris ?

Bien sûr, ______________________________

Z. *Trouvez la forme du futur des verbes suivants.*

j'ai
je connais
je dis
je dors
je fais
je finis
je lis
je mets
je nage
je peux
je sais
je sors
je suis
je vais
je veux
je vois

p	f	d	o	r	m	i	r	a	i	e
l	o	i	i	p	i	r	a	i	d	v
s	i	u	n	n	o	i	v	r	i	o
o	s	r	v	i	a	u	r	a	r	u
r	a	a	a	r	r	g	r	g	a	d
t	v	f	u	i	a	a	e	r	i	r
i	r	a	g	r	v	i	i	r	a	a
r	c	o	n	n	a	î	t	r	a	i
a	s	s	e	r	a	i	a	v	r	i
i	î	é	e	m	e	t	t	r	a	i
l	a	f	v	e	r	r	a	i	f	i

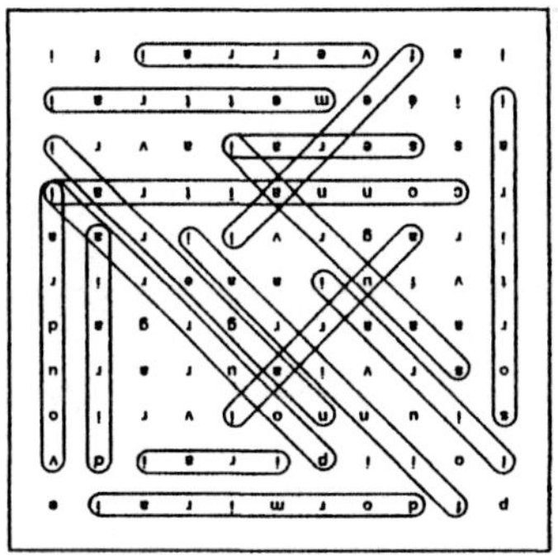

X. 1. J'aurai 2. je pourrai 3. je rentrerai 4. seront terminés 5. nous irons 6. nous partirons 7. Je logerai 8. ils voudront 9. Je vous enverrai 10. j'arriverai 11. Vous me répondrez 12. Je prendrai 13. je connaîtrai 14. Je ferai 15. je ne parlerai pas 16. je serai
Y. 17. il ne pleuvra pas [demain]. 18. vous ne me verrez pas [ce week-end]. 19. J'irai (à New York) [ce week-end]. 20. M'enverrez-vous des cartes quand vous serez en France ? 21. je la saurai si vous la dites. 22. je la verrai quand j'irai à Paris.

68 COMBINING SENTENCES WITH RELATIVE PRONOUNS (1)

A. Visitons Paris : *Voulez-vous aller à Paris ? Bon, vous serez une touriste. Reliez les deux phrases d'après ce modèle.*

Je trouverai un hôtel. L'hôtel sera près du Quartier Latin.
Je trouverai un hôtel qui sera près du Quartier Latin.

1 2 3 4 5

B. Visitons Paris : *Reliez les deux phrases d'après ce modèle.*

Les touristes parlent allemand. Les touristes sont dans l'hôtel.
Les touristes qui sont dans l'hôtel parlent allemand.

1 2 3 4 5

X. *Reliez les deux phrases en employant le pronom relatif* ***qui***. Pour certaines de ces phrases il y aura deux réponses possibles.

1. J'ai trouvé un hôtel ; l'hôtel n'était pas loin de la gare.
2. J'ai vu une maison ; la maison date du Moyen Âge.
3. J'ai cherché le monument ; le monument m'intéressait.
4. L'hôtel était près de là ; l'hôtel ne coûtait pas cher.
5. Les touristes parlaient japonais ; les touristes étaient là-bas.
6. Le jardin était beau ; le jardin se trouvait derrière l'hôtel.
7. La visite était en anglais ; la visite a commencé à dix heures.
8. Le guide n'était pas là ; le guide parle bien anglais.
9. J'ai visité une église ; l'église était célèbre.

10. Le touriste était allemand; le touriste m'a posé une question.

______

Y. *Répondez aux questions d'après ce modèle.*

Est-ce que le cours de botanique vous intéresse ?
Oui, c'est ce qui m'intéresse.

11. Est-ce que les voitures coûtent cher ?

Oui, ______

12. Est-ce que les matchs de foot sont passionnants pour vos camarades ?

Oui, ______

13. Est-ce que les mathématiques vous intéressent ?

Non, ______

14. Est-ce que le devoir de français vous embête ?

Non, ______

69 COMPARING EXTENT AND QUANTITIES

A. Un voyage de tourisme : *Écoutez d'abord le passage suivant. Prenez des notes. Ensuite, répondez aux questions.*

1 2 3 4 5 6 7 8

C. Des achats à la FNAC : *Christine, Jean-Paul, Vanessa et Philippe ont passé deux heures à la FNAC. Ils se retrouvent dans un café et comparent leurs achats.* ( )

Christine	Oh, my! I'm completely broke. I bought four books and three cassettes.
Philippe	*I* bought more cassettes than you, but fewer books.
Vanessa	And *I* don't have a penny left [anymore]! I bought as many cassettes as Philippe and as many books as Christine and a CD of Charlie Parker. Jean-Paul, how much money do you have?
Jean-Paul	Fine, I see! *I*'m [It's me who is] going to pay for the drinks since I bought nothing.

X. 1. J'ai trouvé un hôtel qui n'était pas loin de la gare. 2. J'ai vu une maison qui date du Moyen Âge. 3. J'ai cherché le monument qui m'intéressait. 4. L'hôtel qui ne coûtait pas cher était près de là/L'hôtel qui était près de là ne coûtait pas cher. 5. Les touristes qui étaient là-bas parlaient japonais/Les touristes qui parlaient japonais étaient là-bas. 6. Le jardin qui se trouvait derrière l'hôtel était beau/Le jardin qui était beau se trouvait derrière l'hôtel. 7. La visite qui a commencé à dix heures était en anglais/La visite qui était en anglais a commencé à dix heures. 8. Le guide qui parle bien anglais n'était pas là/Le guide qui n'était pas là parle bien anglais. 9. J'ai visité une église qui était célèbre. 10. Le touriste qui m'a posé une question était allemand/Le touriste qui était allemand m'a posé une question.

Y. 11. c'est ce qui coûte cher. 12. c'est ce qui est passionnant pour eux. 13. ce n'est pas ce qui m'intéresse. 14. ce n'est pas ce qui m'embête.

DESSIN 33	Sophie	Jean-Paul	Philippe	Vanessa
	300F	260F	260F	210F

Exercice supplémentaire : *Regardez le Dessin 33. Répondez aux questions.*

1 2 3 4 5 6

X. *Répondez aux questions.*

Ce matin, quatre étudiants sont allés à la FNAC. Jean-Jacques a acheté un livre, Monique, deux livres, son frère, deux livres aussi, et Jeanine, quatre livres.

1. Qui a acheté le plus de livres ?

____

2. Qui a acheté autant de livres que le frère de Monique ?

____

3. Qui a acheté le moins de livres ?

____

4. Qui a donc acheté plus de livres que lui ?

____

Quatre étudiants américains ont passé leurs vacances à Paris. Pendant leur séjour, Cindy a écrit vingt cartes postales. Dawn a écrit seize cartes et Tom, dix-sept cartes. Sam a écrit douze cartes.

5. Qui a écrit le moins de cartes ?

____

6. Qui a écrit le plus de cartes ?

____

7. Qui a écrit presque autant de cartes que Tom ?

____

8. Qui a donc écrit moins de cartes que Cindy ?

____

1. Qui a le plus d'argent ? 2. Qui a le moins d'argent ? 3. Qui a plus d'argent que Jean-Paul ? 4. Qui a moins d'argent que Jean-Paul ? 5. Qui a autant d'argent que Philippe ? 6. Qui a plus d'argent que Vanessa ?

X. 1. Jeanine a acheté le plus de livres. 2. Sa sœur/Monique a acheté autant de livres que lui. 3. Jean-Jacques a acheté le moins de livres. 4. Monique, son frère et Jeanine ont [donc] acheté plus de livres que lui. 5. Sam a écrit le moins de cartes. 6. Cindy a écrit le plus de cartes. 7. Dawn a écrit presque autant de cartes que lui. 8. Dawn, Tom et Sam ont écrit moins de cartes qu'elle.

Nom ________________ Cours ________ Section ________ Date ________

Y. *Répondez aux questions.*

9. J'ai vingt-deux dollars sur moi. Avez-vous autant d'argent sur vous ?

____

10. Les Français consomment-ils autant d'électricité que les Américains ?

____

11. Est-ce que les Américains mangent autant de poisson que les Japonais ?

____

12. Hier soir j'ai travaillé quatre heures après le dîner. Avez-vous travaillé autant que moi ?

____

70 COMBINING SENTENCES WITH RELATIVE PRONOUNS (2); ASKING FOR DEFINITIONS

A. Visitons Paris : *Reliez les deux phrases d'après ce modèle.*

J'achèterai le guide. Mon copain m'a recommandé le guide.
J'achèterai le guide que mon copain m'a recommandé.

1 2 3 4 5

B. Visitons Paris : *Reliez les deux phrases d'après ce modèle.*

Le *guide Michelin* sera très utile. J'ai acheté le guide.
Le *guide Michelin* que j'ai acheté sera très utile.

1 2 3 4 5

C. Après la visite : *Maintenant, reliez les deux phrases avec* **qui** *ou* **que** *selon le cas, d'après ces modèles.*

Le quartier était loin. Le quartier m'intéressait.
Le quartier qui m'intéressait était loin.
Le quartier était ancien. J'ai visité le quartier.
Le quartier que j'ai visité était ancien.

1 2 3 4 5 6 7 8

Compréhension auditive : *Indiquez le pronom relatif qui manque dans chaque phrase.* (Exemple : Si vous entendez « Je cherche le cahier ... vous m'avez donné », vous écrivez « que ».)

1. ________ 4. ________ 7. ________
2. ________ 5. ________ 8. ________
3. ________ 6. ________ 9. ________

qui—qui—que ; qui—que—que ; que—qui—que

Y. 9. J'ai (plus/moins/autant) d'argent que vous. 10. Non, ils consomment moins d'électricité que les Américains. 11. Non, ils mangent moins de poisson que les Japonais. 12. J'ai travaillé (moins) que vous.

Compréhension auditive : *M. Vernin parle à Izoumi. Indiquez si les réponses d'Izoumi sont logiques et appropriées.*

1.	logique	pas logique	3.	logique	pas logique	5.	logique	pas logique
2.	logique	pas logique	4.	logique	pas logique	6.	logique	pas logique

Compréhension auditive : *Regardez la liste des mots suivants. Vous allez entendre une série de définitions. Écrivez le numéro qui correspond à chaque mot défini.*

_______ horloge	_______ fourchette	_______ salle de bains
_______ lit	_______ librairie	_______ dîner
_______ garçon	_______ cuisine	_______ panaché
_______ armoire	_______ stylo	_______ composteur

X. *Reliez les deux phrases en employant* **qui** *ou* **que** *d'après ces modèles.*

C'est un restaurant ; il n'est pas loin de la gare.
C'est un restaurant qui n'est pas loin de la gare.
Voilà le plat ; Jean-Jacques l'a recommandé.
Voilà le plat que Jean-Jacques a recommandé.

1. Voilà la rue ; je l'ai traversée.

____

2. Je cherche le restaurant ; il s'appelle Chez Antoine.

____

3. Voilà le restaurant ; je le cherchais.

____

4. Je choisis une table ; elle est près de la fenêtre.

____

5. Je regarde le menu ; la serveuse l'a apporté.

____

6. Le menu ne coûte pas cher ; le menu m'intéresse.

____

7. Le menu a un plat intéressant ; j'ai choisi le menu.

____

8. Je mange la soupe ; je l'ai commandée.

____

9. Le plat était la sole meunière ; le plat était excellent.

____

pas logique—logique ; logique—logique ; logique—pas logique

1. garçon 2. librairie 3. composteur 4. fourchette 5. horloge 6. cuisine 7. salle de bains 8. panaché 9. armoire 10. dîner 11. stylo 12. lit

Nom ______________ Cours ______________ Section ______________ Date ______________

Y. *Complétez les phrases suivantes.*

10. Le Louvre est le musée (*a*) qui ... (*b*) que ...

a. ______________

b. ______________

11. À mon avis, Mme Clinton est une dame (*a*) qui ... (*b*) que ...

a. ______________

b. ______________

Z. *Posez des questions en employant* ***qu'est-ce que c'est que.***

12. C'est un instrument qui indique l'heure.

____

13. C'est un magasin où on peut acheter des plats cuisinés.

____

14. C'est un endroit où on peut prendre une douche.

____

15. C'est un livre qui vous donne une liste de mots avec leurs définitions.

____

16. C'est l'employé de la poste qui distribue les lettres.

____

17. C'est une personne qui enseigne le français.

____

FINALE

A. Lecture et conversations : Compréhension auditive : *D'abord lisez les deux premiers paragraphes, puis indiquez si les commentaires que vous entendez sont vrais ou faux.*

1.	v	f	4.	v	f	7.	v	f
2.	v	f	5.	v	f	8.	v	f
3.	v	f	6.	v	f	9.	v	f

v—f—v ; f—f—v ; f—v—f

X. 1. Voilà la rue que j'ai traversée. 2. Je cherche le restaurant qui s'appelle Chez Antoine. 3. Voilà le restaurant que je cherchais. 4. Je choisis une table qui est près de la fenêtre. 5. Je regarde le menu que la serveuse a apporté. 6. Le menu qui m'intéresse ne coûte pas cher. 7. Le menu que j'ai choisi a un plat intéressant. 8. Je mange la soupe que j'ai commandée. 9. Le plat qui était excellent était la sole meunière.

Y. 10. (*a*) (est le plus connu de Paris/se trouve près de la Seine) (*b*) (je voudrais visiter un jour/tout le monde connaît) 11. (*a*) (est très intelligente/comprend nos problèmes nationaux) (*b*) (beaucoup de gens admirent/je voudrais rencontrer)

Z. 12. Qu'est-ce que c'est qu'une montre/pendule/horloge ? 13. Qu'est-ce que c'est qu'une/que la charcuterie ? 14. Qu'est-ce que c'est qu'une/que la salle de bains ? 15. Qu'est-ce que c'est qu'un dictionnaire ? 16. Qu'est-ce que c'est qu'un facteur ? 17. Qu'est-ce que c'est qu'un professeur de français ?

Compréhension auditive : *Écoutez les phrases suivantes. Indiquez si chaque commentaire est vrai ou faux.*

1.	v	f	4.	v	f	7.	v	f
2.	v	f	5.	v	f	8.	v	f
3.	v	f	6.	v	f	9.	v	f

Dictée : *Vous allez entendre les noms de quelques stations de métro. Écrivez chaque nom.*

1. ____________________ **4.** ____________________

2. ____________________ **5.** ____________________

3. ____________________ **6.** ____________________

C. Parlons de nous

1. Que ferez-vous ce week-end ? Mentionnez plusieurs choses que vous ferez.

____

____

2. Dans quelles villes des États-Unis y a-t-il un métro ? Mentionnez au moins deux villes.

____

3. Préférez-vous vivre dans une grande ville, dans la banlieue ou à la campagne ? Pourquoi ?

____

____

4. À votre avis, quels sont quelques problèmes qu'on rencontre souvent dans une grande ville ?

____

____

5. Préparez une question à poser à votre professeur au sujet de Paris.

____

D. Questions

Izoumi parle de l'après-midi qu'elle a passé avec sa mère. D'abord lisez le paragraphe et ensuite, posez des questions sur les parties soulignées. (Text p. 301)

1. ______________________________

2. ______________________________

3. ______________________________

4. ______________________________

5. ______________________________

6. ______________________________

C. 1. (Je me lèverai tard, je regarderai la télé et je sortirai avec des amis.) 2. Il y a un métro (à New York, à Chicago, à San Francisco, à Boston, etc.). 3. (Je préfère vivre dans la banlieue d'une grande ville parce que serai dans un quartier tranquille mais pas trop loin de beaucoup d'activités culturelles.) 4. Ce sont (les crimes, la pollution, les embouteillages, le stationnement de voitures, etc.). 5. (Combien coûte une chambre d'hôtel à Paris ?)

1. Châtelet 2. Abbesses 3. Pyramides 4. Jaurès 5. République 6. Pyrénées

f—v—f ; v—f—v ; f—v—f

Nom ____________ Cours ____________ Section ____________ Date ____________

7. ____________

8. ____________

9. ____________

10. ____________

E. Reconstitution oral/écrite : *Christine parle d'une soirée qu'elle a passée avec Julie, une de ses cousines qui lui a rendu visite. Complétez le passage.* (Text p. 302)

____

____

____

____

____

____

____

____

____

____

____

____

____

____

F. Composition : Voici le texte de la photo pour les numéros 4 et 5.

AVIS DE RECHERCHE
MERCREDI 11 MARS
entre 14 h et 14 h 30 rue Joseph Cabassol,
on a volé dans ma voiture (205 blanche)
une mallette noire en cartonet cuir.
Elle contenait mon mémoire de maîtrise
d'histoire qui représente une année
entière d'études et de recherches.
Ce document n'a aucune valeur marchande
pour vous, mais il est inestimable pour moi.
S'il vous plaît, si vous le trouvez
je vous demande de le déposer
aux objets trouvés rue Darius Milhaud.
MERCI

AVIS
NOUS TENONS A INFORMER
LA PERSONNE QUI, MARDI
7 AVRIL EN FIN DE MATI-
NÉE, A VOLÉ UN APPA-
REIL PHOTO EN SALLE
AM7 – ARC DE MEYRAN,
QU'ELLE A ÉTÉ VUE ET
IDENTIFIÉE PAR 3 PERSONNES
+ LE GARDIEN (Sécurité).
Elle est donc priée de le rapporter
au bureau 163 en Fac de lettres sous 15
jours, à défaut de quoi nous nous verrons
contraints à engager des poursuites.

6. **Tableau 52 :** Voici le vocabulaire que vous pouvez utiliser.

accomplice **le complice**
beret **le béret**
fat **gros**
handgun **le revolver**
rope **la corde**
thin **maigre**
to break **casser**
to cut **couper**
to gag **bâillonner**
to move **bouger**
to question **interroger**
to steal **voler**
to tie up **ligoter**

Dans les pays francophones

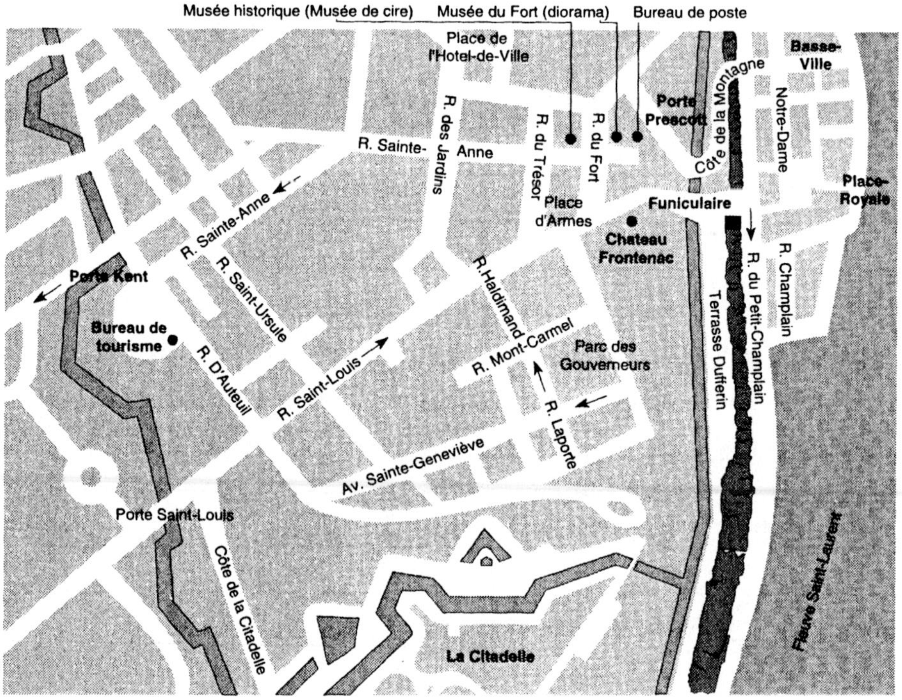
Musée historique (Musée de cire)
Musée du Fort (diorama)
Bureau de poste
Place de l'Hotel-de-Ville
Basse-Ville
R. des Jardins
R. du Trésor
R. du Fort
Porte Prescott
Côte de la Montagne
Notre-Dame
R. Sainte-Anne
Place-Royale
Place d'Armes
Funiculaire
Chateau Frontenac
R. Sainte-Anne
Porte Kent
R. Saint-Ursule
R. Haldimand
R. du Petit-Champlain
R. Champlain
Terrasse Dufferin
Bureau de tourisme
R. D'Auteuil
R. Saint-Louis
R. Mont-Carmel
Parc des Gouverneurs
R. Laporte
Av. Sainte-Geneviève
Porte Saint-Louis
Côte de la Citadelle
La Citadelle
Fleuve Saint-Laurent
DESSIN 34

PRÉLUDE

Expressions

To ask for one's way

Where is the station, please?
How does one go [In order to go] to the tourist information office, please?

Take { the second street on the left. / the first avenue on the right. / this boulevard ([up] to the end).

Go/Continue straight ahead.
Turn to the right/to the left.
Cross the bridge/the square/the street.
It is on [in] this street/on [in] this avenue/on this boulevard.
It is opposite (across from) the garden/in front of the movie theater/next to the movie theater.
I'm very sorry, but I'm not from here.

Nom ______________ Cours ______________ Section ______________ Date ______________

E. Parlons de nous

1. Qu'est-ce que vous feriez si vous gagniez un million de dollars à la loterie ? Qu'est-ce que vous ne feriez plus ?

2. Comment peut-on dire plus poliment : « Donne-moi un coup de main ! » ?

3. Nommez deux pays où la monarchie existe.

4. Quel est votre pays étranger préféré ? Voulez-vous parler de ce pays ? Voudriez-vous habiter dans ce pays ?

5. Un de vos camarades va passer plusieurs jours dans un pays francophone. Malheureusement, il n'a jamais appris le français ! Choisissez plusieurs expressions utiles pour lui.

F. Reconstitution orale/écrite : *Jean-Paul et Sophie sont allés en Louisiane après leur séjour au Quebec. Sophie décrit leur visite à Lafayette, « cœur de la Louisiane francophone ». Complétez le passage en employant les mots indiqués.* (Text p. 346)

E. 1. (J'irais en Europe) [si je gagnais un million de dollars à la loterie]. (Je n'habiterais plus à la cité.) 2. (Pourrais-tu me donner un coup de main, s'il te plaît ?) 3. (La monarchie existe en Grande-Bretagne et en Belgique.) 4. C'est/Mon pays étranger préféré est (la Suisse). Je veux en parler. Je voudrais y habiter. 5. (Bonjour./Au revoir./S'il vous plaît./Merci beaucoup./Je ne parle pas français./Excusez-moi, parlez-vous anglais ?)

RÉVISION

X. *Traduisez les phrases suivantes.*

1. You (*vous*) have just finished shopping. You want to take the subway. You look for a subway entrance, and find one not too far from the store. It's the beginning of the rush hour and the subway is really crowded.

2. *A lady* Ouch! You stepped on my foot!

3. *You* I'm sorry, I didn't do it intentionally. If you aren't getting off at the next station, please let me pass.

4. *The lady* OK, OK. Go on!

5. Michel, a French student, is visiting Cindy.

6. *Michel* What are you doing? Are you looking for something?

7. *Cindy* Yes, I'm looking for the lottery ticket my roommate gave me.

8. *Michel* I hope you will find it. What would you do if you won one million dollars?

9. *Cindy* Oh, I don't know. First, I'd buy myself a car.

10. *Michel* I would probably do the same thing. But wouldn't you want to travel a little?

Nom ____________________ Cours __________ Section __________ Date __________

11. *Cindy* Of course! I'd go to Italy, Germany, Spain, Portugal. . . .

12. *Michel* Do you have friends in France?

13. *Cindy* No, I don't know anyone there.

14. *Michel* Then I have a better idea. I could go to France with you and show you very interesting sites.

15. *Cindy* That would be nice. Obviously, you know your country better than I (do).

Y. *Mettez les verbes au futur, en remplaçant les parties soulignées avec les pronoms appropriés et en utilisant l'adverbe qui correspond à chaque adjectif entre parenthèse.*

Je déjeune (rapide), puis je quitte la maison.
Je déjeunerai rapidement, puis je la quitterai.

16. Éric quitte la maison (immediat) et il voit son amie.

17. Monique lit la lettre, puis écrit (prudent) sa réponse.

18. Je vois mes camarades et je parle (franc) à mes camarades.

19. Tu veux (certain) aller à Paris et tu es (vrai) content de ta visite.

20. Paul répond (négatif) aux questions quand elles sont (excessif) difficiles.

21. Luce s'habille (élégant) et danse (gracieux) avec son fiancé.

22. Je promets ceci : je téléphone à Marie (fréquent) mais ne parle pas à Marie (long).

23. Patrick comprend (final) les ennuis de Jeanne, mais (naturel) il ne peut pas aider Jeanne.

24. Patrick a écrit sa lettre plus (bien) que Robert, mais (malheureux) personne n'a lu sa lettre.

25. As-tu écouté Marianne ? Elle a répondu à la question de l'enfant si (patient) !

Z. *Répondez aux questions. Utilisez des pronoms appropriés quand c'est possible.*

26. À quelle heure vous lèveriez-vous si vous aviez cours à huit heures du matin ?

27. Qu'est-ce que c'est qu'une fourchette ?

28. Moi, je me couche à une heure du matin. Vous couchez-vous plus tard que moi ?

29. Où passeriez-vous vos vacances d'été si vous aviez beaucoup d'argent ?

30. Qu'est-ce que vous n'avez jamais fait et que vous voudriez faire ?

31. Qu'est-ce que vous feriez si vous ne vous sentiez pas bien ?

32. Que faisiez-vous souvent quand vous étiez petit(e), et que vous ne faites plus ?

33. Écrivez-vous plus lisiblement que votre professeur ?

34. De combien de façons différentes peut-on dire « You're welcome » en français ?

35. Qui parle français mieux que vous ? Et qui le parle moins bien que vous ?

6. *Monique* Oh, yes. Blandine told me this morning she tried to call me all evening (*soirée*), but the line was busy. I should have told [it to] you.

____

____

____

7. *Jean* Then, suppose we go to the post office.

____

8. *Monique* A good idea. Besides, it's so nice out.

____

9. Jean and Monique arrive at the post office. It is crowded, but they find an empty booth. Jean enters the booth, while Monique goes to a window to buy several 3.70 franc stamps.

____

____

____

10. *A voice* Hello!

____

11. *Jean* Hello. Can I speak to Florence?

____

12. *The voice* Yes. Just a moment, please.

____

13. *Jean* Hi, Florence. This is Jean. My sister and I are going to our uncle's house in Dijon this weekend. Can you come with us?

____

____

14. *Florence* This weekend? With pleasure. I have to take (*passer*) my last exam on Thursday.

____

____

15. *Jean* Good luck. I'm glad you can come with us. I'll call you on Thursday evening to tell you what train we are going to take.

____

____

16. *Florence* OK. Do we come back Saturday night?

____

17. *Jean* No, he wants us to spend the night at his place. He lives in a small castle near Dijon.

____

____

18. *Florence* A castle? No kidding?

____

19. *Jean* No, it's charming and you will like it (*plaire*).

____

Y. *Répondez aux questions. Employez des pronoms appropriés quand c'est possible.*

20. Quand vous étiez petit(e), quelle sorte de films votre mère ne voulait-elle pas que vous voyiez ?

____

21. Montrez-vous régulièrement vos devoirs à votre professeur ?

Non, ______________________________

22. M'avez-vous déjà donné votre adresse ? (pas encore)

Non, ______________________________

23. Est-ce que quelqu'un vous envoie de l'argent ? (mes parents)

Oui, ______________________________

24. Est-ce que quelqu'un vous a promis de vous emmener en Europe ? (personne)

Non, ______________________________

25. Quand vous êtes entré(e) à l'université, qu'est-ce que vos parents voulaient que vous fassiez ?

____

26. Quand vous mourez de fatigue, qu'est-ce que vous voulez qu'on fasse ?

____

____

27. Vous recevrez des cadeaux à votre anniversaire. Serez-vous content(e) ?

Oui, ______________________________

28. Croyez-vous qu'il pleuvra demain ?

Non, ______________________________

Z. *Écrivez des phrases en utilisant les éléments indiqués.*

29. Combien/cours/suivre/semestre/dernier ?

____

30. Il/être/défendu/allumer/télé/pendant/dîner.

____

31. Je/être/content/avoir fait/connaissance/ton/parents.

____

32. Tu/devoir/remercier/Marie/aider/ton/sœur/faire/son/devoirs.

____

____

33. Quand/je/voir/ce/enfants/jardin/hier,/ils/rire,/crier,/courir/et/faire/beaucoup/bruit.

34. Vous/savoir/combien/temps/ce/dame/vivre/Canada/avant/arrivée/son/fille ?

35. Ce/film/ne pas du tout/plaire/à/spectateurs,/qui/vouloir/que/il y a/plus/scènes/comique.

36. Recevoir/jamais/lettre/anonyme ? Savoir/qui/écrire/la ?

37. Semaine/dernier/je/devoir/téléphoner/mon/tante,/mais/je/être/trop/occupée ;/il/falloir/je/appeler/la/ce/après-midi.

38. Je/encourager/mon/cousine/contacter/vous,/mais/elle/refuser/faire/le.

UNITÉ 12

Partons en vacances!

PRÉLUDE

Expressions

Means of transportation

to go / to arrive / to leave / to come / to travel — on foot / on a bicycle/on a motorcycle / by train [2 *ways*] / by car/by bus [city/interurban] / by plane/by boat

to hitchhike [2 *ways*]

At the railroad station

to check [consult]/look at the schedule and choose a train
to go to the ticket window and buy a ticket
to reserve one's seat on the train

to put coins in the { machine / ticket-vending machine }

to give exact change

a { first-class/second-class ticket / one-way/round-trip ticket } for Paris

{ to leave / to pick up [retrieve] } one's { baggage / suitcases } at the checkroom/coin locker

to punch the ticket before going to [passing on to] the platform
The tickets are checked in the train by the inspector.

{ The tracks and the trains / The coaches [2 *ways*] and the seats } are numbered.

The trains

In the train: { a coach [2 *ways*] / a { snack / dining / sleeping [2 *ways*] } car [2 *ways*] }

9. Je ne peux pas entrer dans sa chambre parce qu'il l'a fermée à clé.

______

______

Y. À la cinémathèque ! : *Lisez le passage suivant, puis racontez-le au passé.*

(10) C'est vendredi après-midi. Vanessa et Philippe (11) sont dans la salle de séjour. Jean-Paul (12) téléphone à Vanessa vers cinq heures. Il (13) lui dit qu'hier il (14) a remarqué dans le journal que la cinémathèque (15) donne un film de Truffaut. (16) C'est un film qu'il (17) a déjà vu, mais il (18) veut le revoir, car il (19) l'a trouvé fascinant. Il (20) demande à Vanessa et à Philippe s'ils (21) veulent aller le voir avec lui. Leur mère, qui (22) a entendu la conversation, (23) demande aux enfants s'ils (24) ont fait leurs devoirs. Jean-Paul (25) leur dit qu'il (26) viendra les chercher après le dîner. Il (27) arrive chez les Moreau vers ·huit heures. Ils (28) se dépêchent, car le film (29) commence dans une demi-heure. Ils (30) savent qu'ils (31) seront à la cinémathèque juste avant le début du film.

10. ______ **21.** ______
11. ______ **22.** ______
12. ______ **23.** ______
13. ______ **24.** ______
14. ______ **25.** ______
15. ______ **26.** ______
16. ______ **27.** ______
17. ______ **28.** ______
18. ______ **29.** ______
19. ______ **30.** ______
20. ______ **31.** ______

FINALE

A. Lecture et conversations : Compréhension auditive : *D'abord lisez les deux derniers paragraphes sur la SNCF, puis indiquez si les commentaires suivants sont vrais ou faux.*

1.	v	f	4.	v	f	7.	v	f
2.	v	f	5.	v	f	8.	v	f
3.	v	f	6.	v	f	9.	v	f

v—v—f ; f—v—v ; f—v—f

X. 1. Vous aviez faim parce que vous n'aviez rien mangé. 2. Vous ne saviez plus son adresse car vous l'aviez perdue. 3. Il faisait froid car il avait neigé. 4. Vous avez mis le pull que votre mère vous avait envoyé. 5. Vous êtes allé chez Paul, mais il était déjà parti. 6. Vous avez trouvé le message qu'il vous avait laissé. 7. Vous ne saviez pas qu'il avait eu un accident. 8. Le message disait/a dit qu'il avait essayé de vous téléphoner. 9. Vous ne pouviez pas/Vous n'avez pas pu entrer dans sa chambre parce qu'il l'avait fermée à clé.

Y. 10. C'était 11. étaient 12. a téléphoné 13. lui a dit 14. avait remarqué 15. donnait 16. C'était 17. avait déjà vu 18. voulait 19. l'avait trouvé 20. a demandé 21. voulaient 22. avait entendu 23. a demandé 24. avaient fait 25. leur a dit 26. viendrait 27. est arrivé 28. se sont dépêchés 29. commençait 30. savaient 31. seraient

Compréhension auditive : *Qu'est-ce qui se passe ? Où se passent les dialogues suivants ? Identifiez chaque situation.*

a. dans un autocar
b. dans un avion
c. dans une banque
d. dans un cabinet de dentiste
e. dans un café
f. dans une gare
g. dans un hôtel
h. dans une maison
i. dans le métro
j. dans une rue
k. dans un taxi
l. dans un train

1. ______
2. ______
3. ______
4. ______
5. ______
6. ______
7. ______
8. ______
9. ______
10. ______
11. ______
12. ______

Compréhension auditive : *Cindy est une jeune Américaine qui fait des études à Toulouse. Mme Wilson, son ancien professeur de français, va lui rendre visite avec son mari. Voici une partie de la lettre que Cindy a écrite à Mme Wilson. Prenez des notes.*
Maintenant, indiquez si les commentaires suivants sont vrais ou faux.

1. v f
2. v f
3. v f
4. v f
5. v f
6. v f
7. v f
8. v f
9. v f

Symboles

A	Arrivée	[restauration]	Restauration à la place
D	Départ	[bar]	Bar
[couchettes]	Couchettes	[vente]	Vente ambulante
[voiture-lits]	Voiture-Lits	TEE	Trans Europ Express
✕	Voiture-restaurant	IC	Intercités
⊗	Grill-express	TGV	Train grande vitesse

Numéros du train		941	417	2125	877	627	219	805	213	3423	211	217	605	5079	410/1	2113	607
Notes à consulter		1	2		3	4	5	6	7		8	9	10	11	12		13
Paris-Gare de Lyon	D	10.47				15.00			18.47		20.56	22.22		23.56			
Dijon-Ville	D	|				|			21.14		23.48	01.17		03.23			
Lyon-Part-Dieu	D	|				17.00	17.14		|		|	|		05.58	06.49		
Chambéry-Challes-les-Eaux	D	14.04	14.15				18.40		23.51		02.38	|			08.30		
Modane	A		15.37				19.49		|		03.55	|			09.38		
Oulx-Cesana-Clav-Sest	A		16.23				20.28		|		04.51	|			10.15		
Torino (Turin) P.N.	A		17.20	17.53	17.35		21.30	22.02	02.51		05.46	07.13	08.12		11.08	11.53	13.12
Milano-centrale	A			19.40	|		23.00	|	|		|	08.45	|			13.40	|
Genova (Gênes) P.P.	A				19.20			23.57	04.37		07.51		09.48				14.48
La Spezia	A				20.35			01.23	|		09.12		11.01				16.01
Viareggio	A				|			|	|		09.48		11.32				|
Pisa-centrale	A				21.22			02.15	06.30		10.07		11.47				16.47
Roma-Termini	A				00.23			06.07	09.35	12.30	13.40		14.44				19.50
Napoli-centrale	A				02.33			08.45		14.55	16.15		16.55				22.02

Tous les trains offrent des places assises en 1re et 2e cl. sauf indication contraire dans les notes.

Notes :

1. TGV A supplément certains jours. [restauration] [bar]
2. [bar]
3. "TRENO DEL SOLE". Arrivée Roma Ostiense
4. TGV A supplément certains jours. [bar]
5. IC "LE MONT-CENIS". A supplément de Modane à Milano. [bar]
6. Arrivée Roma Ostiense. [couchettes] [voiture-lits]
7. EC "PALATINO". Places couchées seulement. [couchettes] [voiture-lits] ⊗
8. Ne prend pas de voyageurs en couchette pour Torino. RAPIDE "NAPOLI-EXPRESS". [couchettes] [voiture-lits] ⊗
9. Arrivée Torino Porta Susa. Places couchées seulement. EC "STENDHAL" [couchettes] [voiture-lits]
10. IC "CAPODIMONTE". Arrivée Roma Ostiense. A supplément. [bar]
11. Circule les ven, dim et fêtes sauf les 1er, 11 nov., 24, 31 déc. 89, 15, 29 avr. et 06 mai 1990. Arrivée Lyon-Perrache. [couchettes]
12. Départ Lyon-Perrache. [bar]
13. IC "CARIGNANO". Arrivée Napoli C. Flegrei. A supplément. [bar]

g—f—i—k ; j—l—h—i ; b—e—g—d
f—v—v ; f—v—v ; v—f—v

Nom ____________________ Cours ____________ Section ____________ Date ____________

B. L'horaire : *Vous êtes à Paris et vous voulez aller en Italie. Regardez cet horaire et indiquez si les commentaires suivants sont vrais ou faux.*

1. v f Il y a deux trains directs entre Paris et Naples (Napoli).
2. v f Le train qui part à 18 h 47 est un train de luxe.
3. v f Il y a deux trains directs entre Paris et Rome (Roma) ; tous les deux ont des couchettes.
4. v f Il y a trois possibilités si on va à Turin (Torino) et veut changer de train en route.
5. v f Celui qui part à 20 h 56 a des voitures-couchettes et des voitures-lits.
6. v f Il y a deux trains directs pour aller à Milan (Milano).
7. v f Si on prend le train de 10 h 47 pour aller à Rome, il faut changer de train à Chambéry et à Turin.
8. v f Et on arrivera à Rome juste après midi.
9. v f Il y a trois TGV qui ont la correspondance avec un train pour Turin.

C. Questions : *Voici des réponses à quelques questions... Devinez la question qui a été posée.*

1. — (Un billet de) Deuxième, s'il vous plaît.

____

2. — Deux voitures en avant.

____

3. — Oui, Mademoiselle. Il faut changer de train à Saumur.

____

4. — Non, on fait une escale à Marseille.

____

5. — Non, Monsieur. Il ne s'arrête pas à Épernay.

____

6. — Sur la voie numéro six.

____

7. — Oui, Madame. Trois voitures en arrière.

____

8. — Vous êtes arrivé(e) trop tard, il vient de partir.

____

9. — Oui, nous sommes en retard de quinze minutes.

____

10. — Cette place est occupée. Je crois que le passager est allé aux toilettes.

____

11. — À quinze heures dix.

____

12. — Oui, dans quelques minutes. Attachez votre ceinture, s'il vous plaît.

____

E. Parlons de nous

1. Pour un voyage assez long, est-il nécessaire de réserver sa place dans le train ? Pourquoi ?

____

____

2. Quelle est la différence entre la première classe et la classe touriste dans un avion ?

____

____

3. Quelle est la différence entre le TEE et le TGV ?

____

____

4. Quelle est la différence entre un autobus et un autocar ?

____

____

5. Quels sont les inconvénients de l'auto-stop ?

____

____

F. Composition : Voici le texte de l'annonce (N^0 2) ; **B.E.P.C.** = Brevet d'Études du Premier Cycle, qui marque la fin des études au Collège.

LA PANERIA
BOULANGER,
UN METIER D'AVENIR,
UN TRAVAIL DE JOUR.
Nous recherchons des apprentis
Age : 16 ans
Niveau : 3e ou B.E.P.C.
NOUS FORMONS
DE VRAIS ARTISANS.
NOUS LES EMPLOYONS
DOCUMENTATION A LA CAISSE

E. 1. (Oui, parce qu'on ne veut pas voyager debout/un long voyage peut être fatigant.) 2. (Les sièges en première sont plus confortables et le service est souvent meilleur.) 3. (Le TEE est un train de luxe, avec seulement la première classe ; le TGV a deux classes et roule plus rapidement.) 4. (Un autobus est pour le transport urbain/à l'intérieur d'une ville ; un autocar est une voiture d'excursion ou pour le transport interurbain/le voyage entre deux villes.) 5. (Il faut attendre parfois longtemps avant qu'une voiture s'arrête, et l'auto-stop peut être dangereux, surtout pour les filles.)

Exercices de prononciation

In Appendix A of your textbook you will find a series of short pronunciation exercises. These exercises are duplicated here, with brief explanations of French and English pronunciation. All the exercises are also available on cassette. Your instructor may do one or two exercises in class and tell you which ones to do in the lab. First, read the explanations given here, then listen to the cassette and repeat each word or phrase as you *look at the printed words*, paying close attention to the way in which French words are spelled and pronounced.

PHONETIC SYMBOLS

French orthography, like that of English and many other languages, is not phonetic. The same spelling can represent several sounds, and the same sound can be represented in several spellings. For example, English words such as *she*, *key*, *people*, *sea*, *feet*, *grief* all contain the same vowel, and the letter *a* in *safe*, *sat*, *sofa*, *call*, and *father* represents five different vowels. The only way to show pronunciation accurately and consistently is to use the International Phonetic Alphabet. Most *consonant* sounds have symbols that are close to the letters of the regular alphabet; you will need to pay close attention to the *vowel* symbols because many do not look like letters of the alphabet.

Vowels

/a/	**la**	/la/	/ə/	**premier**	/pʀəmje/
/ɑ/	**pâte**	/pɑt/	/y/	**sur**	/syʀ/
/e/	**clé**	/kle/	/ø/	**deux**	/dø/
/ɛ/	**père**	/pɛʀ/	/œ/	**jeune**	/ʒœn/
/i/	**ici**	/isi/	/ɑ̃/	**enfant**	/ɑ̃fɑ̃/
/o/	**beau**	/bo/	/ɛ̃/	**vin**	/vɛ̃/
/ɔ/	**porte**	/pɔʀt/	/ɔ̃/	**bon**	/bɔ̃/
/u/	**où**	/u/	(/œ̃/	**un**	/œ̃/)

Semi-consonants

/j/	**fille**	/fij/	/ɥ/	**suis**	/sɥi/
/w/	**oui**	/wi/			

Consonants

/b/	**bien**	/bjɛ̃/	/ɲ/	**ligne**	/liɲ/
/d/	**des**	/de/	/p/	**pas**	/pɑ/

Consonants

/f/	**fait**	/fɛ/
/g/	**g**auche	/goʃ/
/ʒ/	**j**oue	/ʒu/
/k/	**c**afé	/kafe/
/l/	**l**ivre	/livʀ/
/m/	**m**a	/ma/
/n/	**n**ous	/nu/
/ʀ/	**r**ose	/ʀoz/
/s/	**s**ous	/su/
/ʃ/	**ch**aise	/ʃɛz/
/t/	**t**u	/ty/
/v/	**v**ous	/vu/
/z/	**z**éro	/zeʀo/

1 *VOYELLES ANTÉRIEURES* /i/, /e/, /ɛ/

Front and back vowels: Vowels are sounds produced by the air stream passing through the mouth without meeting any obstruction. Some are known as "front vowels" (**voyelles antérieures**) because they are pronounced toward the front of the mouth, under the hard palate. Others are known as "back vowels" (**voyelles postérieures**) because they are produced toward the back of the mouth, near the soft palate. In English, the vowel sounds in *beat*, *bit*, *bet*, *bat* are front vowels. The French sounds /i/, /e/, and /ɛ/ presented here are also front vowels.

/i/: Spread your lips horizontally and keep them tense. Close your jaw and hold the tip of your tongue firmly against the back of the lower teeth. Pronounce the vowel *without* moving your tongue. The French /i/ is more tense than the English vowel sound in *beat*.

i	**i**c**i**, l**i**vre
î	**î**le, hu**î**tre
y	**y**, st**y**lo

/e/: Spread your lips horizontally but a little more open than for /i/. Do not move your tongue *at all* during the articulation of /e/, or you will produce the **diphthong** /ej/, that is, /e/ followed by a glide sound /j/, as in English *bay*, *may*, *day*. The sound /e/ occurs only in an **open syllable**, that is, in a syllable ending in a vowel sound. Words like **aimer**, **été**, **écoutez** are pronounced with open syllables: **ai-mer**, **é-té**, **é-cou-ter**.

é	cl**é**, **été**, t**é**l**é**phone
-er	cahi**er**, premi**er** (at the end of words of two or more syllables)
-ez	ch**ez**, parl**ez**, répond**ez**
-es	d**es**, l**es**, m**es**, c**es** (in one-syllable words)
ai, ei	**ai**mer, m**ai**son, ens**ei**gner
et	the word meaning *and*

/ɛ/: Open your lips much more than for /e/. This sound is similar to the vowel sound in English *bet*, *met*, *set* but articulated with more tense muscles.

è	p**è**re, m**è**re, fr**è**re, ach**è**te
ê	**ê**tre, fen**ê**tre, for**ê**t, b**ê**te
ai, ei	**ai**me, **ai**de, ens**ei**gne, S**ei**ne (in syllables ending in a consonant sound)
e	av**e**c, ch**e**r, s**e**l (in syllables ending in a consonant sound); r**e**staurant, qu**e**stion, r**e**ster (before two or more consonants)
-ais, -ai(en)t	franç**ais**, l**ait**, f**ais**, all**ais**, all**aient**, finir**aient** (noun, adjective, and verb endings)

Open and closed syllables: The sound /ɛ/ always occurs in a **closed syllable**, that is, in a syllable ending in a consonant sound (opposite of an **open syllable**), except for the endings **-ais** and **-ai(en)t**. Words like **il**, **elle**, and **frère** consist of a single closed syllable. The vowels /e/ and /ɛ/ in open and closed syllables are contrasted in exercises (*d*) and (*e*) below.

As you do the following exercises, do not make a glide sound by moving your tongue during the pronunciation of /i/ and /e/. Note also how your jaw drops down and your lips open as you "go down" the scale /i/-/e/-/ɛ/.

a) /i/ livre, disque, lit, ici, midi, difficile, il finit, il arrive, six livres ; île ; **y**, stylo, Maryse

b) /e/ **é**t**é**, cl**é**, t**é**l**é**vision ; parl**er**, entr**er**, pens**er** ; r**é**p**é**t**ez**, **é**cout**ez**, r**é**pond**ez** ; m**ai**son, **ai**mer, j'**ai** ; d**es**, l**es**, m**es**, t**es**, c**es** ; **et**

c) /ɛ/ p**è**re, m**è**re, fr**è**re ; **ê**tre, fen**ê**tre ; av**e**c, f**e**r, s**e**l, servi**e**tte, **e**xcepte ; ch**ai**se, **ai**de, j'**ai**me ; tr**ei**ze, pl**ei**ne

d) /e-ɛ/ c**es**-s**ei**ze, **et**-**e**lle, j'**ai**-j'**ai**me, n**é**-n**ei**ge, cl**é**-cl**ai**re ; **é**l**è**ve, s**é**v**è**re, Th**é**r**è**se, l**es** p**è**res, l**es** m**è**res, d**es** fr**è**res, c**es** ch**ai**ses ; c**é**d**ez**-c**è**de, esp**é**r**er**-esp**è**re, r**é**p**é**t**é**-r**é**p**è**te, pr**é**f**é**r**é**-pr**é**f**è**re

e) /ɛ-e/ f**e**rm**ez**, s**e**rv**ez**, ch**e**rch**ez**, p**e**rd**ez**, r**e**st**er**, p**e**rc**er**, d**e**rni**er**, v**e**rg**er**, v**e**rs**é**, b**e**rg**er**, b**e**rc**é**, H**e**rv**é**

f) /e-ɛ/ c**es**-s**ais**, d**es**-d**ais**, f**ée**-f**ait**, th**é**-t**ait**, l**es**-l**ait**, m**es**-m**ais**, all**er**-all**ais**, mang**é**-mange**aient**, parl**ez**-parl**ait**, finiss**ez**-finiss**ait**, ir**ai**-ir**ais**, finir**ai**-finir**ais**, vendr**ai**-vendr**ais**

2 *VOYELLES POSTÉRIEURES* /u/, /o/, /ɔ/

The sounds /u/, /o/, /ɔ/ are called back vowels because they are produced toward the back of the mouth, between the soft palate and the back of your tongue. The lips are rounded during the pronunciation of these vowels.

/u/: Keep your lips tightly rounded, pushed forward with just enough opening for a pen to go through, as if you were about to blow out a candle. The tip of your tongue is behind the back of your lower teeth. Do not move your tongue during the articulation. This sound is more tense than the vowel sound in English *food*, *pool*, *mood*.

ou bonj**ou**r, s**ou**s, **ou**
oû g**oû**ter, c**oû**ter
où the word meaning *where*

/o/: Open your lips slightly more than for /u/, keeping them tense and rounded. Do not move your tongue during the articulation, to avoid producing the English diphthong /ow/ (as in *boat*, *coat*, *low*).

ô v**ô**tre, n**ô**tre, r**ô**le
o r**o**se, ch**o**se, p**o**ser, r**o**sé (before /z/ sound)
stylo, moto, mot (word-final position)
-au(x) **au**, **aux**, tuy**au**, anim**aux**, journ**aux**
-eau(x) tabl**eau**, chât**eaux**

/ɔ/: Open your mouth wider, but keep the lips fairly tense. The tongue is flattened and its tip touches the back of the lower teeth. This sound is similar to the English vowel in *caught*, *bought*, *fought*, but it is shorter and more tense.

o p**o**rte, p**o**ste, n**o**te, p**o**rtrait, ph**o**tographe (in word-final closed syllables, and in any nonfinal syllables, except before /z/ sound)
au P**au**l, M**au**rice, m**au**vais (except words like **au**, **aux**, and word-final **-aux**, as noted under /o/ above)

a) /u/ **ou**, s**ou**s, n**ou**s, v**ou**s, j**ou**rnal, t**ou**s les j**ou**rs, n**ou**s tr**ou**vons ; **où** ; g**oû**ter, c**oû**ter

b) /o/ métr**o**, styl**o**, m**o**t, n**o**s, v**o**s, r**o**se, ch**o**se, p**o**se, pr**o**se ; r**ô**le, p**ô**le, bient**ô**t ; anim**aux**, chev**aux**, journ**aux** ; **eau**, b**eau**coup, tabl**eau**

c) /ɔ/ p**o**rte, n**o**te, p**o**ste, h**o**mme, d**o**nne, D**o**rd**o**gne, s**o**l, j**o**li, phil**o**s**o**phe, **o**béir, fr**o**mage ; m**au**vais, **au**tom**o**bile

d) /o-ɔ/ b**eau**-b**o**l, s**o**t-s**o**tte, d**o**s-d**o**rt, f**au**t-f**o**lle, m**o**t-m**o**lle, n**o**s-n**o**tre, v**o**s-v**o**tre, t**ô**t-t**o**rt, p**o**t-p**o**ste, n**ô**tre-n**o**tre, v**ô**tre-v**o**tre

e) /ɔ-o/ d**o**d**o**, m**o**t**o**, ph**o**t**o**, c**o**t**eau**, p**o**mm**eau**, r**o**b**o**t, L**o**t**o**, G**o**d**o**t, M**o**r**eau**

3 *VOYELLES ANTÉRIEURES ARRONDIES* /y/, /ø/, /œ/

These are front vowels, like /i/, /e/, /ɛ/, but the lips are rounded just as for the back vowels /u/, /o/, /ɔ/. There are *no* similar sounds in English.

/y/: Say /i/, and holding your tongue firmly in that position, round your lips to the position of /u/; the result is /y/. The position of the tongue and lips is very similar to that used when you whistle. Avoid substituting the /juw/ of English *you*, *few*, *cue*.

u	**u**ne, m**u**r, s**u**r, ét**u**de
û	d**û**, s**û**r, m**û**r
eu	**eu**, **eu**t, **eu**ssent (verb forms of **avoir** with **-eu-**)

/ø/: Pronounce /e/, and keeping your tongue in that position, round your lips as for /o/. This sound always occurs in word-final open syllables or before a /z/ sound.

eu	d**eu**x, f**eu**, danger**eu**x, cr**eu**ser
œu	**œu**fs /ø/, b**œu**fs /bø/

/œ/: The tongue position is the same as for /ɛ/, and the mouth is opened wider but with the lips still rounded, as for /ɔ/. This sound occurs in closed syllables except before /z/.

eu	s**eu**l, p**eu**r, profess**eu**r (except as noted under /ø/)
œu	s**œu**r, c**œu**r, **œu**f, b**œu**f (except as noted under /ø/)

a) /i-u-y/ **y-où-eu**, si-**sous**-su, dit-**doux**-**du**, fit-**fou**-**fut**, gît-**joue**-**jus**, lit-**loup**-**lu**, mis-**mou**-**mu**, ni-**nous**-**nu**, pis-**pou**-**pu**, ri-**roue**-**rue**, vie-**vous**-**vue**

b) /y/ d**u**, **u**ne, s**u**r, m**u**r, min**u**te, ét**u**de, m**u**sique, b**u**reau, f**u**t**u**r, s**u**cre, cult**u**re, de l**u**xe, **u**ne r**u**e, **u**ne min**u**te ; d**û**, s**û**r, m**û**r

c) /e-o-ø/ **et-eau-eux**, c**es**-s**ot**-c**eux**, d**es**-d**os**-d'**eux**, f**ée**-f**aut**-f**eu**, m**es**-m**ot**-m**eut**, n**é**-n**os**-n**œud**, v**é**-v**eau**-v**eut**

d) /ø/ d**eux**, bl**eu**, qu**eue**, p**eu**, v**eut**, f**eu**, j**eu**, chev**eux**, curi**eux**, danger**eux** ; cr**eu**ser, vend**eu**se, séri**eu**se

e) /ɛ-ɔ-œ/ **air**-**or**-**heure**, B**erre**-b**ord**-b**eurre**, s**ert**-s**ort**-s**œur**, l'**air**-l**ors**-l**eur**, s**el**-s**ol**-s**eul**, m**er**-m**ort**-m**eurt**, p**ère**-p**ort**-p**eur**, fl**aire**-fl**ore**-fl**eur**

f) /œ/ **œu**f, s**œu**r, c**œu**r ; b**eu**rre, l**eu**r, fl**eu**r, h**eu**re, s**eu**l, j**eu**ne, profess**eu**r, amat**eu**r, ils v**eu**lent, ils p**eu**vent, pl**eu**rer, déj**eu**ner

g) /u-y-ø-œ/ b**ou**t-b**u**-b**œufs**-b**œuf**, **ou**-**eu**-**eux**-**œuf**, s**ous**-s**u**-c**eux**-s**œur**, d**oux**-d**u**-d**eux**-d'h**eure**, f**ou**-f**ut**-f**eu**-F**eurs**, c**ou**-c**ul**-qu**eue**-c**œur**, p**ou**-p**u**-p**eu**-p**eu**vent, v**ous**-v**u**-v**eux**-v**eu**lent, m**ou**-m**u**-m**eut**-m**eurt**

4 *VOYELLES OUVERTES* /a/, /ɑ/

/a/: The lips are spread apart vertically, more than for /ɛ/, and held very tense. This is the most open of the front vowels. You can approximate it by pronouncing the vowel sound in English *cat*, *mat*, *sat*, then opening your mouth wider.

a	m**a**d**a**me, **a**nim**a**l, C**a**n**a**d**a** (except before **s**)
à	**à**, l**à**, voil**à**
amm, **emm** /am/	élég**amm**ent, const**amm**ent f**emm**e, réc**emm**ent, évid**emm**ent

/ɑ/: This is the most open of the back vowels, pronounced with the tongue lying flat in the mouth. It is similar to the English vowel sound in *cot* and *hot*. It occurs in very few words, and is often replaced by /a/, sometimes pronounced longer than usual.

â	âge, grâce
a	pas, bas, classe (often before **s** or **ss**)

Exercises (*c*) and (*d*) are reviews of the front and back vowels that you have learned.

a) /a/ **la**, **ma**, **ta**, **sa**, **ça**, ch**a**t, m**a**l, m**a**d**a**me, ciném**a**, p**a**tte, g**a**re, qu**a**tre, qu**a**rt, C**a**n**a**d**a**, **ça va mal** ; **à**, **là** ; **femme**

b) /ɑ/ p**â**te, t**â**che, m**â**le ; b**a**s, cl**a**sse, t**a**sse, phr**a**se, g**a**z

c) /i-e-ɛ-a/ **y-et-êtes-a**, **si-ces-cette-sa**, **mis-mes-mette-ma**, **fit-fée-fête-femme**, **qui-quai-quel-car**, **dit-des-dette-dame**, **lit-les-laine-là**

d) /u-o-ɔ-ɑ/ **bout-beau-bol-bas**, **poule-pôle-Paul-pâle**, **loup-l'eau-lors-las**, **tout-tôt-tonne-tâche**, **mou-mot-molle-mâle**

5 *VOYELLE NASALE* /ɛ̃/

Nasal vowels: They are produced by letting part of the air stream escape through the nasal passage. English has *nasalized* vowels, but they occur only when a vowel is next to a pronounced nasal consonant. Compare, for example, the vowels in *cat* and *man*, *gate* and *gain*, *coat* and *moan*.

Standard Parisian French has three nasal vowels, shown in spelling by a vowel letter followed by a *single* **m** or **n**: **printemps**, **ensemble**, **entente**. Usually, a *double* **m** or **n** indicates that the preceding vowel is oral rather than nasal, and that the consonant sound /m/ or /n/ is pronounced: **Anne**, **donne**, **pomme**, **gamme**. Likewise, at the end of a word, a single **m** or **n** followed by an **e** indicates an oral vowel followed by /m/ or /n/: **Américaine**, **Seine**, **aime**.

The distinction between a nasal vowel (/ɛ̃/, /ɑ̃/, or /õ/) and an oral vowel with a nasal consonant (/ɛn/, /an/, or /ɔn/) is important in certain nouns, adjectives, and verbs. In doing the exercises for /ɛ̃-ɛn/, /ɑ̃-an/, and /õ-ɔn/, make sure you are not pronouncing any /n/ sound *at all* for the nasal vowels /ɛ̃/, /ɑ̃/, /õ/, and that you are *clearly* pronouncing /n/ for /ɛn/, /an/, /ɔn/.

/ɛ̃/: Keep your lips slightly more open than for /ɛ/; let the breath escape through both the mouth and the nose. Do not pronounce /n/ or /m/. Note that this sound is represented by many spellings. Do not try to pronounce them differently; they all have the same vowel: /ɛ̃/ (it is similar to /ij/ in English, which has all kinds of spellings: *beet*, *beat*, *believe*, *receive*, *key*, *people*, *she*).

in, im	f**in**, v**in**, s**im**ple, t**im**bre
yn, ym	s**yn**taxe, s**ym**pathique
ain, aim	tr**ain**, p**ain**, f**aim**
ein, eim	pl**ein**, fr**ein**, R**eim**s /ʀɛ̃s/
-en	(in a few words ending in **-en**, often preceded by **i**, **y**, or **é**) bi**en**, ti**en**s, moy**en**, europé**en**, lycé**en** exam**en**
un, um	**un**, l**un**di, parf**um**, h**um**ble (The spellings **un** and **um** can also be pronounced /œ̃/.)

a) /ɛ-ɛ̃/ b**e**lle-b**ain**, s**e**l-s**ain**, f**ai**tes-f**aim**, m**e**ttent-m**ain**, p**e**lle-p**ain**, pl**ai**re-pl**ein**, fr**è**re-fr**ein**, gr**ê**le-gr**ain**

b) /ɛ̃/ cous**in**, jard**in**, médec**in**, s**im**ple, t**im**bre ; s**yn**dicat, s**ym**pathique ; p**ain**, tr**ain**, f**aim** ; pl**ein**, att**ein**t, R**eim**s ; bi**en**, ri**en**, vi**en**t, combi**en** ; exam**en**, lycé**en**, europé**en** ; **un**, l**un**di, br**un**, parf**um**, h**um**ble

c) /ɛ̃-ɛn/ améric**ain**-améric**aine**, s**ain**-s**aine**, v**ain**-v**aine**, m**ain**-m**ène**, mexic**ain**-mexic**aine**, l**in**-l**aîne**, r**ein**-r**eine**, tr**ain**-tr**aîne**, pl**ein**-pl**eine**

d) /jɛ̃-jɛn/ anc**ien**-anc**ienne**, ital**ien**-ital**ienne**, canad**ien**-canad**ienne**, v**ien**t-v**ienn**ent, t**ien**t-t**ienn**ent, dev**ien**t-dev**ienn**ent, m**ien**-m**ienne**, t**ien**-t**ienne**, s**ien**-s**ienne**

6 *VOYELLE NASALE* /ɑ̃/

/ɑ̃/: Form your lips as for /ɑ/, but with a somewhat narrower opening. Do not pronounce /n/ or /m/ after it.

an, am	étudi**ant**, d**ans**, **am**ple, ch**am**bre
en, em	c**ent**, v**end**, **ensem**ble, ex**em**ple (excluding words like **examen** and the third person plural verb ending **-ent** as in **parlent**, **finissent**, and **vendent**).

a) /ɑ-ɑ̃/ bas-banc, las-l'**an**, mât-m**ent**, pas-p**an**, pâte-p**en**te, tâche-t**ant**, cas-qu**and**, passer-p**en**ser

b) /ɑ̃/ d**ans**, gr**and**, qu**and**, Je**an**, bl**anc**, ch**am**p, ch**am**bre ; par**ent**, **en**t**en**dre, présid**ent**, t**em**ps, ex**em**ple, **en**s**em**ble, nov**em**bre

c) /ɑ̃-an/ pl**an**-plane, **an**-**Anne**, Je**an**-Je**anne**, p**an**-p**anne**, qu**and**-C**annes**, m**ent**-m**anne**, pays**an**-pays**anne**, artis**an**-artis**ane**, catal**an**-catal**ane**

d) /ɑ̃-amɑ̃/ élég**ant**-élég**amment**, brill**ant**-brill**amment**, cour**ant**-cour**amment**, réc**ent**-réc**emment**, innoc**ent**-innoc**emment**, évid**ent**-évid**emment**, pati**ent**-pati**emment**, prud**ent**-prud**emment**, intellig**ent**-intellig**emment**

e) /ɛ̃-ɑ̃/ **bain**-banc, **lin**-lent, **main**-ment, **pain**-pan, **teint**-tant, **vingt**-**vent**, **rein**-rend, **plein**-**plan**, gr**ain**-grand, ét**eint**-étang, **faim**-**fend**, m**ain**te-m**en**the, att**ein**dre-att**en**dre

7 *VOYELLE NASALE* /õ/

/õ/: Pronounce /o/ with a somewhat larger opening, while letting the air escape partly through your nose. Do not pronounce /n/ or /m/. Make a clear distinction between /õ/ and /ɔn/.

on, om	montre, cray**on**, t**om**ber, s**om**bre

a) /o-õ/ **eau**-**on**, b**eau**-b**on**, dos-d**ont**, f**aut**-f**ont**, l'**eau**-l**on**g, mot-m**ont**, nos-n**on**, pot-p**ont**, sot-s**ont**, tôt-t**on**, v**eau**-v**ont**

b) /õ-ɔn/ b**on**-b**onne**, n**on**-n**onne**, s**on**-s**onne**, d**ont**-d**onne**, pard**on**-pard**onne**, menti**on**-menti**onne**, stati**on**-stati**onne**, rais**on**-rais**onne**, aband**on**-aband**onne**

c) /ɛ̃-ɑ̃-õ/ s**ain**t-s**an**s-s**on**t, v**ain**-v**en**t-v**on**t, **lin**-l'**an**-l**on**g, p**ain**-p**an**-p**on**t, b**ain**-b**an**c-b**on**, r**ein**-r**en**d-r**on**d, fr**ein**-fr**an**c-fr**on**t, m**ain**te-m**en**the-m**on**te

d) /ɛ̃-ɑ̃-õ/ **un** pantal**on**, **on** **invente**, **un** **bon** t**em**ps, c**en**t c**in**q p**on**ts, c**in**qu**an**te **tons**, **un** **menton**, **empruntons**, **invention**, **implantons**, **inconscient**, **inconvénient**, **un** m**en**s**on**ge, **intention**, **convaincant**

8 *SEMI-CONSONNES* /j/, /w/, /ɥ/

Semiconsonants: They are pronounced without the air stream meeting a definite obstacle as it does in the pronunciation of consonants like /t/, /b/, /s/. The semiconsonants /j/, /w/, /ɥ/ are produced in the same way as their corresponding vowels /i/, /u/, /y/, but they are pronounced very quickly and form a *single syllable* with the vowel that precedes or follows them.

/j/: Pronounce /i/, with the back of the tongue raised very high toward the hard palate. It is much more tense and consonant-like than the *y* of English *yes*, *voyage*, *pay*.

y, i	pa**y**er, vo**y**age, cah**i**er, prem**i**er (**y** or **i** before another vowel sound)
ail, aill- /aj/	trav**ail**, trav**aill**er, t**aill**e
eil, eill- /ɛj/	sol**eil**, cons**eill**er, corb**eill**e
euil, euill /œj/	faut**euil**, f**euill**e

ill- /ij/	fille, famille, billet (In a few words, **ill-** is pronounced /il/: **mille**, **ville**, **village**, **tranquille**.)

/w/: Pronounce /u/, but move quickly to the next vowel sound, forming a single syllable with it. Keep your lips tensely rounded during the articulation.

ou	**ou**i, **ou**est, j**ou**er (**ou** before another vowel sound)
oi, **oî**, **oy** /wa/	l**oi**, **oi**seau, b**oî**te, v**oy**age
oin /wɛ̃/	l**oin**, m**oin**s, bes**oin**

/ɥ/: Pronounce the same as /y/, but move quickly to the next vowel.

u bruit, lui, cuisine, muet (**u** before another vowel sound)

a) /i-j/ **y-hier**, **si-ciel**, **dit-dieu**, **fie-fière**, **lit-lier**, **mie-mieux**, **nie-nier**, **pie-piège**, **rit-rien**, **tire-tiers**, **vit-vieux**

b) /j/ **lieu**, **premier**, **dernier**, **janvier** ; **payer**, **essayer**, **employer**, **voyage** ; **travail**, **soleil**, **sommeil**, **pareil**; **billet**, **travailler**, **famille**, **corbeille**, **fille**, **fouille**, **nouille**

c) /u-w/ **ou-oui**, **doux-doué**, **fou-fouet**, **loup-louer**, **nous-nouer**, **sous-souhait**, **chou-chouette**, **mou-mouette**, **avoue-avouons**

d) /w/ **Louis**, **Louise**, **ouest** ; **mois**, **oiseau**, **toi**, **voix**, **soir**, **emploi**, **boîte** ; **voyage**, **doyen**, **moyen** ; **moins**, **coin**, **loin**, **besoin**

e) /wa-wɛ̃/ **oie-oint**, **coi-coin**, **loi-loin**, **foi-foin**, **joie-joint**, **moi-moins**, **poix-point**, **soi-soin**

f) /y-ɥ/ **fut-fuite**, **lu-lueur**, **mu-muet**, **nu-nuage**, **pu-puer**, **rue-ruine**, **sue-sueur**, **tu-tuer**, **continue-continuez**

g) /ɥi/ **huit**, **lui**, **cuit**, **cuire**, **cuisine**, **cuillère**, **suite**, **ensuite**, **nuit**, **minuit**, **aujourd'hui**, **je suis**, **huile**, **tuile**, **ruine**, **ennui**, **puis**, **depuis**, **fuir**, **conduit**, **produire**, **traduisons**

h) /w-ɥ/ **oui-huit**, **bouee-buée**, **souhait-suer**, **fouir-fuir**, **Louis-lui**, **noué-nuée**, **mouette-muette**, **roué-rué**, **joint-juin**

i) /y-ø-jø/ **eu-eux-yeux**, **du-deux-dieu**, **mu-meut-mieux**, **pu-peu-pieux**, **vu-veux-vieux**, **su-ceux-cieux**

9 *VOYELLE* /ə/

The pronunciation of /ə/ is very similar to that of /œ/ (in **3** above). Round your lips slightly as for /œ/, but keep them less tense. It is like the first vowel in English *support* or the second vowel in *sofa*, but pronounced with more tense muscles.

e	pr**e**mier, s**e**cret, Br**e**tagne
ai	f**ai**sons, f**ai**sais (forms of the verb **faire**)
on	of the word **monsieur** /məsjø/

The vowel /ə/ is called "mute" **e** (**e muet**, **e instable**, **e caduc** *weak* e). The second and third French terms are more descriptive than the first, because /ə/ may or may not be pronounced in the *same* word, depending on the sequence of consonants surrounding it and on speech level and speed. Note the different pronunciation of **petite** and **fenêtre** in the following examples (pronounced mute **e**'s are underlined, and unpronounced ones are crossed out).

la p~~e~~tit~~e~~ maison, un~~e~~ petit~~e~~ maison /ptit/ vs. /pətit/
ma f~~e~~nêtr~~e~~, cett~~e~~ fenêtr~~e~~ /fnɛtʀ/ vs. /fənɛtʀ/

Pronouncing or not pronouncing the mute **e** depends on how many consonants will come together if it is not pronounced. Here are the cases where it is usually retained and fully pronounced.

1. When deletion of /ə/ would cause three or more consonants to come together; that is, three or more consonant sounds must not follow one another in succession through the dropping of a mute **e**.

    déve̸loppe̸ment, same̸di /dɛvlɔpmɑ̃/, /samdi/
    appartement, vendredi /apaʀtəmɑ̃/, /vɑ̃dʀədi/

In the case of **développement** and **samedi**, dropping the mute **e** causes only two consonants to come together: /vl...pm/ and /md/. On the other hand, with **appartement** and **vendredi** the deletion would result in a group of three consonant sounds: /ʀtm/ and /dʀd/. This is also why **petite** and **fenêtre** following **une̸** and **cette̸** above are pronounced with the mute **e**; if /ə/ were dropped, three consonants would come together: /npt/ and /tfn/. But exceptions do occur. Within a single word, for example, several consonants may follow one another without the mute **e**: **extrême** /...kstʀ.../, **splendide** /spl.../. More important is the exception that three consonants may come together if the last two begin a new word:

pas de̸ plan /dpl/	**cette̸ probabilité** /tpʀ/	**tu le̸ prends** /lpʀ
plus de̸ train /dtʀ/	**une̸ grande̸ maison** /ngʀ/	**vous le̸ croyez** /lkʀ

2. Before an **h aspiré** (the two kinds of **h** are discussed in **Développement 9** of the text).

le héros /lɔeʀo/	**une hache̸** /ynəaʃ/	**cette honte** /sɛtəɔ̃t/

3. When a sentence begins with /p/, /t/, /k/, /b/, /d/, or /g/ plus the mute **e**.

Que faite̸s-vous ?	**Te comprend-il ?**	**De qui parlez-vous ?**

When there is a succession of syllables containing more than one **e muet**, every other /ə/, beginning with the first or second syllable, will be dropped. The combination **je ne** /ʒən/, **je te** /ʃtə/, and **ce qui** /ski/, /**ce que** /skə/ are fixed, however, and are always pronounced that way.

Vous ne̸ me connaissez pas ?	**Je ne̸ me de̸mande̸ pas ce̸la.**
Il ne me̸ le donne̸ pas.	**Je̸ te le̸ donne̸.**
Te le̸ demande-t-il ?	**Voilà ce̸ que Paul a vu.**

a) pre**m**ier, pre**n**ez, cre**v**aison, se**c**ret, gre**d**in, de**g**ré, pauvre**t**é, Gre**n**oble, ate**l**ier, Montpe**ll**ier, nous appe**l**ions, vous ferme**r**iez

b) same̸di, méde̸cin, prome̸nade̸, enve̸loppe̸, ce̸la, mainte̸nant, lente̸ment, rapide̸ment, ame̸ner, déve̸loppe̸ment, la se̸maine̸ ; Où est le̸ méde̸cin ?, Voilà le̸ cahier, C'est le̸ stylo de̸ Marie̸, Il est dans le̸ cahier, Je̸ n'ai pas de̸ sœurs, Je̸ n'achète̸ pas de̸ pomme̸s, Je ne̸ comprends pas ce̸la

c) le̸çon-laissons, le̸ cahier/les cahiers, ce̸ livre/ces livres, je̸ lève̸ j'élève̸, je̸ fais/j'ai fait, je̸ finis/j'ai fini, je̸ choisis/j'ai choisi,/ je̸ dis/j'ai dit, je̸ mangeais/j'ai mangé, je̸ dansais/j'ai dansé

d) je jette̸/nous je̸tons/vous je̸tez, je̸ mène/nous me̸nons/vous me̸nez, j'appelle̸/vous appe̸lez, je lève̸/vous le̸vez, je rappelle̸/vous rappe̸lez,/ j'amène̸/vous ame̸nez, j'achète̸/vous ache̸tez

10 *CONSONNE FRICATIVE* /ʀ/

French **r** sounds very different from American English **r**. In American English, it is like a vowel sound, produced by curling your tongue toward the hard palate. The typical French /ʀ/ is a **fricative**—the air stream goes through the narrow passage between the back of your soft palate and the back of your tongue, producing a very light "friction" sound.

Hold the tip of your tongue firmly against the back of the lower teeth (the tip has *no role* in the pronunciation of /ʀ/), while raising the *back* of your tongue toward the back of the soft palate. This tongue position is behind that used for /k/ and /g/, though there is no contact between the tongue and the palate. (If you know Spanish or German, the French /ʀ/ is close to the initial sound in Spanish **jota** and the final sound in German **ach**.) Another way to practice the French /ʀ/ is to open your mouth wide as for /ɑ/, raising the back of your tongue toward the soft palate, and force the air out to make a light fricative sound. You can also substitute a **uvular trill** (produced by vibrating the uvula, similar to the sound made by gargling), although it is not the standard **r** sound in French.

r, rr	rare, crayon, arrive, marre
rh	rhume, Rhin

a) /ʀ/ gris-rit, gré-ré, grève-rêve, gras-rat, grouille-rouille, gros-rôt, grue-rue, grince-rince, gronde-ronde ; rit, ride, répond, rêve, règle, rat, ravi, roue, rouge, rôt, rose, robe, rue, rhume, rang, rentre, rein, rince, rond, ronron, repas, revenir

b) /ʀ/ prix, pré, près, drap, froufrou, trop, prof, grâce, truc, prendre, craindre, trompe ; lire, finir, frère, rare, gare, quart, lourd, cours, sort, tort, sur, mur, pur, dur, sœur, pour, heure, beurre, pleure

c) /ʀ/ firme, cirque, ferme, servent, parle, carte, arbre, courbe, lourde, courte, porte, forte, sortent, dorment, corde ; port-porte, part-partent, pars-parle, sort-sortent, car-carte, sert-servent, dort-dorment, père-perle, fer-ferme, perds-perdent

11 *CONSONNE NASALE* /ɲ/

For the pronunciation of /ɲ/, keep the tip of the tongue firmly behind the back of the lower teeth and raise the middle of the tongue until it touches the hard palate. It resembles the sound in English *onion* and *canyon*, but in English these nasal consonants are produced with the tip of the tongue held against the upper gum of the upper teeth), not against the back of the *lower* teeth.

gn	espagnol, ligne, peigner

a) /ɲ/ ligne, signe, peigne, saigne, campagne, champagne, Espagne, Allemagne, montagne, espagnol, Pologne, seigneur, enseigner, soigné, magnifique, signal, agneau

b) /n-ɲ/ peine-peigne, anneau-agneau, reine-règne, dîne-digne, plaine-plaigne, peinait-peignait, en scène-enseigne

c) /ɛ̃-ɛɲ/ bain-baigne, sain-saigne, rein-règne, craint-craignent, daim-daigne, plaint-plaignent, peint-peignent, atteint-atteignent, feint-feignent

12 *CONSONNE* /l/

The consonant /l/ is a **lateral** consonant because the tip of the tongue is firmly held against the back of the upper teeth and the air stream escapes laterally, at both sides of the tongue. The tip of your tongue should be held against the back of the upper teeth, not against the ridge of the gums as in English. It is particularly important to release the word-final /l/ clearly. If not released fully (as in the word-final /l/ of American English, often called the "dark *l*"), the listener will have difficulty distinguishing between singular and plural forms of nouns and adjectives like **journal-journaux, hôpital-hôpitaux**, and **national-nationaux**, as in exercise (*e*).

l, ll	table, journal, quelle, ville (except as noted under /j/)

a) /l/ lit, les, la, loup, l'eau, lors, las, lu, leur, lampe, linge, longe

b) /l/ il, mil, elle, sel, mal, bal, poule, moule, pôle, saule, Paul, col, pâle, pull, nul, seul, l'animal, l'école, l'échelle

c) /l/ table, capable, probable, possible, lisible, meuble, oncle, socle, simple, temple, ongle, angle *d*) /l/ film, filtre, calme, palme, halte, salve, calque, palpe, les Alpes, Malte, soldat, le golfe, Adolphe, résulter, insulter

e) /al-o/ journ**al**-journ**aux**, anim**al**-anim**aux**, génér**al**-génér**aux**, chev**al**-chev**aux**, hôpit**al**-hôpit**aux**, mét**al**-mét**aux** ; or**al**-or**aux**, nation**al**-nation**aux**, région**al**-région**aux**, soci**al**-soci**aux**

13 *CONSONNES* /s/, /z/, /ʃ/, /ʒ/

These sounds are **fricatives**, produced by letting the air stream pass through a narrow constriction between the back of the upper teeth and the tip of the tongue.

/s/: The French /s/ has a stronger hissing sound than its English counterpart.

s	di**s**que, **s**ur, po**s**te (except between vowels)
ss	pa**ss**er, choisi**ss**ez (between vowels)
sc	**sc**ène, **sc**ience (before **e** or **i**)
c	**c**es, **c**e**c**i, i**c**i (before **e** or **i**)
ç	**ç**a, gar**ç**on, re**ç**u (before **a**, **o**, **u**)
x /ks/	e**x**pliquer, e**x**primer (before a consonant)
t	na**t**ion, pa**t**ient (before **ion** and often before **i**)

/z/: The French /z/ is similar to its English counterpart.

z	**z**éro, quin**z**e
s	cho**s**e, choi**s**issons (between vowels)
x /gz/	e**x**amen, e**x**ercice, e**x**ode (before a vowel)

/ʃ/: For the pronunciation of /ʃ/, raise the middle of the tongue toward the hard palate without touching it. It is a "sharper" sound, with more of a hissing quality, than in English.

ch **ch**er**ch**er, po**ch**e

/ʒ/: The consonant /ʒ/ is a **voiced** counterpart of /ʃ/, that is, produced with the vocal chords in vibration. Do not touch the palate with the middle of your tongue, or the sound you produce will be /dʒ/, as in English *judge*, *bridge*, *jacket*. The French /ʒ/ comes close to its English counterpart in *measure*, *leisure*, and *vision*, but it is more strongly articulated.

j	**j**ambe, a**j**outer
g	ar**g**ent, ma**g**ique (before **e** and **i**)
ge	man**ge**able, man**ge**ons, ga**ge**ure (before **a**, **o**, **u**)

Note in exercise (*d*) that **-sion** and **-tion** in French retain the /s/ or /z/ sound, followed by the semi-consonant /j/. In English, they become /ʃ/ or /ʒ/.

télévision	/...zjõ/	*television*	/...ʒən/
dépression	/...sjõ/	*depression*	/...ʃən/
addition	/...sjõ/	*addition*	/...ʃən/

a) /s/ **s**i, **s**es, **s**ait, **s**a, **s**ourd, **s**ot, **s**ort, **s**ur, mon**s**ieur ; de**ss**in, lai**ss**er, pa**ss**er, choisi**ss**ez, re**ss**embler ; **sc**ience, **sc**ène, niè**c**e, piè**c**e, commen**c**er ; **ç**a, fran**ç**ais, re**ç**u, gar**ç**on, commen**ç**ons ; e**x**pliquer, e**x**primer, e**x**press ; nata**t**ion, pa**t**ience

b) /z/ **z**ig**z**ag, **z**éro, a**z**ur ; mu**s**ique, cho**s**e, voi**s**in, mai**s**on, sai**s**on, choi**s**issent ; e**x**ercice, e**x**amen, e**x**emple, e**x**act, e**x**écutif

c) /s-z/ poi**ss**on-poi**s**on, ce**ss**e-sei**z**e, ru**ss**e-ru**s**e, dou**c**e-dou**z**e, bai**ss**er-bai**s**er, ba**ss**e-ba**s**e, les Cau**ss**es/les cau**s**es, ils **s**ont/il**s** ont, vous **s**avez/vou**s** avez, nous **s**avons/nou**s** avons, ils **s**'aiment/il**s** aiment

d) /sj-zj/ situa**tio**n, addi**tio**n, pen**sio**n, condi**tio**n, na**tio**n, na**tio**nal, sensa**tio**n, sensa**tio**nnel, pa**tie**nce, con**scie**nce ; occa**sio**n, divi**sio**n, télévi**sio**n, éli**sio**n, vi**sio**n, préci**sio**n, infu**sio**n, déci**sio**n

e) /s-ʃ/ **ses-chez**, **seize-chaise**, **sa-chat**, **sous-chou**, **sien-chien**, **cent-chant**, ca**sse**-ca**che**, ru**sse**-ru**che**, Fran**ce**-fran**che**, ca**ss**er-ca**ch**er

f) /ʒ/ **j**'ai, **j**ambe, **j**our, **j**amais, **j**oli, **j**upe, dé**j**à, **J**ean ; nei**ge**, gara**ge**, ju**ge**, rou**ge**, collè**ge**, baga**ge**, a**g**ir, ma**g**ie, â**g**é ; **Ge**or**ge**s, man**ge**ons, Peu**ge**ot, plon**ge**ons, corri**ge**ons, man**ge**ais, corri**ge**ait

14 *CONSONNES* /p/, /t/, /k/ *ET CONSONNES FINALES*

Most other consonants not included in these lessons are pronounced more or less in the same way as their English counterparts. They are either **voiceless**, produced without the vibration of the vocal cords (as in the initial sound of **pain**, **tu**, **cou**, **font**), or are **voiced**, with the vocal cords in vibration during their articulation (as in the initial sound of **bain**, **du**, **goût**, **vont**).

One of the minor differences is **aspiration**, or an extra puff of air that accompanies certain sounds. In French, initial /p/, /t/, /k/ are not aspirated, and sound "softer," whereas in English, they are aspirated unless preceded by /s/. Compare the pronunciation of the pairs below.

pin—spin	till—still	kin—skin
pot—spot	tall—stall	kill—skill

You can tell the difference between an aspirated and an unaspirated consonant by holding a lighted match or a sheet of thin tissue paper a few inches from your mouth. If you keep repeating *spin*, the light will flicker or the tissue will move slightly. Once you say *pin*, the light will go out or the paper will move farther away from your lips.

A much more important difference between French and English consonants is that in French they are released much more fully at the end of a word. In English, the vocal organs are in position, but the air stream is hardly released: *help*, *nap*, *get*, *lot*, *sick*, *track*. Since in French many gender (*m/f)* and number (*s/pl*) distinctions are maintained by the presence or absence of the pronounced final consonant, you will need to learn to release it fully when you pronounce it.

a) /p-t-k/ **p**ire, **p**ère, **p**art, **p**our, **p**ôle, **p**orto, **p**u, **p**eu, **p**eur, **p**ain, **p**an, **p**ont , **t**ire, **t**aire, **t**ard, **t**out, **t**ôt, **t**ort, **t**u, **th**é, **th**éâtre, **th**ème, **th**éorie ; **qu**i, **qu**ai, **qu**el, **c**ar, **c**ourt, **c**orps, **qu**eue, **c**œur, **k**ilo, **k**ios**qu**e

b) /p-t-k/ il rompt-ils rom**p**ent, assistant-assistan**t**e, étudiant-étudian**t**e, il bat-ils ba**tt**ent, elle met-elles me**tt**ent, sais-se**c**, bat-ba**c**

c) /b-d-g/ ton-tom**b**e, cours-cour**b**e, second-secon**d**e, regard-regar**d**e, mont-mon**d**e, lourd-lour**d**e, blond-blon**d**e, elle vend-elles ven**d**ent, il attend-ils atten**d**ent, elle n'entend pas-elles n'enten**d**ent pas, il rend-ils ren**d**ent, long-lon**gu**e, l'an-lan**gu**e

d) /f-v/ neu**f**-neu**v**e, sau**f**-sau**v**e, jui**f**-jui**v**e, acti**f**-acti**v**e, affirmati**f**-affirmati**v**e, négati**f**-négati**v**e, auditi**f**-auditi**v**e, passi**f**-passi**v**e, sporti**f**-sporti**v**e

e) /v/ écrit-écri**v**ent, décrit-décri**v**ent, suit-sui**v**ent, vit-vi**v**ent, boit-boi**v**ent, doit-doi**v**ent, reçoit-reçoi**v**ent, déçoit-déçoi**v**ent, peut-peu**v**ent

f) /m/ main-mê**m**e, sain-sè**m**e, thym-thè**m**e, point-poè**m**e, flanc-fla**mm**e, grand-gra**mm**e, fend-fe**mm**e, nom-no**mm**e, pont-po**mm**e, son-so**mm**e, dont-dô**m**e

15 *SYLLABATION ET ENCHAÎNEMENT CONSONANTIQUE*

English and French differ not only in vowels and consonants, but also in the way their sounds are linked and put into syllables. This lesson will discuss the most prominent features involving **stress**, **syllabification**, and **juncture** (*linking*).

1. **Stress:** Each syllable in French receives more or less equal stress, and the *last* syllable of a word or phrase is automatically lengthened. This means that all vowels are kept clear and distinct. In English, in contrast, unstressed vowels often become blurred, and are even dropped altogether in normal speech. This is why you usually do not distinguish between words like *capital*

and *capitol*, or *principle* and *principal*. Say the following words at a normal conversational speed and note how you are pronouncing the unstressed vowels.

mAdam, jOUrnalism, prEsident, univERsity, chOcolate
Atom—atOmic, pOlitics—polItical, Anne—AnnEtte, mAson—masOnic

2. **Syllabification:** Syllables tend to be **open** in French, that is, they end in a vowel sound. In English, many syllables tend to be **closed**, and end in a consonant sound. Compare, for example, the syllabification of *an-i-mal* and *dis-or-gan-ized* with the French equivalents **a-ni-mal** and **dé-sor-ga-ni-sé**. In pronouncing French, you should try to "push" a consonant to the following vowel; this will also help you pronounce the preceding vowel without being influenced by the consonant.

3. **Juncture:** The transition from one sound to another is known as "juncture," which can be either **closed** or **open**. In closed juncture, two contiguous sounds are linked together. In open juncture, a slight pause separates the two sounds. Say the following pairs of English phrases.

a name; an aim
nitrate; night rate
stop spatting; stops patting

In the first phrase of each pair, there is a smooth, pauseless linking of /n/, /t/, /s/ to the next sound (closed juncture); in the second phrase, there is a slight break between these consonants and the following sound (open juncture). Open juncture is fairly common in English, and helps mark word boundaries within phrases.

In French, however, closed juncture occurs inside each phrase and word boundaries are *not* observed. Words and phrases like **la voir, l'avoir, lavoir** /lavwaʀ/ and **qui l'écoute, qu'il écoute** /kilekut/ are clearly distinguishable only in written language. This loss of word boundaries is what makes listening comprehension so difficult for some learners.

Look over the exercise before you practice with the cassette. Note that in many cases the syllables (most are open due to linking and liaison) do *not* coincide with the word boundaries. "Push" the consonants to the next vowel in both slow and rapid reading. The transcriptions are read slowly, then the spelled sentences, rapidly.

1. /kɛ-lœ-ʀɛ-til?/
   Quelle heure est-il ?
2. /i-lɛ-di-zœ-ʀɛ-dmi/
   Il est dix heures et demie.
3. /kɛ-lɑ-ʒa-ve-vu?/
   Quel âge avez-vous ?
4. /ʒe-vɛ̃-te-ɛ̃-nɑ̃/
   J'ai vingt et un ans.
5. /mi-ʃɛ-lɛ-tɑ̃-ʀtaʀ?/
   Michèle est en retard ?
6. /nõ ɛ-la-ʀi-va-lœʀ/
   Non, elle arrive à l'heure.
7. /vɔ-tʀõ-klɛ-ti-lɑ̃-ni-ta-li?/
   Votre oncle est-il en Italie ?
8. /wi i-la-bi-ta-ʀɔm/
   Oui, il habite à Rome.
9. /kɑ̃-tɛ-skə-ty-va ʃe-tõ-na-mi?/
   Quand est-ce que tu vas chez ton amie ?
10. /ʒən-sɛ-pɑ si-ʒa-ke-sa-sœʀ sõ-ta-ri-ve/
    Je ne sais pas si Jacques et sa sœur sont arrivés.
11. /nu-za-lõ-vi-zi-te ke-bɛ-ke-ɔ-ta-wa ɑ̃-nɔ-tɔn/
    Nous allons visiter Québec et Ottawa en automne.
12. /pjɛ-ʀe-te-ʀɛz võ-te-ty-dje o-ze-ta-zy-ni/
    Pierre et Thérèse vont étudier aux États-Unis.

16 *LIAISONS OBLIGATOIRES*

In French, word-final consonants (except, in many cases, **c**, **r**, **f**, **l**) are usually silent. Within a phrase, however, normally silent consonants may be linked and pronounced when they are followed by a word that begins with a vowel sound. This process is known as **liaison** (from the verb **lier** *to link, to tie*).

A final consonant in liaison is pronounced as though it belonged to the next vowel: **vous êtes** is pronounced /vu-zɛt/ rather than */vuz-ɛt/; **c'est un enfant** is /sɛ-tɛ̃-nɑ̃-fɑ̃/, not */sɛt-ɛ̃n-ɑ̃-fɑ̃/. The following changes occur in the pronunciation of final consonant letters:

1. The **-s** and **-x** are pronounced /z/: **les amis** /le-za-mi/, **deux hommes** /dø-zɔm/.
2. The **-d** is pronounced /t/: **grand hôtel** /gʀɑ̃-tɔ-tɛl/, **vend-elle** /vɑ̃-tɛl/.
3. The **-n** is fully pronounced as /n/, and the preceding nasal vowel becomes an oral vowel: **bon ami** /bɔ-na-mi/, **ancien hôtel** /ɑ-sjɛ-nɔ-tɛl/; but this rule does not apply to a few single-syllable words, such as **mon, un, on**, and **en**, in which both the nasal vowel and the nasal consonant /n/ are pronounced: **mon ami** /mõ-na-mi/, **un étudiant** /ɛ̃-ne-ty-djɑ̃/, **on arrive** /õ-na-ʀiv/, **en avion** /ɑ̃-na-vjõ/.
4. The **-f** of **neuf** is pronounced /v/ before **ans** and **heures**: **neuf étudiants** /nœ-fetydjɑ̃/, *but* **neuf ans** /nœ-vɑ̃/, **neuf heures** /nœ-vœʀ/.

Liaison is a remnant of Old French, in which all final consonants used to be pronounced, as they are in English, and is retained between two contiguous words that are very close together in terms of structure and meaning. The general tendency of modern French is to observe fewer liaisons in less formal speech, and more liaisons in more formal speech.

But regardless of speech style, certain liaisons, known as **liaisons obligatoires**, must always be made. In some other cases, liaisons must never be made (**liaisons interdites**). In the rest of the cases, liaison is optional (**liaisons facultatives**). The main cases of compulsory liaison are listed below.

1. after **être** (except after **êtes**, where it is optional): **je suis étudiant, il est avocat, elles sont arrivées**
2. SUBJECT PRONOUN + VERB or VERB + SUBJECT PRONOUN: **ils arrivent, elles entendent, ils ont parlé; est-elle ?, sont-ils ?, vend-on ?**
3. ARTICLE/POSSESSIVE, DEMONSTRATIVE, INTERROGATIVE ADJECTIVE + NOUN: **un enfant, des arbres, mes amis**
4. NUMBER + NOUN: **trois étudiants, dix enfants, vingt arbres**
5. ADJECTIVE + NOUN: **un petit enfant, de petits enfants, ces autres étudiants**
6. OBJECT PRONOUN + VERB or VERB + OBJECT PRONOUN: **je les ai, il nous attend, nous en avons; allez-y, mangeons-en, prends-en**
7. After MONOSYLLABIC PREPOSITIONS and ADVERBS: **dans une classe, sous un arbre, en hiver, sans argent; très important, bien entendu, plus agréable, moins ennuyeux**

The exercises are organized according to the list above. As you do each, keep the rules in mind and, afterward, think of other examples.

a) Après **être** : je suis étudiant/je suis étudiante, tu es américain/tu es américaine, il est absent/elle est à côté de Jean, nous sommes en classe, ils sont à la maison/elles sont à la maison

b) PRONOM SUJET + VERBE : j'arrive/vous arrivez, j'écoute/vous écoutez, j'aime/vous aimez, j'ai/nous avons, j'essaie/nous essayons, il étudie/ils étudient, elle entre/elles entrent
VERBE + PRONOM SUJET : il est/est-il ?, elles sont/sont-elles ?, ils ont/ont-ils ?, il finit/finit-il ?, elle fait/fait-elle ?, elle attend/attend-elle ?, elles vendent/vendent-elles ?, il a/a-t-il ?, elle va/va-t-elle ?

c) DÉTERMINANT + NOM : un étudiant/des étudiants, un avion/des avions, une enveloppe/des enveloppes, l'idée/les idées, à l'agent/aux agents, mon oncle/mes oncles, ton examen/tes examens, son ami/ses amis, notre étude/nos études, votre école/vos écoles, leur étudiant/leurs étudiants

d) NOMBRE + NOM : un enfant, deux enfants, trois enfants, dix élèves, vingt élèves, vingt-trois armoires, quarante-deux arbres ; premier étage, premier arrêt, dernier étage *e*) ADJECTIF + NOM : le petit enfant/les petits enfants, l'autre élève/les autres élèves, le grand hôtel/les grands hôtels, la grande armoire/les grandes armoires, le vieil arbre/les vieux arbres, le bel oiseau/les beaux oiseaux

f) PRONOM OBJET + VERBE : je l'ai/je les ai, tu l'attends/tu les attends, il nous écoute, elle vous entend, elles l'aiment/elles les aiment ; j'en ai/je n'en ai pas, ils en ont/ils n'en ont pas, j'y suis/vous y êtes
VERBE + PRONOM OBJET : allez-y, pensez-y, mangez-en, allons-y, prenons-en, vas-y, penses-y, manges-en

g) Après **dans/sous/en** : dans un cours, dans une classe, dans un jardin ; sous un arbre, sous une table, sous un cahier ; en avion, en été, en hiver, en automne
Après **très/bien/plus** : très important, très intelligent, très utile ; bien entendu, bien exprimé, bien aimé ; plus ennuyeux, plus intéressant, plus agréable

17 *LIAISONS INTERDITES ET LIAISONS FACULTATIVES*

As mentioned in the preceding section, there are cases in which liaison must never be made. Keep in mind the distinction between two kinds of **h** in French: **h muet** (*"mute" h*) and **h aspiré** (*"aspirate" h*). The main cases of **liaisons interdites** are listed below.

1. Before a word beginning with an **h aspiré**: **les // huit livres, les // hautes montagnes, vos // hors-d'œuvre** (exception: **dix-huit**)
2. After a singular noun or a proper name: **un étudiant // américain, Jean arrive, Robert // et Pierre** (exceptions: certain fixed or "idiomatic" expressions such as **accent‿aigu, nuit‿et jour, mot‿à mot**)
3. After the conjunction **et: Jean-Paul et // Anne, il regarde et // écoute**
4. After an interrogative adverbe: **Quand // arrive le train ? Comment // allez-vous à la gare ?** (exceptions: **Comment‿allez-vous ?** and **Quand‿est-ce que...**)

Cases that have not been discussed so far, either in **16** or **17**, belong to the category of **liaisons facultatives.** In formal speech, you will hear more of these than you will in colloquial speech, where they may be completely absent. The **liaisons facultatives** are shown by the symbol ‿ in the examples below.

Voici‿des enfants‿intelligents.	**Nous‿allons‿en ville à dix‿heures.**
Vous‿avez‿écouté‿le disque.	**Il aime les cigarettes‿anglaises.**
Les trains‿arrivent‿à midi.	**Elles réfléchissent‿un peu.**

a) Après le NOM SINGULIER : l'avocat est là/l'avocate est là, l'étudiant américain/l'étudiante américaine, le client impatient/la cliente impatiente, le président impulsif/la présidente impulsive, l'Américain énergique/l'Américaine énergique, Jean est ici/Jeanne est ici, Raymond est là/Raymonde est là

b) Après **et** : Jean est un bon élève/Jean et un bon élève, Michel est ingénieur/Michel et un ingénieur, Pierre est un enfant/Pierre et un enfant, Jacques et Anne, lui et elle

c) Devant le **h aspiré** : les ordres/les ·hors-d'œuvre, les autres échelles/les ·hautes échelles, les huîtres/les ·huit enfants, les zéros/les ·héros, il est en eau/il est en ·haut ; les ondes/les onze, les ondulations/les onze nations

d) Après **quand/comment** : Quand arrive-t-il ?/Quand est-ce qu'il arrive ?/Je ne sors pas quand il pleut ; Quand arrive le train ?/Quand est-ce que le train arrive/Je reste à la maison quand elle vient ; Comment allons-nous à Paris ?/Comment allez-vous ?/Comment aller chez lui ?

18 *INTONATION ET GROUPES RYTHMIQUES*

In French, intonation of short sentences assumes either a falling or a rising contour. Ordinarily, you do not shift the pitch within a syllable, but from one syllable to the next.

1. Short declarative sentences with a one-syllable subject (true of all pronouns) take falling intonation.

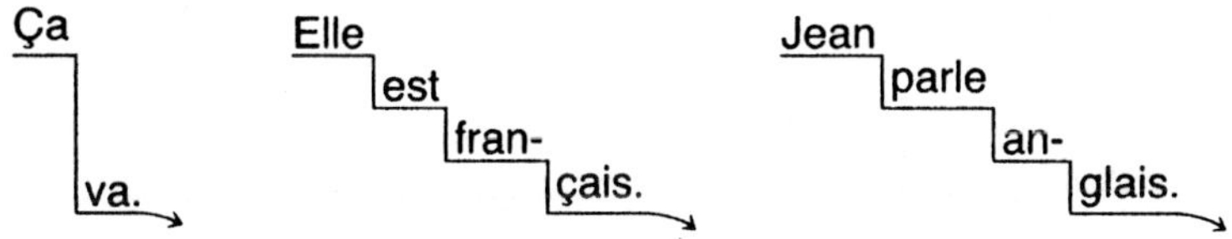
Ça
va.
Elle
est
fran-
çais.
Jean
parle
an-
glais.

2. Short questions that can be answered with **oui** or **non** always take rising intonation.

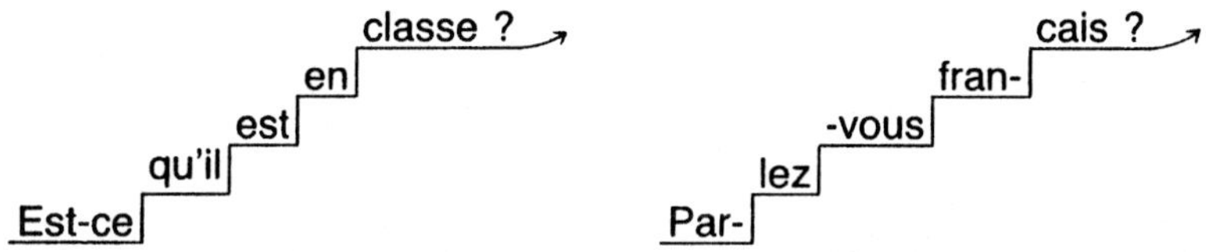
Est-ce
qu'il
est
en
classe ?
Par-
lez
-vous
fran-
cais ?

3. Short questions with a question word (equivalents of *who, what, when, where, how,* etc.) take falling intonation. But if the question word has two or more syllables, the highest point begins with the last syllable of the word.

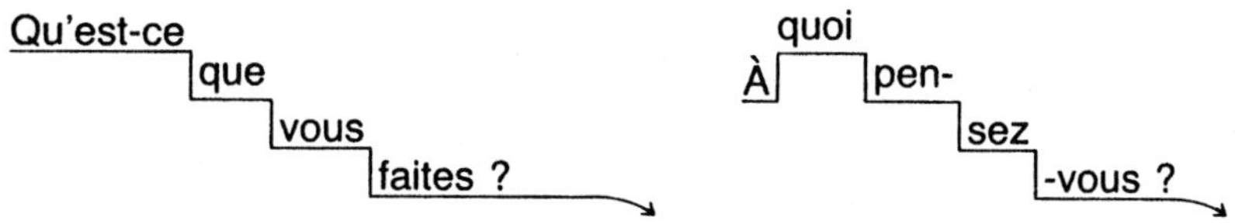
Qu'est-ce
que
vous
faites ?
À
quoi
pen-
sez
-vous ?

4. Commands and exclamatory sentences also take falling intonation (exclamatory sentences may at times take a rising intonation).

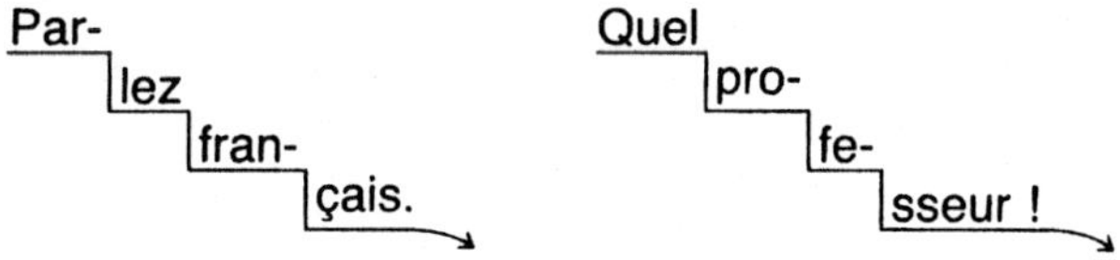
Par-
lez
fran-
çais.
Quel
pro-
fe-
sseur !

As we discussed in **15**, individual sounds are grouped into syllables, and the syllables into phrases. Longer sentences are always divided into phrases, known as **groupes rythmiques** or **mots phonétiques**. Inside each phrase, word boundaries are lost, and the entire phrase is pronounced as if it were one huge word. A sentence like **Il est étudiant de première année à la Faculté de Nanterre** may be broken up into four groups:

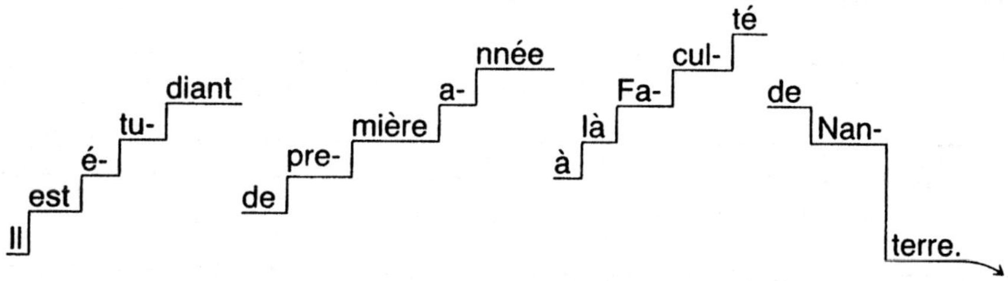
Il
est
é-
tu-
diant
de
pre-
mière
a-
nnée
à
là
Fa-
cul-
té
de
Nan-
terre.

When a sentence is divided into several **groupes rythmiques**, *all* groups except the last one receive rising intonation. The last group either goes up or down, as described for the different kinds of sentences in (1–4) above. In the exercises, arrows will be used to show general intonation patterns: ↗ rising, and ↘ falling.

a) Phrases déclaratives

1. Il arrive. ↘ Il arrive ↗ de Marseille. ↘ Il arrive ↗ de Marseille ↗ à trois heures. ↘
2. Je ne sais pas. ↘ Je ne sais pas ↗ s'il pleut. ↘ Je ne sais pas ↗ s'il pleut souvent. ↘ Je ne sais pas ↗ s'il pleut souvent ↗ à Paris. ↘ Je ne sais pas ↗ s'il pleut souvent ↗ à Paris ↗ en hiver. ↘
3. C'est lui. ↘ C'est lui ↗ qui m'a téléphoné. ↘ C'est lui ↗ qui m'a téléphoné ↗ hier soir. ↘ C'est lui ↗ qui m'a téléphoné ↗ hier soir ↗ vers dix heures. ↘
4. Voilà le livre. ↘ Voilà le livre ↗ que j'ai acheté. ↘ Voilà le livre ↗ que j'ai acheté ↗ à la librairie. ↘ Voilà le livre ↗ que j'ai acheté ↗ à la librairie ↗ près de la gare. ↘

b) Phrases interrogatives

1. Vous arrivez ? ↗ Vous arrivez ↗ à neuf heures ? ↗
2. Voulez-vous ? ↗ Voulez-vous ↗ aller au cinéma ? ↗ Voulez-vous ↗ aller au cinéma ↗ avec nous ? ↗
3. Tu comprends ? ↗ Tu comprends ↗ la question ? ↗ Tu comprends ↗ la question ↗ de ce monsieur ? ↗
4. Jean-Pierre ? ↗ Jean-Pierre ↗ parle-t-il français ? ↗ Jean-Pierre ↗ parle-t-il français ↗ tous les jours ? ↗ Jean-Pierre ↗ parle-t-il français ↗ tous les jours ↗ avec vous ? ↗
5. Allons-nous manger ? ↗ Allons-nous manger ↗ quelque chose ? ↗ Allons-nous manger ↗ quelque chose ↗ dans ce café ? ↗

c) Phrases interrogatives

1. Où est le cahier ? ↘ Où est le cahier ↗ de Jean-Paul ? ↘
2. Comment allez-vous ? ↘ Comment allez-vous ↗ aujourd'hui ? ↘
3. Quelle est la date ? ↘ Quelle est la date ↗ de son anniversaire ? ↘
4. Qui parle ? ↘ Qui parle français ? ↘ Qui parle français ↗ avec vous ? ↘
5. Que voulez-vous ? ↘ Que voulez-vous faire ↗ demain soir ? ↘

d) Phrases impératives

1. Parlez. ↘ Parlez français ↗ avec nous. ↘
2. Écoutez d'abord. ↘ Écoutez d'abord, ↗ puis répétez. ↘
3. Attendez un moment.↘ Attendez un moment, ↗ s'il vous plaît. ↘
4. Déjeunons. ↘ Déjeunons ↗ avec Jean-Jacques ↗ à une heure. ↘

e) Phrases exclamatives

1. Quel professeur ! ↘ Quelle question ! ↘ Quel beau temps ! ↘
2. Quel beau tableau ! ↘ Comme il fait beau ! ↘ Comme tu es gentil ! ↘
3. Quelle belle chambre ↗ vous avez ! ↘
4. Comme la sœur d'Yves ↗ est intelligente ! ↘

EXERCICES SUPPLÉMENTAIRES

The supplementary exercises apply what you have learned about French pronunciation to common words and expressions. In (*a*), you have a list of common French words and phrases used in English and in (*c*), names of American cities. Compare their usual English pronunciation with "authentic" French pronunciation. Exercise (*b*) is a list of typical male and female names. Hyphenated names (**Jean-Jacques**, **Marie-Claire**) are fairly common in France. Note that some male and female names are spelled differently but pronounced alike: **André/Andrée**, **Daniel/Danielle**, **Frédéric/Frédérique**, **Michel/Michèle**, **René/Renée**.

a) à la mode, ambiance, au contraire, ballet, bon voyage, bouillon, bourgeois, carte blanche, cherchez la femme, coup d'état, critique, croissant, début, ensemble, entrée, ·hors-d'œuvre, liqueur, matinée, menu, milieu, nuance, première, rapport, réservoir, soupe du jour, suite

b) Alain, Albert, André, Antoine, Charles, Daniel, Étienne, François, Frédéric, Georges, Gérard, Guy, Henri, Jacques, Jean, Jules, Julien, Laurent, Louis, Marc, Marcel, Michel, Paul, Philippe, Pierre, René, Yves, Jean-Pierre, Jean-Jacques, Jean-Claude, Pierre-Yves
Andrée, Anne, Brigitte, Caroline, Catherine, Cécile, Chantal, Christine, Danielle, Françoise, Frédérique, Gilberte, Isabelle, Jacqueline, Janine, Jeanne, Laurence, Marcelle, Margot, Marie, Martine, Michèle, Mireille, Monique, Nicole, Renée, Sylvie, Yvette, Anne-Marie, Marie-Catherine, Marie-Claire

c) Bâton Rouge, Bellefontaine, Belle Fourche, Bellevue, Boisé, Butte, Cœur d'Alène, Crève-Cœur, Des Moines, Des Plaines, Détroit, Du Bois, Dubuque, Eau Claire, Fond du Lac, Grosse Pointe, Lac qui Parle, La Grange, Montclair, Paris, Pierre, Pontchartrain, Racine, Saint-Cloud, Saint-Louis, Terre ·Haute, Versailles

PERMISSION FORM FOR TAPE COPYING

John Wiley & Sons, Inc. permits you to have a copy made of the tape program of ***Entre nous***, for your own use only, at the language laboratory of your school. You should retain the first form and return the second to the language laboratory.

....

STUDENT COPY

Date ____________________

I request a copy of the recorded materials for ***Entre nous*** from (name of laboratory and institution) ____________________

____________________. This copy will be

used only for my personal study in connection with my enrollment in (course or courses) ____________________

for which the tapes are required. I am aware that the copyright of the publisher for the tapes forbids any other use or reproduction of the materials.

Signed ____________________

....

LABORATORY COPY

Date ____________________

I request a copy of the recorded materials for ***Entre Nous*** from (name of laboratory and institution) ____________________

____________________. This copy will be

used only for my personal study in connection with my enrollment in (course or courses) ____________________

for which the tapes are required. I am aware that the copyright of the publisher for the tapes forbids any other use or reproduction of the materials.

Signed ____________________

Student Identification Number ____________________